本书是教育部哲学社会科学研究重大课题攻关项目"中国特色反贫困理论与脱贫攻坚精神研究"（Z1JZD015）、武汉工程大学科学研究基金"从脱贫攻坚到乡村振兴：民营企业参与的生动实践"（K2023041）、武汉工程大学思政专项项目"共同富裕目标下民营企业助力乡村振兴的机制研究"（S202205）的研究成果。

从脱贫攻坚到乡村振兴：民营企业的参与机制研究

杨铭 著

WUHAN UNIVERSITY PRESS

武汉大学出版社

图书在版编目（CIP）数据

从脱贫攻坚到乡村振兴：民营企业的参与机制研究／杨铭著．
武汉 ：武汉大学出版社，2025.4. -- ISBN 978-7-307-24833-5

Ⅰ . F320.3

中国国家版本馆 CIP 数据核字第 2024XT3626 号

责任编辑:陈　红　　　责任校对:汪欣怡　　　版式设计:马　佳

出版发行: **武汉大学出版社** 　（430072　武昌　珞珈山）
　　　　　（电子邮箱：cbs22@ whu.edu.cn　网址：www.wdp.com.cn）
印刷:武汉邮科印务有限公司
开本:720×1000　　1/16　　印张:13.25　　字数:214 千字　　插页:1
版次:2025 年 4 月第 1 版　　　2025 年 4 月第 1 次印刷
ISBN 978-7-307-24833-5　　　定价:68.00 元

前　　言

中国在以政府力量为主导推进扶贫开发工作时，鼓励和引导民营企业等社会力量积极参与扶贫开发，充分发挥各个主体的优势，构建政府、市场、社会协同推进的大扶贫格局。在中国贫困治理的多元主体中，民营企业是非常重要的一支社会力量。民营企业是最活跃的市场经济组织，具有经济性、营利性和独立性的基本属性。民营企业既有追求利润最大化的市场属性，也有承担社会责任的社会属性。民营企业不仅关注经济效益，也尤为重视社会效益，积极承担企业社会责任，主动参与贫困治理，利用自身优势开展脱贫攻坚。

社会行动理论关注作为主体的人的行动的目的、意义，关注行动本身与社会结构之间的互动关系。本研究将民营企业参与贫困治理视作一种社会行动，以社会行动理论为指导，尝试将民营企业放置在一个多元视角和多重关系下进行社会学考察，探究民营企业参与贫困治理的动机、手段、条件与目标。本研究以对四川省广元市 W 县的三家民营企业参与贫困治理和乡村振兴的田野调查作为实践基础，采用参与观察法、深度访谈法，结合社会行动理论，分析民营企业参与贫困治理的行动动因和行动策略，挖掘民营企业参与农村贫困治理的机制，探索民营企业帮扶的治理能力提升路径，为全面建成小康社会后，民营企业参与乡村振兴提供可行的政策建议。研究的主要内容及发现包括以下几个方面。

第一，梳理民营企业参与脱贫攻坚与乡村振兴的历程，分析民营企业参与脱贫攻坚与乡村振兴的阶段。民营企业参与脱贫攻坚与乡村振兴，经历了从探索到深入、从小规模介入到全面综合参与的发展阶段，呈现出帮扶理念的精准性，帮扶策略的整合性，帮扶方式的多样性，帮扶手段的创新性和帮扶目标的综合性。在乡村振兴新阶段，可通过完善政企合作机制、强化企业社会责任、搭建信息交流平台、培育中小型企业等措施鼓励引导民营企业助力乡村振兴。

1

第二，从社会行动理论视角分析从脱贫攻坚到乡村振兴时期民营企业参与的动机。作为"感性人"，内生的乡土情结、对群众的情感认同和回馈社会的慈善情怀是企业家个人参与的情感动机；作为"经济人"，农村土地制度改革的红利和帮扶优惠政策以及追逐经济利益是民营企业参与的经济动机；作为"理性人"，利用农村地区的优势资源和政治资源是其参与的理性动机；作为"社会人"，实践企业道德伦理，履行企业社会责任是民营企业参与的价值动机。

第三，描述 W 县产业项目的实施过程，分析民营企业参与的市场机制。民营企业帮扶市场机制的优势是提供农户需要的物资、信息与服务，优化配置帮扶资源，通过自身的理念、技术、人才等优势，培育农村地区的市场活力，提升农户的市场竞争能力。民营企业参与的市场机制包括：(1)流转农户土地，释放并转移农村劳动力，扩宽农户收入来源；(2)提供就业岗位，吸纳农户就业务工，实现劳动力价值的最大化；(3)发挥民营企业生产作业的直接带动作用，免费为农户提供农资、服务、技术指导；(4)采取订单式收购、农产品价格保护、产量奖励等方式减轻农户的市场风险，激发农户的生产积极性，增加农户的市场性收入。

第四，从企业社会责任理论视角分析民营企业参与的社会机制。民营企业参与的社会机制的特点是面对农户差异化的发展需求，提供有针对性的帮扶措施；通过灵活多样的帮扶方式，帮助贫困群众解决困难，保障贫困群体的基本生活。民营企业参与的社会机制包括：(1)通过公益慈善捐赠，迅速解决农户突发的或暂时性的困难；(2)完善基础设施建设，改善农村地区的生产生活条件，提高农户的生活便利性与幸福指数；(3)发扬企业家精神，改善脱贫农户的精神面貌，激发脱贫内生动力；(4)通过技能技术培训，促进农户脱贫能力发展；(5)改善脱贫地区的生态环境，为脱贫地区的可持续发展奠定基础。

第五，探究各相关利益主体的互动过程，分析从脱贫攻坚到乡村振兴阶段民营企业参与的互动机制。民营企业在与政府、农户、农村社区的互动中，其参与的互动机制分别体现为补偿性关系、平衡性关系和互惠性关系。民营企业在遵循市场经济活动基本规律的前提下，主动为农户创造增收空间，帮助农户抵御市场波动造成的农产品销售风险，市场与社会之间是一种补偿性关系。项目补贴、税收优惠及金融优惠政策，为民营企业的利益提供了制度性保护；同时，政府采取有针对性地选择民营企业、细化帮扶责任、监管帮扶资金等措施,来约束监督民营企业的行动,市场与社会之间是一种平衡性关系。民营企业嵌入乡土社会,与农户、土地关联紧密,将"熟人社会"中形成的互惠关系与市场经济活动相结合,在经济利益与社会效益中实现了与农户的利益联结,市场与社会之间是一种互惠性关系。

　　本研究的创新主要体现在研究对象和研究视角两个方面。持续巩固拓展脱贫攻坚成果和全面推进乡村振兴是新时期中国实现全面现代化的重大战略任务。目前学界关于多元主体参与脱贫攻坚与乡村振兴的研究对象,主要集中在政府、社会组织、国有企业以及其他新型农业经营主体。本研究认为,民营企业与政府、社会组织、国有企业等主体存在极大的差异。民营企业既有追求利润最大化的市场属性,也有承担社会责任的社会属性。民营企业不仅关注经济效益,也尤为重视社会效益,民营企业的逐利性与扶贫开发的公益性之间存在着巨大的张力,对于这种张力的探究有利于溯源民营企业参与的动机,分析民营企业的行动策略,寻找民营企业参与的行动机制,进而探索出优化民营企业参与乡村振兴的路径。因此,本研究以民营企业为研究对象,探究民营企业参与乡村振兴的机制,以期构建农村贫困治理的长效机制,推动农村地区的全面振兴。

　　在研究视角方面,引入社会行动范式,分析民营企业参与脱贫攻坚与乡村振兴的动因、条件、手段与目标,探讨民营企业参与的机制。目前从社会行动视角对民营企业参与脱贫攻坚与乡村振兴的研究较少。本研究尝试将民营企业的参与行动置于社会行动理论的框架下进行讨论,分析民营企业参与的行动动因与行动策略,从理论层面拓宽社会行动的研究范围,从实践层面提出全面建成小康社会后民营企业参与乡村振兴的政策建议。

目　录

第一章 导 论

第一节 研究背景与研究意义

一、研究背景

人类社会的发展历程，是一个不断发现问题和解决问题的历程。贫困问题是一个世界性的社会问题，伴随着人类社会的产生而发展。消除贫困也成为各国经济社会发展进程中的共同愿景。联合国发布的《2020 年世界社会报告》指出，不管是在发达国家还是发展中国家，不平等一直处于历史性最高水平，高度不平等的社会对于减少贫困收效甚微，其经济增长也更为缓慢，这使得贫困人口更加难以打破贫困的恶性循环，并导致社会和经济发展受阻。[①] 联合国发布的《2024 年可持续发展目标报告》进一步提出，同 2019 年相比，2022 年全球新增 2300 万人陷入极端贫困之中，1 亿多人正遭受饥饿。[②] 可持续发展目标是联合国于 2015 年通过的一个全球性发展议程，涵盖社会、经济和环境等 17 个子目标，旨在消除贫困、消除不平等和应对气候变化等全球性挑战。根据《2024 年可持续发展目标报告》，目前仅有 17% 的目标进展顺利，近一半的目标进展甚微或一般，超过 1/3 的目标停滞不前或出现倒退，这使得在 2030 年实现消除贫困、保护地球和不让任何人掉队的总目标存在一定的困难和挑战。

---

① 副秘书长刘振民：严重不平等将为数百万人关闭实现更美好生活的大门 加强国际合作势在必行[EB/OL]（2020-01-21）https：//www.un.org/zh/desa/world-social-report-2020.

② 最新报告：近一半联合国可持续发展目标进展甚微[EB/OL]（2024-06-28）. https：//news.un.org/zh/story/2024/06/1129621.

中国在反贫困实践上取得了骄人的成绩，为世界的反贫困事业做出了巨大的贡献。20 世纪 80 年代以后，中国政府有组织、有计划、大规模地开展农村扶贫开发，先后制定出台了一系列国家级扶贫开发纲要。经过 30 多年不懈的努力，中国取得了显著的减贫成就。《中国统计年鉴 2020》发布的数据显示，按照 2010 年我国农村现行贫困标准，即每人每年的收入在 2300 元以下，截至 2019 年 12 月，中国的贫困人口从 1978 年的 77039 万人下降到 2019 年的 551 万人，贫困发生率从 97.5% 下降到 0.6%。[①] 无论从贫困人口的规模、贫困程度还是从贫困分布区域看，中国的贫困程度都呈现极大的下降趋势，普遍贫困的问题已经得到解决。

习近平总书记强调，必须坚持充分发挥政府和社会两方面力量作用，构建专项扶贫、行业扶贫、社会扶贫互为补充的大扶贫格局，调动各方面积极性，引领市场、社会协同发力，形成全社会广泛参与脱贫攻坚格局。[②]

改革开放以来，随着国家对市场力量的"解绑"，在国家政策的鼓励与支持下，民营企业发展迅速，社会影响力与日俱增，在吸纳就业、创造税收、促进经济发展等方面发挥了巨大作用。民营企业将参与国家重大战略作为承担企业社会责任的重要路径，通过产业、资金、技术、人才等要素与农村地区实行全方位对接，发挥市场机制的益贫性，推动贫困群众融入市场运作，提高其自主脱贫能力，实现长期稳定脱贫。[③]

党的十八大以来，在我国社会扶贫顶层设计的指导下，社会扶贫领域的相关制度安排逐渐完善，为社会扶贫工作的顺利开展提供了相应的政策依据和制度保障。2013 年，全国工商联、国务院扶贫办印发的《关于共同推动民营企业参与新一轮农村扶贫开发的意见》指出，要通过引导民营企业参与片区产业扶贫、鼓励民营企业参与片区县域经济发展、组织民营企业参与专项扶贫工作、动员民营企业参与农村公益事业、创新民营企业参与扶贫开发的途径与模式、加大对参与扶贫开发民营企业的支持力度等措施，形成民营企业参与扶贫开发

① 中国统计年鉴 2020[EB/OL]. http：//www.stats.gov.cn/sj/ndsj/2020/indexch.htm.
② 习近平. 习近平谈治国理政：第三卷[M]. 北京：外文出版社，2020：152.
③ 向德平，黄承伟. 中国反贫困发展报告（2015）——市场主体参与扶贫专题[M]. 武汉：华中科技大学出版社，2015：171.

的新高潮。

2015年，全国工商联、国务院扶贫办、中国光彩会启动了"万企帮万村"精准扶贫行动，组织动员超过一万家民营企业同贫困村结成一对一的帮扶关系，通过产业、就业、教育、慈善捐赠等多种途径推动贫困村发展。这一行动的展开，标志着民营企业扶贫进入崭新阶段，民营企业开始大规模、全方位地参与脱贫攻坚，为"大扶贫格局"打下了坚实的基础。[①] 2015年11月，《中共中央　国务院关于打赢脱贫攻坚战的决定》发布，提出强化政府责任，引领市场、社会协同发力，鼓励先富帮后富，构建专项扶贫、行业扶贫、社会扶贫互为补充的大扶贫格局。这意味着企业作为社会力量，在扶贫开发工作中有了更大的实践空间。党的十九大报告指出，要动员全党全国全社会力量，坚持精准扶贫、精准脱贫，进一步认可并确定了民营企业在扶贫开发工作中的作用和地位。

2020年，中国832个贫困县已经全部脱贫摘帽，解决了区域性整体贫困，顺利完成了脱贫攻坚任务，取得了脱贫攻坚的决定性胜利。中国农村地区绝对贫困得到有效解决，贫困地区的面貌焕然一新，基础设施逐渐完善，公共服务水平显著提高，发展能力明显增强，特色优势迅速发展，贫困群众的生活质量稳步提升。然而，全面建成小康社会后，中国的农村面临着新的问题与挑战。

从宏观层面来看，巩固拓展脱贫攻坚成果、做好同乡村振兴有效衔接面临着两个方面的基本挑战。一是在普遍贫困问题得以解决的前提下，区域性发展差距问题依然不容忽视。由于自然、地理因素的差异，中国东西部地区的发展呈现较大差距。东部地区凭借优厚的资源禀赋、便利的交通、"先富带后富"的政策红利，率先实现了城镇化发展，推动农民向市民身份转变，率先从贫困走向富裕。而西部地区由于自然生存环境条件差、基础设施薄弱、地处偏远、交通不便等问题，造成了长期的经济社会发展落后。随着中国扶贫政策的不断完善、扶贫投入的不断加大，中国西部地区的经济社会发展有所改善，绝对贫困的问题得到解决，但东西部地域之间的发展差距仍然较大。二是脱贫地区发展的可持续性问题。为了解决困扰中国几千年的原发性绝对贫困问题，中国政府一直高度重视扶

---

① 全国工商联，国务院扶贫办，中国光彩会．"万企帮万村"精准扶贫行动方案，2015-09-21.

贫开发工作，党的十八大以来，更是将扶贫开发摆到了治国理政的重要位置，并提出了实施精准扶贫精准脱贫方略，针对农村地区的经济社会发展实施了强有力的干预政策。随着脱贫攻坚战的胜利，贫困治理的任务从绝对贫困问题向相对贫困问题转变。

从微观层面来看，我国巩固拓展脱贫攻坚成果、全面推进乡村振兴的挑战表现在以下三个方面。一是目前农村人口的收入性贫困得到了解决，但是也只能够维持基本的生存，生活水平相对来说还是比较低下。二是农村人口面临的脆弱性与高风险。边缘贫困人口如果遇到外部冲击或者不利的发展条件，如遭受重大疾病或者是自然灾害，就会重返贫困。三是农村人口的收入不高且不稳定。在精准扶贫精准脱贫方略的推动下，农村人口的收入得到了极大的改善，但从总体来看，农村人口的收入还是明显低于城镇人口，2020 年，我国农村居民人均可支配收入为 17131 元，与全国居民人均可支配收入 32189 元还存在一定差距。① 从收入构成来看，农村居民家庭中，工资性收入对于整个家庭来说是占比最大的部分，但收入增长的速度却是逐年放缓，稳定并提高工资性收入也是农村居民家庭所要面临的一大挑战。2019—2023 年农村居民家庭收入构成如表 1-1 所示。

表 1-1 　　　　　　　　**2019—2023 年农村居民家庭收入构成②**

指　　标	2018 年	2019 年	2020 年	2021 年	2022 年	2023 年
农村居民人均可支配收入(元)	14617	16021	17131	18931	20133	21691
农村居民人均可支配工资性收入(元)	5996	6583	6974	7958	8449	9163
农村居民人均可支配经营净收入(元)	5358	5762	6077	6566	6972	7431
农村居民人均可支配财产净收入(元)	342	377	419	469	509	540
农村居民人均可支配转移净收入(元)	2920	3298	3661	3937	4203	4557

2020 年，我国脱贫攻坚战取得了全面胜利。习近平总书记指出："脱贫摘帽

---

① https：//data. stats. gov. cn/easyquery. htm? cn＝C01&zb＝A0A0E&sj＝2020.

② https：//data. stats. gov. cn/easyquery. htm? cn＝C01&zb＝A0A02&sj＝2019.

不是终点，而是新生活、新奋斗的起点。解决发展不平衡不充分问题、缩小城乡区域发展差距、实现人的全面发展和全体人民共同富裕仍然任重道远。"①优先发展农业农村、加快农业现代化是全面建设社会主义现代化国家的重大任务，接续推进脱贫地区发展，改善农村生产生活条件，推进乡村振兴战略的全面实施，民营企业仍然有很大的实践空间。全面建成小康社会后，面对新挑战与新形势，需要进一步转变发展思路，充分发挥社会力量在乡村振兴中的作用，优化配置社会资源，探索乡村发展的新途径，创新乡村振兴的体制机制。

二、研究目的

探索民营企业参与脱贫攻坚与乡村振兴的行为机制，强化与此相关的制度安排，是实现脱贫攻坚与乡村振兴有效衔接的客观需要。早期的民营企业为了自身的生存与发展，更多的关注点在于企业的经济利润，较少关注企业的社会效益。改革开放40多年来，我国的民营企业不断发展壮大，民营企业在关注经济效益的同时，对企业社会效益的关注度明显提升，勇于承担企业社会责任，积极主动地参与公益慈善事业，利用自身的优势协助解决社会问题。从脱贫攻坚到乡村振兴，民营企业参与农村地区的建设发展是一种有目的的行动，行动的动因、手段、策略都受到环境的影响。本书以对四川省广元市 W 县的民营企业参与脱贫攻坚与乡村振兴的调查研究为基础，采用社会行动理论，在社会治理主体多元且利益诉求各不相同的情况下，探究民营企业参与的动机是什么？行动的手段与条件有哪些？又是采取何种行动策略来协调企业的经济效益和社会效益？本书紧紧围绕民营企业"为何""如何"参与脱贫攻坚与乡村振兴这条线索，探求民营企业参与其中的行为机制。

需要指出的是，尽管本书偏向于研究民营企业在脱贫攻坚与乡村振兴中的行为机制问题，但研究过程并不局限于民营企业本身。民营企业作为参与脱贫攻坚与乡村振兴的某一类行动主体，其行动方式与行为机制是在参与过程中与其他主体的互动作用下所采取的一种理性选择。作为理性的行动主体，民营企业自身的

---

① 习近平. 在全国脱贫攻坚总结表彰大会上的讲话［EB/OL］.（2021-02-25）. http：// news. hnr. cn/rmrtt/article/1/1364936447794221056.

营利性、独立性和经济性从根本上决定了民营企业参与的目的就是获得利益。帕森斯指出，解释最终目标的行动理论必须包含非理性的因素，在参与脱贫攻坚的实践中，扶贫的公益性要求民营企业承担社会责任。面对经济利益与社会责任的张力，民营企业的行动策略是什么？探究民营企业参与的环境和机制，也是本研究的创新所在。

我国民营企业参与贫困治理经历了不同的发展阶段，由于它们所处的内、外部环境不同，对贫困治理的认识也存在一定差异，即便处于相似的发展阶段，由于地区、行业、企业规模等因素的不同，民营企业的行动逻辑与行为机制也不尽相同。通过本研究，可以实现以下主要目标。

首先，分析民营企业参与脱贫攻坚与乡村振兴的理论价值与现实意义。通过对四川省广元市 W 县的实地调查，如实记录脱贫地区的经济社会发展状况，了解该地区民营企业参与的现状，探究影响民营企业参与的主要因素，探寻民营企业参与的内在机理。

其次，分析民营企业参与脱贫攻坚与乡村振兴的主要内容与实践途径，探究民营企业参与的行为机制。本书采用社会行动理论进行研究，将民营企业参与脱贫攻坚与乡村振兴视为一种有目的的行动，认为这是民营企业积极承担企业社会责任的一种需要，同时，也是民营企业获得自身发展的一种方式。本书从社会效益和经济效益这两个层面出发，在民营企业与政府、社区、农户等多方互动中，探讨民营企业参与的主要内容、基本途径及行为机制。

最后，解析民营企业与外部环境之间的制度博弈机制，为政府、市场主体、市场组织等制定民营企业参与农业农村发展的指导性制度安排提供借鉴。民营企业应该将自身的业务发展与农村本地的发展环境结合起来，在创造企业经济效益的同时创造社会共享价值。在全面建设社会主义现代化国家的新阶段，加快农业农村现代化发展，全面推进乡村振兴具有重要的战略意义。未来，随着民营企业的力量不断发展壮大，要将民营企业作为一支重要的社会力量引入农业农村的发展建设中来。本书旨在制定一个具有现实指导意义的制度安排，一方面促进民营企业的健康可持续性发展，另一方面推动民营企业获得经济利益与社会效益的共赢，实现民营企业与相关利益群体的互利互惠。

三、研究意义

民营企业作为市场主体，以往大多由经济学、管理学等学科对其展开研究。从社会学的学科视角出发，采用社会行动理论，探究民营企业参与脱贫攻坚与乡村振兴的行为机制非常重要，具有以下两个方面的意义。

(一)理论意义

在计划经济时代，企业以一种间接的帮扶方式，促进了国民经济的恢复与发展，改善了人民群众的生活状态。随着改革开放的不断深化以及社队企业和乡镇企业的"异军突起"，农村工业迅速发展，农民创业热情高涨，在企业主动性行为和政策的指引下，企业以多元化的方式提高了农民的收入、促进了农村地区的发展，为缓解贫困做出了积极的贡献。本书以社会行动理论为基础，为民营企业参与扶贫开发提供了一个新的研究视角。

民营企业参与农村地区的发展本质上是一种社会行动，这既是社会力量参与的过程，也是改变传统的以政府为单一主体的发展模式，实现各利益群体权利平等化的渠道。民营企业作为一个独立的社会行动主体和市场主体，在农村这个特殊的场域内，其行动模式与其他主体的行为方式是有区别的，其行动动机、行动手段、行动策略会受到复杂情境的影响。通过了解民营企业参与农村地区发展的现状、原因、方式，探究民营企业参与的环境和机制，可以将民营企业灵活开放的治理方式和政府自上而下的制度化渠道结合起来，并以此来调动各行动主体的参与热情，提升脱贫地区的治理效能。总之，通过丰富社会行动理论的内涵，我们可以更好地分析民营企业这一行动主体在农村发展中的行动过程和行动机制，在理论层面上构建出合理的、长效的可持续发展模式。

(二)实践意义

进入 21 世纪后，中国农村的贫困治理发生了巨大的变化，出现了很多新的特点、面临着许多新的挑战。帮扶成本的投入持续增加，但减贫效率低下，区域差距、城乡差距和贫富差距持续拉大，农村出现新的特殊贫困群体，脱贫群体返贫现象突出等，单纯的政府主导型的扶贫模式已经难以达到减贫目标，需要引入市场和社会的力量，构建包括政府、企业、社会组织等在内的多元扶贫主体参与、多种扶贫方式共同实施的大扶贫格局。民营企业作为一支重要的社会力量，对农村地区的贫困治理至关重要，民营企业依靠自身的敏感性、灵活性、适应性、自主性，利用市场化的机制与手段，最大限度地挖掘和利用农村地区和贫困群体的资源禀赋，将其纳入市场活动之中，增强其抵抗风险的能力。此外，民营企业凭借雄厚的企业资本，为农村地区和贫困人口提供公共产品和服务。在贫困治理的实践中，民营企业的积极参与可以丰富拓展农村地区的社会资源，提高农村地区的治理效能。

社会主义现代化国家的建设对企业履行社会责任提出了更高的要求。从长远来看，民营企业参与国家重大战略可以扩大企业的社会影响力，树立企业的良好形象，获得社会大众的普遍认可，这种"软实力"有利于民营企业占有更大的市场份额，获得更大的市场生存空间，提高企业的竞争力。此外，民营企业参与国家重大项目有利于企业更好地履行社会责任，将企业发展同社会发展相结合，将个人富裕同社会共同富裕相结合，推动社会道德建设，实现社会公平正义。民营企业履行社会责任是全面建设社会主义现代化国家的内在要求，是在经济社会发展中勇于担当使命的现实需要。构建一套具有中国特色的民营企业参与农村发展的行动框架，推动建立和完善民营企业参与农村发展的行为机制与创新模式，对于政府、企业和全社会都是大有益处的。

党的二十大报告指出，我们"完成了脱贫攻坚、全面建成小康社会的历史任务，实现第一个百年奋斗目标""从现在起，中国共产党的中心任务就是团结带领全国各族人民全面建成社会主义现代化强国、实现第二个百年奋斗目标，以中国式现代化全面推进中华民族伟大复兴"。[①] 全面建成小康社会后的工作重点与主要任务是巩固深化拓展脱贫攻坚成果，全面推进乡村振兴战略。优先发展农业农村、加快农业现代化是全面建设社会主义现代化国家的重大任务。接续推进脱贫地区发展，改善农村生产生活条件，必须不断创新已有的治理模式，积极动员协调各类治理主体参与乡村振兴工作。虽然很多民营企业已经积极地参与到新时

---

① 习近平. 高举中国特色社会主义伟大旗帜，为全面建设社会主义现代化国家而团结奋斗——在中国共产党第二十次全国代表大会上的报告[M]. 北京：人民出版社，2022：4, 21.

期的乡村振兴工作中，并且取得了一定的成效，但是民营企业在乡村振兴的实践中仍有很大的发展空间。因此，开展民营企业参与脱贫攻坚与乡村振兴的相关研究，能够发现并总结出民营企业在助力农村发展中取得的经验、存在的问题和面临的挑战，创新治理模式。全面建成小康社会后，巩固拓展脱贫攻坚成果，增强脱贫地区与脱贫群众内生发展动力，推进乡村全面振兴是农村发展的重点。面对更加隐蔽、更加复杂的情况，通过对民营企业参与农村地区的贫困治理和乡村振兴进行研究，可以创新社会帮扶的体制机制，构建农村稳定脱贫的长效机制，推动农村地区的全面振兴。

第二节　文献综述

一、民营企业参与贫困治理的理论研究

(一)发展经济学视阈下的经济增长减贫机制研究

经济增长、收入不平等与减贫之间的关系一直是发展经济学关注的重点，经济学家从不同的研究视角出发，运用经济学的研究方法，提出通过经济增长来缓解贫困。美国经济学家西蒙·库兹涅茨(1985)提出了倒 U 形发展理论，通过对比发达国家和发展中国家的收入差距，西蒙·库兹涅茨发现收入分配的不平等程度会随着国民生产总值和人均收入的增加而加剧，当国民生产总值增长达到中等水平中的最高值后，收入分配的不平等程度会随着国民生产总值和人均收入的增加而减轻，表明社会的经济发展程度与贫富差距关系密切。

托马斯·E. 韦斯科夫(1978)从国际不平等的经济秩序出发，分析了资本主义国家体系下，处于"中心"的国家和"外围"国家之间的关系，发现"外围"国家作为"中心"国家的产品供应地，始终处于一种不发达的状态。"外围"国家缓解贫困的根本路径是发展资本主义，促进经济增长并走工业化的发展道路。艾伯特·赫希曼(1991)提出了极化-涓滴效应理论，发现在经济发展初期，发达地区的经济吸引力会使得不发达地区的资源要素向发达地区涌入，制约了不发达地区的发展能力；在经济发展的中后期，发达地区的资源要素会向不发达地区回流，

并带动不发达地区发展。

发展经济学家们对于导致贫困原因的看法虽各有不同，但普遍认为经济增长是缓解不平等、减贫的一种有效手段，随着经济发展水平的不断提高，不发达地区会享受到经济发展带来的成果，进而改变贫困落后的现状。

在中国的减贫领域，众多研究者也认可经济增长减贫机制，认为中国大规模减贫的主要推动力量是经济增长，特别是农业和农村经济的持续增长（汪三贵，2008）。有学者将发展经济学的观点引入中国的反贫困实践，指出贫困地区脱贫的根本道路是市场化的反贫困道路，并提出将市场机制运用到中国的减贫实践中，在贫困地区培育市场经济的发生条件，重塑贫困地区的经济增长方式（严瑞珍，1998；张新伟，1999）。贫困地区经济发展的关键就是在反贫困中引入市场机制，包括搞好贫困地区农产品流通问题、扩大农产品的市场需求，实现农产品市场化（杨志龙，2003）。

关于经济增长减贫机制，有研究者认为经济增长与消除贫困之间是复杂的关系。自 20 世纪 90 年代以来，经济增长质量的下降使得贫困人口获取收入的机会减少，经济增长过程中收入分配的不平等在进一步扩大，导致经济增长所带来的减贫效应有所下降（胡鞍钢等，2006）。在将贫困地区引导进入市场化发展轨道的过程中，大规模的市场化可能将抗风险能力差、原子化的农民进一步暴露在高度竞争且极其严酷的经济逻辑中，如若不审慎处理好市场的风险因素，则可能使得农民重返甚至是陷入更深的贫困之中（向德平，刘风，2017）。

考虑到经济增长对于贫困地区可持续发展的关键作用以及市场失灵现象的存在，中国特色的民营企业扶贫以"国家在场"的方式居中调和了两者的矛盾。市场并不是解决贫困问题的充分条件，包括民营企业在内的市场主体在对效率和利益最大化的追求之中，必然存在一定的市场化风险。国家以政策利好的方式部分消除了民营企业在贫困地区投资兴业的风险与成本，政策扶持与风险成本的降低使得民营企业与贫困地区存在更为广泛的共同利益，有助于在两者之间构建一种长效持久互赢的利益联结机制。

（二）企业社会责任与减缓贫困的机制研究

在国外，企业参与贫困治理主要是纳入企业社会责任中的公益慈善事业范畴进行相关讨论。对于企业的公益慈善行为，也主要是从企业社会责任理论和利益相关者理论的视角来进行讨论。

"企业社会责任"这一概念由英国学者欧利文·谢尔顿于 1924 年首次提出，他将企业社会责任与公司经营者满足企业内外各种人类需要的责任联系起来，认为企业社会责任含有道德因素，企业不仅要承担经济责任，也要承担社会责任。之后的几十年里，学者们就企业是否需要承担社会责任、如何承担社会责任、应该承担何种社会责任展开了激烈的争论。Carroll 对"企业社会责任"进行了标准化界定。他认为，企业应承担的社会责任主要包括经济责任、法律责任、伦理责任、慈善责任等多方面的社会责任（Carroll，1979），企业社会责任是指"社会在一定时期对企业提出的经济、法律、道德和慈善期待"（Carroll，1991）。

20 世纪 80 年代，西方学者关于企业扶贫的研究进入新阶段，一些崭新的理论视角被提出。利益相关者理论就成为当时认识企业慈善扶贫行为的重要理论之一。利益相关者理论最先由 Freeman 于 1984 年提出，这一理论强调满足多重利益相关者的重要性，因而扩大了企业社会责任的承担范围。Freeman 对利益相关者的定义，不仅涵盖了企业的员工和消费者，也将与企业经济目标密切相关的社区、环境、政府等纳入其中。随后，企业公民理论也被用于解释企业慈善扶贫行为，这一理论沿着利益相关者理论和社会契约理论的发展脉络，不断优化为成熟的理论工具。该理论认为企业应该无条件地利用各种途径（如政策、技术和慈善）广泛深入地参与社会问题的解决（卢正文，刘春林，2011）。目前，企业慈善扶贫理论的最新发展是战略性慈善行为理论，该理论认为纯粹的慈善行为与企业行为可以有机结合，以此协调企业的社会责任和经济目标，企业的慈善捐赠行为能够为企业带来回报（Porter 和 Kramer；2002）。因此，企业的慈善捐赠可以被看作是企业的一种投资方式或发展战略，是企业在考虑各项成本之后，选择的一种提高其竞争力和影响力的最优方式。这种方式也逐渐被更多的企业经营者所重视（Saiia et al.，2003）。

中国的研究者在企业社会责任理论及利益相关者理论的基础上，结合中国本土化的减贫实践，提出了一些新的独特见解，丰富了企业社会责任的内涵，推进了企业社会责任理论进一步向前发展。宋征、贾燕（2008）认为，对于消除贫困实现可持续发展，企业应该承担起扶贫济困的社会责任，具体内容包括大力推进教育科技扶贫、积极促进当地富余劳动力的培训和转移、努力改善贫困地区的生产生活条件、培育贫困地区的"造血"能力,通过以上努力可以建立可持续发展的企业扶贫机制,实现贫困地区的可持续发展。莫少颖(2012)认为,农业产业化龙头企业的社会责任除了经济责任之外,还应该包括带动农户增收、保障食品安全、保障员工福利并维护农户利益、保护生态环境、参与社会公益事业等内容。民营企业参与贫困治理等社会责任行为的影响因素主要包括公司业绩、公司规模和公司产权(杜世风等,2019)。在贫困治理的实践中,民营企业的社会责任并不完全依靠市场属性或政策要求,有一部是企业家通过个人情感向企业传递社会责任,这种情感体现为企业家精神,对民营企业在扶贫开发中的积极性与参与方式产生重要影响(黄承伟,周晶,2015)。关于企业社会责任与企业绩效之间的关系,研究认为民营企业参与精准扶贫是企业承担社会责任的重要内容,参与精准扶贫对企业绩效有显著的溢出效应(张玉明,邢超,2019;张曾莲,董志愿,2020)。企业社会责任对于减缓贫困有间接和直接作用,企业社会责任可以产生正外部性,从推动经济增长、吸纳就业、保护环境等方面对消除贫困有间接作用;企业通过要素投入、扶贫项目等方式对消除贫困有直接作用(陈锋,2010)。

二、民营企业参与贫困治理的实证研究

(一)国内相关研究

1. 民营企业参与贫困治理的现状

从民营企业参与农村地区贫困治理的实践来看,学者们主要是从民营企业参与贫困治理的阶段、动机、模式、作用等方面展开研究。

关于民营企业扶贫阶段的划分,有研究者以中国减贫实践过程中发生的重要历史事件作为划分节点,将改革开放后民营企业扶贫实践划分为探索阶段(1978—1993 年)、深入阶段(1994—2010 年)、大规模精准扶贫阶段(2011 年至今)三个阶段(向德平、黄承伟,2021)。有研究者根据民营企业在农村经济社会发展进程中发挥的作用,将民营企业扶贫实践划分为改革开放前的企业间接减贫功能发挥阶段(1949—1977 年)、乡镇企业参与为主的开发式扶贫阶段(1978—1993 年)、农业产业化背景下龙头企业发展对农村发展的带动阶段(1994—2010

年)、企业在政策激励下直接参与的精准扶贫阶段(2011—2016 年)、新时代农村企业内生发展参与乡村振兴阶段(2017 年至今)(李先军,黄速建,2019)。

关于民营企业扶贫的动机,研究者们认为扩大市场范围、寻求优势资源、扩张企业经营、提高企业绩效、实现企业自身发展是民营企业扶贫的经济动机(和丕禅等,2001)。当企业成长发展起来之后,企业家在满足基本的经济需求之后,"光宗耀祖""乐善好施"是其履行企业社会责任的内在动力(朱斌,2015)。企业家的创业精神和奉献精神是民营企业参与扶贫的前提条件,发展精神是其持续参与扶贫实践的关键因素,因此,企业家精神是民营企业帮扶农户的力量源泉(张琦,2011)。此外,政治资源也是民营企业精准扶贫的驱动因素,政治资源的价值越高,民营企业扶贫的驱动力越强(杨义东,程宏伟,2020)。

关于民营企业扶贫的模式,学者们根据贫困的成因,从货币视角、社会排斥视角、参与视角以及能力视角这四种视角对贫困进行了定义(Laderchi,2006)。从这四种视角出发,有学者梳理出企业参与贫困治理的四种模式,即赋财模式、赋职模式、赋权模式、赋能模式(李健,张米安,顾拾金,2017)。有学者研究了浙江民营企业参与的对口扶贫,按照民营企业投资的动机不同,将民营企业的扶贫模式分为市场扩展型、寻求资源型、资本扩张型、多元发展型;按照民营企业投资的方式不同,将民营企业的扶贫模式分为嫁接改造型、承包租赁型、独资经营型(和丕禅等;2001)。有学者从企业和农户关系的视角出发,认为民营企业扶贫主要有三种模式:一是企业直接将资金发放给贫困农户;二是企业给贫困农户提供公共服务与产品;三是企业通过发展产业项目,构建乡村网络组织(张琦,2011)。民营企业在参与贫困治理的过程中,涌现出很多地方经验模式,学者们也对这种地方经验进行了相应总结。例如"府谷现象"模式(张琦,2011)、"秀水五股"扶贫模式(兰定松,程守艳,高守应,2018)、"鹤峰模式"(吴理财,瞿奴春,2018)等。

关于民营企业扶贫的作用,目前学界认为民营企业参与贫困治理有积极作用,也有消极作用。有学者认为,民营企业将发展战略、资源优势、管理经验与扶贫事业相结合,履行战略性企业社会责任,扶贫活动就会在企业声誉改善、竞争力提升等方面发挥积极作用,实现社会与企业的双赢(张蕙,2018)。有学者认为追求经济效益的价值导向决定了民营企业在扶贫实践中要遵循价值规律,其中涉及资金投向、项目选择、产品定位等多重内容，有助于实现政府包办式的扶贫模式向开发式扶贫模式的有序转变，从而在贫困地区建立起新型扶贫机制和市场经济体制(赵昌文，郭晓鸣，2000)。有学者认为，民营企业加大产业精准扶贫投入能够显著提高财务绩效，而且在市场化程度低的地区表现得尤为明显(张玉明，邢超，2019)。

与此相反，有学者认为民营企业在参与贫困治理中扮演着消极角色。有研究发现，那些背后由工商资本投资驱动的农业公司和龙头企业，在农村扶贫实践中往往更加追求经济效益和市场效率。而政府对这些民营企业的管理还存在一定的漏洞，缺乏制度化的监管措施和法律化的行政手段，使得扶贫瞄准度降低。部分民营企业以消极扶贫的态度，转移扶贫目标，将注意力放在套取资金和补贴上，从而脱离了最初的扶贫导向，导致贫困群众被排斥在扶贫工作之外(闫东东，付华，2015)。与之类似的是，一些"公司+农户"等新型模式中企业与贫困群众的关系发生了质的变化，并未将贫困群众视为重要的帮扶对象，而使其身份切换为单一的廉价原材料供应者(邓维杰，2014)。有学者认为，外来企业带着资源向贫困村投入，受到多种因素的影响，难以从根本上助推贫困村形成强大的发展能力，无法帮助贫困村寻找可持续的发展之路(陈秋红，2018)。

2. 民营企业参与贫困治理的机制

目前关于民营企业参与贫困治理机制的相关研究主要集中在政府、社会力量(包括民营企业、基金会等)和贫困群众三个主体之间的关系方面。基于扶贫主体存在的关系类型，研究者从各种角度开展了民营企业参与贫困治理机制的相关研究。除此之外，有研究者从民营企业参与特定地域或特定领域扶贫等角度开展了相关研究，具有一定的参考价值，但是有一些观点或思路仍有待商榷，需要民营企业扶贫实践的进一步验证。

刘娜、骆欣庆(2007)认为随着扶贫形势的改变，以政府为主导的扶贫做法难以适应扶贫需要，政府和民营企业应发挥各自优势，共享资源信息，共同协作完成扶贫任务，形成国家整体性的高效扶贫机制。民营企业与贫困村通过对接、互动、共建的方式，从单纯的企业捐助性扶贫发展到向农民直接提供公共产品，再发展到企业参与农业产业化，创新的扶贫投入机制使得企业与农户之间形成了双向互动的正反馈关系，这也是民营企业扶贫可持续发展的关键(张琦，2011)。

关于民营企业扶贫长效机制的构建，吴理财、瞿奴春（2018）从政府、企业、贫困户三方主体的行动出发，认为三方主体的行动过程是一个扶贫成本分担机制建构的过程，合理的利益分配机制是其能长期持续运行的核心动力。在三方主体构建的利益分配机制下，政府作为"当家人"和"理性人"，通过社会责任激发机制和权力压力机制将扶贫责任转移给民营企业，这种扶贫责任的偏离会对贫困农户产生不利影响，贫困农户处于"利益少享受、风险多担"的不利地位（范建刚，2020）。民营企业作为扶贫责任主体，政府应出台稳定的扶贫政策，给民营企业提供规范的指导和程序，并下放一定的自主权和灵活处置权（李智永，2019）。

要提升民营企业扶贫绩效，使扶贫真正落在实处，政府应该看到企业扶贫的溢出效应，建立体系化的企业扶贫激励机制，在税收、用地、贷款、购买服务等方面给予政策优惠和奖励（李晓辉等，2015；郭俊华，2019）。要在市场化原则下创新支持资金的使用方式，对企业的实际扶贫成效进行事后奖励（张琰飞、陆薇，2019）。

此外，民营企业应对接政府的扶贫管理系统，并接受政府和农户的追踪监测，监督反馈机制能够使企业扶贫资源充分发挥作用，促进脱贫目标实现（万良杰、薛艳坤，2018）。政府对企业监管越多，企业越愿意主动扶贫，为了降低行政成本，政府应完善企业消极扶贫的审查办法（付江月、陈刚，2018）。

民营企业充分发挥了市场机制在精准扶贫中的作用，激发了市场活力，实现了效益最优化（林俐，2016）。在产业扶贫中，民营企业基于自身利益最大化的行为往往背离了最初的扶贫目标，难以兼顾企业自身利益和社会责任，因此，在产业扶贫项目中，各行动主体要积极主动地沟通，并形成风险共担的利益共同体，民营企业还要建立与产业扶贫项目相匹配的市场化运营机制（黄文宇，2017）。民营企业作为一支重要的社会力量，依靠其扶贫方式的多样性有利于增强扶贫资源配置的灵活性，民营企业扶贫是精准扶贫资源配置的一种补充性吸纳机制。社会力量扶贫的"碎片化"已成为社会力量参与精准扶贫的实践困境，要求政府进一步加强其在贫困治理中的主导性作用，充分整合各种社会力量有序参与扶贫实践，减轻资源分散所带来的消极影响，同时引导包括民营企业在内的各种社会力量充分发挥各自优势，与政府建立有效的沟通协调机制，提升扶贫活动的开展效率（陈成文、王祖霖，2017）。

（二）国外相关研究

在国外，企业参与贫困治理主要纳入企业社会责任中的公益慈善事业范畴进行相关讨论。需要指出的是，企业社会责任包含的内容十分丰富，涉及劳动者权益保护、安全生产、环境保护、消费者权益保护、公益慈善行为等多个方面，参与贫困治理是企业公益慈善行为的重要体现。大多数研究者认为，公益慈善捐赠是企业履行社会责任的一种有效方式，并主要从企业内部结构、企业绩效、市场反应、税收激励等方面对企业慈善捐献行为进行实证研究。

有研究者从企业内部结构的角度分析企业慈善行为，认为企业规模与慈善捐赠行为之间存在"立方关系"（a cubic relationship），小型和大型规模的企业通过慈善捐赠能够与客户建立友好的关系，有利于提升企业的竞争力，获得更高的收益，原因是小规模的企业能与它们所服务的社区和客户建立密切的关系，而大规模的企业能够获得更高的知名度（Amato 和 Amato，2007）。

研究者对企业慈善行为与企业绩效之间的关系进行了研究，但目前尚未形成一致的结论。有学者从企业所有权结构理论出发，调查了企业由于债务和外部权益的存在而产生的代理成本的性质，认为企业慈善行为与企业绩效之间存在负相关关系（Griffin 和 Mahon，1997；Jensen 和 Meckling，1976）。有学者通过分析美国上市公司的会计年报构成，发现积极进行慈善捐助的企业，其股票价格反而较低（Ullman，1985）。对此，有学者持完全相反的观点，认为企业慈善捐赠与企业绩效之间存在正相关关系。Garriga 和 Melé（2004）认为企业只是创造财富的工具，企业应关注社会需要，承担对社会的道德伦理责任，此外，企业积极履行社会责任可以给企业带来人力、财力以及客户等资源，从而提高企业的竞争力。

企业的慈善行为对企业的市场形象和价值会产生一定的影响。企业通过慈善捐赠可以提高其在消费者中的知名度，提高员工生产率，降低研发成本，克服监管障碍并促进业务部门之间的协同作用，企业慈善捐赠会赋予企业强大的竞争优势（Smith，1994）。企业的慈善行为还能够提升企业的声望，这是与研发和广告同等重要的战略投资，可以帮助企业创造无形资产，使得企业在吸引潜在雇员方面更具优势（Gardberg 和 Charles，2006）。

税收调整是否对慈善捐赠行为产生影响？当慈善捐赠可以免税或者是税率下

降时，税收调整对慈善捐赠存在较小的正效应（Reece 和 Zieschang，1985）。Boatsman 和 Gupta（1996）基于特定企业的纵向捐款数据和横跨美国 1986 年税收改革法案五年期间的边际税率进行实证研究，发现管理者效用最大化是企业慈善行为的动机，公司捐赠的变化是对边际税率变化的反应。目前，发达国家的多数企业参与扶贫活动以慈善捐赠方式为主，同时有个人互助、富人慷慨解囊、向发展中国家提供直接援助等方式（郑光梁，魏淑艳；2006）。发达国家的企业慈善援助大致可以分为两大类，一类是发达国家对本国的慈善捐赠，另一类是对发展中国家的援助。发展中国家从事扶贫活动的企业多是资金来源单一、参与实施具体项目的以农村发展为价值取向的企业。

目前国外企业慈善扶贫的方式主要包括三种。第一种，政企合作模式。以美国为例，1993 年，美国国会通过了《综合预算平衡法案》，目的在于在贫困地区设立一批"企业社区"。该计划是通过政府与企业的合作，依靠社区内的居民和企业，增强企业自身的发展能力，通过税收激励政策、贷款、拨款和技术援助等，激发私人企业参与到"企业社区"的建设中来，通过为贫困地区提供就业机会，为贫困地区的企业提供技术支持和金融支持，带动贫困地区企业的发展（王林，2001）。第二种，直接捐赠模式。企业在进行公益慈善时，并不是直接将资金交给非营利组织，也没有事先决定好捐赠的数额，企业的公益慈善捐赠同消费者的行为相关。第三种，志愿者活动模式。企业通过支持和鼓励员工、零售伙伴、特许经销商等参与社区志愿服务活动，以实际行动支持当地发展公益慈善事业。在这些活动中，志愿者以专业知识、技术能力等作为参与资本，提高志愿服务的质量。企业将为这些志愿者提供带薪志愿服务时间、奖励表彰以及其他发展机会和服务。企业实施志愿者服务计划，提高了企业参与社会服务的能力，充分发挥了企业的资源和技术优势。对于企业而言，员工们在社区中参加志愿工作，所展现和塑造的是企业的公共形象和企业文化，传达的是企业的价值追求和奉献情怀，向外界传递出企业积极承担社会责任的良好信息。

三、民营企业参与乡村振兴的相关研究

乡村振兴战略是我国应对发展不平衡不充分矛盾、实现"两个一百年"奋斗目标的重要举措之一。借鉴我国新农村建设和美丽乡村建设的成功经验，乡村振

兴战略以促进城乡融合发展为核心，在农业、农村、农民和农地等多个维度进行
了制度设计，力求从根本上解决人民日益增长的美好生活需要和不平衡不充分的
发展之间的矛盾。乡村振兴战略以农业农村优先发展、实现城乡融合发展为理
念，通过产业兴旺、生态宜居、乡风文明、治理有效和生活富裕的路径实现乡村
的可持续发展。从政策层面来看，党的十九大将打赢脱贫攻坚战作为全面建成小
康社会的三大攻坚战之一。2018 年 2 月，《中共中央　国务院关于实施乡村振兴
战略的意见》中明确提出"做好实施乡村振兴战略与打好精准脱贫攻坚战的有机
衔接"。2018 年 8 月，《中共中央　国务院关于打赢脱贫攻坚战三年行动的指导意
见》再次提出"统筹衔接脱贫攻坚与乡村振兴"的要求。2018 年 9 月，《乡村振兴
战略规划（2018—2022 年）》进一步提出"推动脱贫攻坚与乡村振兴有机结合相互
促进"的要求。可见，顶层设计层面已经为乡村振兴与脱贫攻坚有机衔接问题指
明了方向，乡村振兴战略不仅是对传统乡村建设经验的延续与发展，更是新时期
推动农村繁荣、农民富裕和农村社会全面进步的重要指引。

在理论探讨层面，目前学界对于脱贫攻坚与乡村振兴衔接机制的讨论及主要
观点包括以下两个方面：一是"有机衔接论"，认为两大战略在理念、目标、任
务部署等方面具有相通性和递进性。由于农村区域的差异性，脱贫攻坚与乡村振
兴在基层衔接实践中还存在零散化、碎片化现象，缺乏系统性的衔接设计。脱贫
攻坚在产业、文化、人才、生态等方面为乡村振兴提供了有效经验，乡村振兴为
脱贫攻坚提供了配置型资源下移、权威型资源供给和扶贫规则变迁的机遇，有助
于实现脱贫攻坚持续性延长、综合性增强和城乡一体化扶贫治理模式的开启。脱
贫攻坚与乡村振兴有效衔接应该以全体农户的生计优化与全面发展作为根本指
引，重点关注产业的可持续发展、易地扶贫搬迁社区治理的现代化、扶贫资产的
管理及高效运用、绿色减贫长效机制的构建等关键领域（豆书龙，叶敬忠，2019；
王志章，杨志红，2020；涂圣伟，2020；黄祖辉，钱泽森，2021）。

二是"统筹衔接论"，认为脱贫攻坚是乡村振兴的基础，要以振兴为统揽构
建减贫长效机制。这一观点是在"有机衔接论"的基础上，提出乡村全面振兴应
该以巩固拓展脱贫攻坚成果为基础，继续发挥制度优势，统筹构建长效机制（高
强，2020）。从政策制定层面来看，脱贫攻坚时期的社会政策还存在"临时性"
"碎片化"的特征，在转向乡村振兴的过程中，社会政策的制定要处理好特惠与

普惠、包容与多元的关系，推动碎片化经济社会政策的整合与互构，建立一体化的社会政策体系(向德平，向凯；2022)。从衔接机制层面来看，应特别注意衔接机制要充分发挥过渡与巩固功能、整合增效功能。在具体实践中，要全面准确把握乡村的实际需要，把握传统与现代之间的均衡，把握不同乡村的振兴重点(陆益龙，2021；黄承伟，2021)。

目前学术界关于民营企业参与乡村振兴的相关研究，主要集中于参与动力、实践路径和评价体系等几个方面。

关于民营企业参与乡村振兴的动力和影响因素方面，首先，企业党组织参与公司治理对企业参与乡村振兴具有显著影响，具体表现在以下几个方面。一是党组织是党在企业内的基层组织，能够发挥政治引领作用，企业党组织领导班子成员与企业管理层交叉任职时，企业党委会的政治职能与董事会的经济职能相融合，能够增加资金投入，提升企业参与乡村振兴的意愿(云锋，2023)。有研究者以 2009—2010 年 A 股民营上市企业为样本，通过多期 DID 模型和中介效应模型研究了民营企业建立党组织对企业绿色创新的影响。研究表明党组织参与公司治理，可以帮助民营企业缓解融资约束，推动企业提高环境、社会和治理绩效，进而显著提高企业绿色创新发展水平(Yun G 和 Zhaohui Y；2023)。此外，党组织嵌入企业治理，能够敦促企业支持党的政策，在监督企业的环境绩效方面发挥作用，维护利益相关者的整体利益(Kang Q，2023)。

其次，从民营企业自身角度出发，民营企业的开办年限、主要产品和发展阶段会显著影响其参与乡村振兴的意愿(文静，刘彬鑫，王瑞轩；2023)。从民营企业的经营绩效、财务绩效和其他发展绩效来看，民营企业通过参与乡村振兴来承担企业社会责任，进而获得适应性和战略合法性，最终可实现可持续发展(Ding J C，Zhao M 和 Wang J；2023)。具体来看，民营企业与农户之间，通过股份联结、合作联结、合同联结等方式构建了紧密的利益联结机制，一方面企业履行了带农富农的企业社会责任，另一方面也满足了民营企业高质量发展的需要(郭芸芸，杨久栋，陈威；2023)。

关于民营企业参与乡村振兴的实践路径方面，从宏观角度来看，对于民营企业助力乡村振兴，有学者将其视为一个"企业—乡村—发展"三者相互协调的"物—事—人"的系统工程，其中，从"物"的层面来看，企业规模和财务基础是影响乡村振兴绩效的物理因素，前者决定资源获取能力，后者影响企业生产经营活动方向和战略。从"事"的层面来看，外部支持措施和企业信息化是影响企业参与乡村振兴绩效的事理因素，外部支持措施影响企业参与乡村振兴的能力和意愿，企业信息化能提升企业抗风险能力和盈利能力。从"人"的层面来看，企业家的机会识别能力和社会关系网络是"人理"因素，机会识别能力对企业生存和发展具有决定性作用，社会关系网络影响企业参与乡村振兴的程度、方式和效果（张怀英，高欣；2023）。也有学者将民营企业参与乡村振兴的过程划分为三个不同的阶段，第一阶段，民营企业通过能力提升与资源约束突破进行软、硬实力的重塑；第二阶段，民营企业通过消除信息不对称、商业模式创新应用、分工协作等方式促进农村产业生态系统的韧性发展；第三阶段，民营企业从经济、社会和环境三个方面共同促进农村整体韧性的发展（黄丽娟，谢国杰，郑雁玲；2023）。

从微观角度来看，乡村振兴是一项系统工程，包括乡村产业、生态、文化、组织等各个方面。民营企业参与乡村振兴，首先应该基于自身的特质和优势，并结合乡村资源和特色，以多元化的方式参与到乡村振兴之中。具体来说，要实现乡村产业兴旺，可以通过民营企业+传统种养业、民营企业+现代产业、民营企业+乡村新业态等途径。要想实现乡村治理有效，可以通过民营企业+村"两委"、民营企业+创新治理等途径（刘文波，2024）。

关于构建民营企业参与乡村振兴的长效机制，有学者从资源依赖理论出发，认为民营企业在精准扶贫至乡村振兴进程中的行动逻辑转化具有连贯性和延续性，将民营企业从参与精准扶贫到乡村振兴阶段划分为民营企业对外部资源依赖状态进行调试的初级、中级和高级三个阶段。在初级阶段，民营企业将资金、物资馈赠给乡村，获得优惠政策；在中级阶段，民营企业传授农户产业经营技巧，获得乡村市场信息；在高级阶段，民营企业助推乡村产业振兴，乡村则会反哺企业以实现跨界创新，这三个阶段可延续以此构建民营企业参与乡村振兴的长效机制（唐欣，谢诗蕾，周雁；2023）。此外，还应注重引导外来资本、农户和村集体深度融合产业链要素，促进"资本—乡村"新利益结构的形成，以此建立稳定的利益联结机制（贾春帅，陆继霞；2022）。

三、简要评述

通过以上文献回顾，本书梳理了国内外学者对民营企业参与贫困治理与乡村振兴的相关研究。

从理论研究来看，民营企业参与贫困治理的机制主要是从经济学视角、管理学视角进行考察，集中在涓滴-效应理论、企业社会责任理论、战略性慈善行为理论等方面。从实证研究来看，国内研究聚焦于民营企业参与贫困治理的阶段、动机、模式、机制、作用等方面，积累了一定的研究成果，且更加聚焦于民营企业的自身优势。国外研究将企业公益慈善捐赠视作企业履行社会责任的一种有效方式，主要从企业内部结构、企业绩效、市场反应、税收激励等方面对企业慈善捐赠行为进行研究，同时对企业慈善援助的类别、模式等进行了讨论。已有研究结果表明，民营企业参与贫困治理的方式呈现出多样化特征，由于地域性因素的限制，民营企业扶贫的效果参差不齐。民营企业参与贫困治理，面临着复杂的社区环境及多元的治理主体，民营企业作为单一社会行动主体，在参与扶贫工作的过程中采取了多种策略，形成了丰富的地方经验，提升了贫困治理效率。全面建成小康社会后，学界讨论了民营企业在乡村振兴中应扮演的角色、发挥的功能和实施的路径。从动力上看，企业党组织对公司治理存在显著影响，企业党组织的参与有助于提升民营企业参与乡村振兴的意愿，推动企业可持续发展。从实践路径来看，民营企业可以通过多种方式与乡村的资源、优势等结合，支持乡村产业、文化、组织、生态等各领域的振兴发展，促进企业与乡村的互促互动。民营企业通过与外来资本、农户和村集体深度融合产业链要素，形成"资本—乡村"新利益结构，以此建立稳定的利益联结机制是民营企业助力乡村振兴的有效途径。现有研究为本书提供了丰富的理论基础和实践借鉴，也为本书开拓新思路奠定了良好基础。

总体而言，已有关于民营企业参与贫困治理和乡村振兴的文献大多是一般意义的介绍性研究、政策性研究以及个案研究，侧重于政策倡导和行动实践，缺少从社会学视角出发对民营企业扶贫开展理论研究及历时性研究，对这条纵向线索的梳理还不够清晰和深入。而且已有研究对民营企业参与乡村振兴的探讨还不够全面和系统，缺乏基于典型的民营企业案例的理论对话，这也使得这类文献仅为一般性的描述性研究，难以推广到宏观意义上的民营企业助力乡村振兴，难以为民营企业参与乡村振兴提供有效的经验借鉴。

本书将采用社会行动理论，结合已有的研究成果，以四川省广元市 W 县为田野调查点，探讨民营企业在参与脱贫攻坚与乡村振兴的过程中与其他治理主体的互动模式，分析民营企业参与的行动动因、行动策略，挖掘民营企业参与农村发展的过程和机制，为民营企业参与乡村振兴提供可行的政策建议。

第三节　研 究 设 计

本书基于四川省广元市 W 县的三家民营企业参与脱贫攻坚与乡村振兴的实证调查，结合民营企业参与脱贫攻坚与乡村振兴的发展历程和特征，在社会行动理论分析框架下，分析民营企业参与脱贫攻坚与乡村振兴的动机、策略与实践途径。研究在治理主体多元且利益诉求各不相同的情况下，民营企业同政府、农户及其他企业如何在合作互动中实现自身的经济效益和社会效益双赢，从而构建民营企业参与乡村振兴的创新机制。

一、理论基础

社会行动是社会学开展分析并且进行理论建构最基本的概念和范式，从某种程度上说，也是社会学研究一个基本的逻辑起点。[1] 在社会学诞生之际，社会行动理论便呈现出多元化的趋势，如韦伯的理解行动论、齐美尔的形式行动论、帕累托的逻辑行动论等，从古典社会学到现代社会学，社会行动理论也在不断发展完善，如冲突行动论、交换行动论等。[2] 本书介绍了对本研究理论框架的建构有直接帮助和启发的社会行动理论代表性人物，并对他们的思想观点进行简要回顾。

---

[1] 杨敏. 社会行动的意义效应：社会转型加速期现代性特征研究[M]. 北京：中国人民大学出版社，2005：133.

[2] 郭强. 独存·淹没·漂浮：寻求社会行动论的归宿[J]. 社会，2008(5)：91-121.

（一）社会行动理论的发展脉络

社会行动理论关注作为主体的人的行动的目的、意义，关注行动本身与形成制约关系的社会结构之间的互动关系。在韦伯看来，社会行动是"指向他人过去的、现在的或未来预期的行为"，是指"行动者个体对其行为赋予的主观意义关涉到他人的行为，并且指向其过程的行为"①。韦伯认为社会行动有以下四种类型：(1)目的理性行动，取决于对客体在环境中的表现和他人的表现的预期，行动者会把这些预期用作条件或手段，以实现自身的理性追求和深思熟虑的目标；(2)价值理性行动，是有意识地坚信某些特定行为——伦理的、审美的、宗教的或其他任何形式——自身的价值，无关能否成功，纯由其信仰所决定的行动；(3)情感行动，是被行动者当下的情感情绪所决定的行动；(4)传统行动，是通过根植于某种习惯所决定的行动。② 韦伯的社会行动理论在行动的意识分析上忽视了价值理性行动和情感行动，在行动的理性分析上，理性化更多指向工具理性，将工具理性作为资本主义理性化发展的内在逻辑而不是动力因素之一。③

在综合了韦伯、马歇尔、帕累托、涂尔干等人的理论基础之上，结构功能主义代表人物帕森斯在 1937 年出版的《社会行动的结构》一书中，提出了唯意志论的行动理论。帕森斯的行动理论批判了古典经济学的相关研究，并将其作为基本要素而吸收到自己的行动理论之中提出了"目的-手段-条件"原则，即在目的、手段、条件的联系中把握社会行动。

帕森斯认为，行动最基本的特征是具有意志性和目标导向，也就是说，行动是主体朝向目标的动作。意志性的行动应该包含以下要素：(1)目标，或者被称为目的，即是一种预期的未来具体事态。(2)状态，即影响行动者的环境因素，同时，行动者又处于这个环境之中。对于状态要素，可以进一步分为手段和条件。手段是指在环境状态中，可以被行动者加以控制和利用的，并能够帮助行动者实现其目的的要素。条件是指在环境状态中，限制甚至是阻碍行动者实现其目

---

① 韦伯. 社会学的基本概念[M]. 顾忠华，译. 桂林：广西师范大学出版社，2005：30.

② 韦伯. 社会学的基本概念[M]. 顾忠华，译. 桂林：广西师范大学出版社，2005：32.

③ 郭海青. 试论马克斯·韦伯的社会行动理论及其局限[J]. 齐齐哈尔大学学报(哲学社会科学版)，2008(2)：74-76.

的的要素；状态要素中的条件包括自然条件、物质条件、社会条件等。（3）规范取向，指行动者在确定自身的行动目标、选择某种相应的行动手段时所需要遵循的某种社会标准，这种符合规范的范围被称为规范取向。①

人们的目标追求即主观取向是复杂的，并且目标指向的客观环境和选择的手段都是在动态变化的。受韦伯理想化方法的启发，帕森斯从动机和价值观这两个方面将行动者"定位在"情境之中。就动机取向而言，包括认知的动机，即对信息的需要；情感的动机，即对感情寄托的需要；评价的动机，即对评价的需要。就价值取向而言，包括认知的价值观，即按照客观标准进行的评价；鉴赏的价值观，即按照审美标准进行的评价；道德的价值观，即按照绝对的正误标准进行的评价。②

与结构功能理论在系统行动的层次上运用功能论解释社会系统行动不同，科尔曼创建的理性行动理论主张采用个体方法论，用系统的不同组成部分的行为来解释系统行为。科尔曼将经济学的有关分析框架和理论引入社会学中，认为社会理论的目标是解释以个人行动为基础的社会组织的活动，理解个人行动便意味着寻找隐藏在行动内部的各种动机。③ 与帕森斯的"社会人"、韦伯的"组织人"不同，理性行动理论把现代社会的人作为具有理性思维的人——"理性人"，并以此为出发点，考察人们的社会行动。在经济理论中，合理性构成了理性行动者的基础，对行动者而言，不同的行动有着不同的"效益"，而行动者的行动原则可以表达为最大限度地获取效益。④ 理性行动理论主要在两个分析层次上展开，即基本行动层次和系统行动层次。在基本行动层次上，行动是指两个行动者相互依赖的行动，与这一层次相联系的基本行动要素包括行动者、资源和利益，行动者之间除了直接的交换关系、人际（情感、互助）关系之外，还涉及权威关系、信任关系、复杂关系等。在系统行动层次上，行动者涉及法人、自然人或其他更多

---

① 文军. 西方社会学理论：经典传统与当代转向[M]. 上海：上海人民出版社，2006：125.

② 帕森斯. 社会行动的结构[M]. 张明德，夏遇南，彭刚，译. 南京：译林出版社，2012：728.

③ 詹姆斯·S. 科尔曼. 社会理论的基础（上）[M]. 邓方，译. 北京：社会科学文献出版社，2008：18.

④ 周长城. 科尔曼及其社会行动理论[J]. 国外社会科学，1997(1)：71-74.

的行动者。科尔曼认为现代社会的基本行动者主要有两种类型，即自然人与法人。这两种类型的社会行动者也有区别，法人行动是一种系统性的社会行动，行动是以内部交换中所产生的利益作为基本，而不是以某个行动者的动机或者利益作为基础；法人权利的所有者和行使者并不是同一个自然人，而是分属于委托人和代理人。权利在法人内部转移的过程，分为自然人转移给法人、法人集中权利转移给代理人两个过程。在对法人分析的基础上，科尔曼进一步研究了法人行动的社会选择问题。他认为，社会选择过程是社会行动者对于某种利益的追求，同时利用各类资源、所处环境、现实条件并在一定规范下所采取的行动。①

(二)社会行动理论的主要观点

在社会行动理论中，行动者、行动的属性、行动与结构的关系是学者们研究的主要内容。(1)行动者。行动者个体及其行动是社会学研究的基本单位，行动者是处在特定社会结构与社会关系网络中的人。对于行动者赋予行动的主观意义，我们要尝试着去理解与关注。行动者既有理性经济人衡量算计收益的一面，也有对不同价值追求的一面，社会价值规范、社会情境、社会条件等都会制约并影响行动者的选择，对于社会秩序的形成发展也会产生一定的影响。(2)行动的属性。从社会行动本身的性质来看，社会行动不是消极地适应环境的活动，也不是社会规范或者价值观念通过人类活动而在人身上的一种体现或反映，社会行动是一种人与人之间所产生的社会互动，即行动者对于其他行动者行为的一种回应。对于社会而言，这种互动具有传承社会文化的功能。对于个体来说，这种互动具有自我满足、自我完善的重要价值与意义。(3)行动与结构的关系。对于社会行动与结构的探讨，往往陷入了分裂与二元对立的状态，即研究者往往将社会行动与社会结构分离，要么重结构而轻行动，例如帕森斯过分强调结构对行动的制约，而忽视了人的能动性；要么重行动而轻结构，例如韦伯看到了行动者的能动性，却没有看到结构对于行动的影响和制约，过分关注人的主观性及意义，强

---

① 文军. 西方社会学理论：经典传统与当代转向[M]. 上海：上海人民出版社，2006：225.

调从行动者的动机、理性中探寻社会结构的构成与变迁。① 直至20世纪70年代，社会学理论界逐渐出现了新的综合运动，将行动与结构的关系看作一种联动共生的关系，重视行动者的主体性、能动性与反思性。

（三）社会行动理论的分析框架

韦伯在《社会科学方法论文集》一书中曾提出："要想考察任何有意义的人类行动的根本成分，首先应从'目的'和'手段'这两个范畴入手。"依据韦伯对社会行动的分类，王琳芝对企业的慈善捐赠行为进行了四种类型学分析。具体来说，企业的慈善捐赠虽然是一种集体行动，但是企业在社会中仍旧以社会人的身份出现，按照韦伯社会行动的四种类型划分，王琳芝将我国企业的慈善捐赠行为划分为理性捐赠、价值性捐赠、情感捐赠、传统捐赠这四种。企业作为"理性人"，与外界的利益相关者发生的互惠交换行为，主要基于企业对稀缺的社会物质的需求。企业作为"感性人"，其捐赠决策和捐赠行为受情感因素的影响，主要是由于企业家对被捐助者的同情或有所共鸣，进而做出捐赠的行动。②

关于企业行动的经济学理论基本是以"经济理性"的假设为前提的，不论是企业家还是企业本身，均按照利益最大化目标采取行动，而其他的相关因素被忽略。彭文兵、桂勇认为经济学理论下的这种理性概念会使人对企业的经济活动产生狭隘的理解。虽然在社会行动框架下的企业是以理性选择作为基础的行动者，但除了经济利益考量之外，其他的"有价值"的事物，比如权力、声望等也是企业经济行动的出发点与目标，企业的行动方式与选择不可能脱离社会的限定，不可避免地具有社会性的特征，而且企业的理性选择嵌入社会结构之中。③ 程恩富、彭文兵认为企业的经济行动是一种理性行动，嵌入各种具体的社会关系结构

---

① 刘博. 韦伯、帕森斯、吉登斯社会行动理论之比较[J]. 社科纵横（新理论版），2010（4）：145-146.

② 王琳芝. 从韦伯的社会行动理论看我国企业慈善捐赠行为——由汶川大地震引发的思考[J]. 理论观察，2009（2）：94-96.

③ 彭文兵，桂勇. 经济社会学视角下的企业研究[J]. 财经研究，2000（09）：10-15.

之中，受到社会共同机制及社会关系的制约。① 肖日葵认为，经济行动是社会行动的重要类型之一，企业不是原子化的个体或组织，企业必然与社会环境产生各种互动，并产生了社会行动者的社会性。企业作为法人的一种类型，在关注它的所有者和雇员利益的基础之上，也应该对其他行动者负责。因此，企业承担社会责任有助于实现经济理性与社会理性的统一，实现经济利益和社会利益的统一。②

秦海霞将私营企业主的行动选择放在宏观社会背景下进行研究，认为私营企业主之间社会互动的重要机制不是市场而是"关系"，对政治资本、社会资本、经济资本的追求，使得社会关系网络的建构成为企业家个体理性选择的行动手段和策略，同时政治资本、社会资本、经济资本也是行动者实现目标的资源。③

1. 理论框架

本书以社会行动理论为研究视角，依据帕森斯的"单元行动"来解释民营企业参与贫困治理和乡村振兴为何以及如何发生。韦伯认为一项社会活动被定义为一项社会行动，要同时满足以下两个方面的条件：一是行动者对于行动要赋予意义，二是行动者的行动是指向他人的。民营企业参与贫困治理和乡村振兴很显然是满足以上韦伯对社会行动定义的两个条件的：一方面，民营企业赋予了参与贫困治理与乡村振兴这项行动以各种意义，如承担企业社会责任、树立企业良好形象等；另一方面，民营企业参与贫困治理和乡村振兴是出于帮助农户摆脱贫困、促进脱贫地区发展的考虑，这很明显是指向他人的行动。因此，民营企业参与贫困治理和乡村振兴可以被界定为一项社会行动。对照帕森斯的单元行动理论来看，这项社会行动也包括四个基本要素。(1)行动者。民营企业参与贫困治理和乡村振兴是一项多元主体参与的行动，其行动主体的中心力量是民营企业，但同时也包括地方政府、农户、社会组织等其他力量。(2)目标。民营企业参与贫困

---

① 程恩富，彭文兵. 企业研究：一个新经济社会学的视角[J]. 江苏行政学院学报，2002(2)：57-65.

② 肖日葵. 经济社会学视角下的企业社会责任分析[J]. 河南大学学报(社会科学版)，2010，50(2)：67-71.

③ 秦海霞. 关系网络的建构：私营企业主的行动逻辑——以辽宁省 D 市为个案[J]. 社会，2006，26(5)：110-133.

治理和乡村振兴实现了多维目标。民营企业是以盈利为目标的经济组织，在这个过程中将兴村富民任务与企业发展的目标紧密结合，实现帮扶对象脱贫致富与企业进步双向发展。(3)情境。民营企业参与贫困治理和乡村振兴需要依托物质载体和非物质载体，包括县域的地理环境、生态环境、社会环境、民营企业自身的发展基础等，这些要素都会影响行动的发生。(4)观念、价值。民营企业参与贫困治理和乡村振兴离不开一定的观念和价值取向、行为和制度规范等。

　　本书尝试从帕森斯社会行动理论的四个基本要素出发，构建了民营企业参与贫困治理和乡村振兴行动的基本框架(见图1-1)，将民营企业放置在一个多元视角和多重关系下进行社会学考察，可以避免从单一的微观视角或庞大的社会结构来进行讨论。

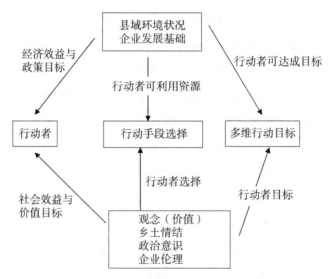

图 1-1 民营企业参与贫困治理和乡村振兴行动的基本框架

　　2. 内容框架

　　本书主要分为四个部分，即导论与文献部分、正文与分析部分、结论与讨论部分、附录以及参考文献。

　　第一章是本书的导论与文献部分。首先，指明了研究的背景、目的和意义。在全面建成小康社会后，中国的农村发展面临着新的挑战，要充分发挥社会力量，尤其是民营企业在"万企帮万村"行动中的作用，优化配置社会资源，创新乡村治理体制机制。其次，界定了研究概念，以社会行动理论视角来探索民营企业参与贫困治理和乡村振兴的过程，并提出了全书的分析框架。最后，介绍了研究方法，并简要阐述了研究对象的基本情况。

第二章至第五章是本研究的正文与分析部分。第二章梳理民营企业参与贫困治理和乡村振兴的历程，在历时性视野下分析不同时期民营企业帮扶的内容和特点，可以发现民营企业参与农村贫困治理和乡村振兴经历了从探索到深入、从小规模介入到全面综合参与的发展阶段。民营企业帮扶农村呈现出从企业探索到党政引领、从间接帮扶到直接帮扶、从慈善捐助到市场帮扶、从收入支持到资产建设、从单一捐助到立体帮扶、从低效粗放到集约高效的发展特征。

第三章至第五章，在社会行动理论分析框架下，民营企业参与贫困治理和乡村振兴是一种有目的的行动，行动的动因、手段、策略都受到环境的影响。在乡村治理系统之内，民营企业参与帮扶农村的机制就是企业行动的动机、手段方式、条件控制与目标的统一体。本书以四川省广元市 W 县的三家茶叶民营企业为例，分析归纳在农村脱贫地区，民营企业帮扶的动因、实践途径及行动策略。民营企业帮扶是积极承担企业社会责任的一种需要，同时，也是企业获得自身发展的一种方式。从社会效益和经济效益这两个层面，在企业、政府、社区、农户等多方互动中，总结出民营企业参与贫困治理和乡村振兴的市场机制、社会机制、互动机制。

第六章是结论与讨论部分。本章概括总结了本书的主要结论，并进一步讨论了全面建成小康社会后民营企业助力乡村振兴的方向与路径。

最后是附录以及参考文献。附录包括调研过程中所使用的访谈提纲、访谈资料整理后的访谈结构表，以及四川省广元市其他民营企业助力乡村振兴的典型案例，参考文献主要包括著作和论文两大类。

二、核心概念

(一)民营企业

民营企业也可以简称为民办企业，一般是指除"国有独资""国有控股"外的其他类型企业。"民营企业"一词，从某种程度上说，带着强烈的政治背景，是在中国的经济体制改革过程中出现的。

1995年，中共中央、国务院印发了《关于加速科学技术进步的决定》，文件指出民营科技企业是发展我国高技术产业的一支有生力量，要继续鼓励和引导其健康发展。[①] 这是改革开放之后，民营企业第一次出现在我们国家的政策文件之中。我国的相关法律文本中没有对"民营企业"进行明确的界定，《中华人民共和国企业法人登记管理条例》中也没有"民营企业"这一类型，仅仅包括全民所有制企业、集体所有制企业、联营企业，在我国境内设立的中外合资经营企业、中外合作经营企业、外资企业，私营企业，需要依法办理的其他企业。2020年4月全国科学技术名词审定委员会批准公布的《经济学名词》中，对于民营企业的定义如下：由民间投资形成，并由民间企业家合法经营的各种企业（主要包括个体企业和私营企业等）[②]。本书拟采用《中国统计年鉴》对国民经济的划分标准，将民营企业界定在私营经济的范畴之内，主要是指私营企业和个体企业。

（二）贫困治理

20世纪90年代，治理理论逐渐兴起。治理理论跳出了传统的国家与社会关系的理论分析框架，对国家和社会关系议题进行了延伸讨论，尝试从更宏大的空间来讨论如何协调国家和社会的关系，最终达到"善治"的目标。

20世纪末以来，随着国家对社会体制改革、社会治理创新的推进，中国的社会治理也日益受到学界的关注。毛寿龙区别了"统治"与"治理"的概念，在统治的政治与具体行政事务管理的中间意义上界定了治理的意涵。[③] 俞可平认为治理的目的在于达成"善治"，即公共与民间组织在既定范围内，通过不同的制度关系来引导、规范公民的各种活动，以实现最大限度的公共利益。而协同治理、多中心治理、合作治理都是治理的模式与机制，对于解决中国的社会问题

---

① http：//www. most. gov. cn/ztzl/jqzzcx/zzcxcxzzo/zzcxcxzz/zzcxgncxzz/200512/t20051230 _ 27321. html.

② https：//www. termonline. cn/search? searchText＝民营企业.

③ 毛寿龙. 现代治道与治道变革[J]. 南京社会科学，2001(9)：44-47.

优势明显。①②③ 社会组织、企业、公民作为社会治理的主体力量，在政府的组织、主导之下，平等地参与社会事务的治理活动。④

贫困治理是政府组织、社会组织、市场组织等多元主体帮助贫困地区和贫困人口摆脱贫困、实现内源发展的过程。帮扶是由各个实施主体在平等、协商、合作、共治的基础之上，通过精准化、多样化、专业化的帮扶手段实施的⑤。由此可见，贫困治理主要包括以下几个方面的内涵。第一，治理主体的多元性。贫困治理的主体不是单一的，而是包括政府部门、社会组织、市场经济组织、个人等。第二，贫困治理的过程是多元主体投入资源，并且平等协商、合作互利的过程。第三，贫困治理的方式在数量、类型上是多样的，在结构间是相互协调的⑥。第四，贫困治理的目标是减少贫困人口，降低贫困程度，实现社会资源的创造与合理分配。⑦

(三)机制

在社会学研究领域，机制指的是能够被解释的有着固定互动规律的因果关系⑧。在本书中，民营企业参与贫困治理和乡村振兴的机制，就是在乡村治理系统之内，民营企业帮扶行动的动机、手段方式、条件控制与目标的统一体。

从理性"经济人"假设出发，企业行为的根本目的是寻求效率与利润的最大

① 于水. 多中心治理与现实应用[J]. 江海学刊，2005(5)：105-110，238.

② 李汉卿. 协同治理理论探析[J]. 理论月刊，2014(1)：138-142.

③ 赵守飞，谢正富. 合作治理：中国城市社区治理的发展方向[J]. 河北学刊，2013，33(3)：154-158.

④ 王浦劬. 国家治理、政府治理和社会治理的含义及其相互关系[J]. 国家行政学院学报，2014(3)：11-17.

⑤ 向德平. 贫困治理的中国经验：政策逻辑与实践路径[J]. 社会政策研究，2020(4)：50-59.

⑥ 左停，金菁，李卓. 中国打赢脱贫攻坚战中反贫困治理体系的创新维度[J]. 河海大学学报(哲学社会科学版)，2017，19(5)：10.

⑦ 向德平，黄承伟. 中国反贫困发展报告：社会扶贫专题[M]. 武汉：华中科技大学出版社，2014：199.

⑧ 赵鼎新. 论机制解释在社会学中的地位及其局限[J]. 社会学研究，2020，35(2)：1-24，242.

化。站在经济理性的角度，民营企业参与帮扶的内在动机是追求经济效益，民营企业在参与帮扶的过程中获得的收益越高，帮扶行动的可持续性越强。同时，民营企业的发展具有外部性。作为重要的市场经济主体，民营企业的经济活动会对脱贫社区及脱贫农户造成非市场化的影响，民营企业需要承担诸如环境保护、社区发展及农户权益等多方面的外部性后果。在与外部环境的互动中，民营企业的社会性进一步产生。在内部满足自身盈利的需求，以及在外部获得良好的社会声誉及发展环境，促使企业需要兼顾经济效益与社会效益，重视利益相关者的权益并主动承担社会责任。民营企业参与贫困治理和乡村振兴实现了经济效益与社会效益的统一，也实现了工具理性与价值理性的统一。工具理性视角下民营企业通过市场化方式来实施帮扶项目，实现帮扶效益最大化；价值理性视角下民营企业乐于奉献，回馈社会，积极承担社会责任;[①] 民营企业通过帮扶行动可以强化政企纽带，进一步获得政策支持、税收优惠，保持与政府之间的良性互动，获取社会合法性。在主动承担社会责任的过程中，帮扶所带来的正面社会效益、良好的企业形象与口碑进一步强化了企业的社会合法性。

三、研究方法

社会研究的主要目的之一就是对社会现象的状况、过程和特征进行客观、准确的描述。质性研究是一种情景活动，将观察者放置于现实世界，并由一系列可观察感知的解释性实践活动组成。这意味着质性研究者在自然的背景下对事物展开研究，并尝试用人类所赋予事物的意义来阐释现象。[②] 本书主要是质性研究，质性研究涉及少数个案，在研究过程中能主观地、洞察性地把握个案的特征，通过主观洞察性方法得出普遍化的结论。[③] 本书在经验情景中观察作为个案的民营企业参与贫困治理和乡村振兴的过程，将这个过程中民营企业的行动动机、策略

---

① 向德平，刘风. 价值理性与工具理性的统一：社会扶贫主体参与贫困治理的策略[J]. 江苏社会科学，2018(2)：41-47.

② 诺曼·K. 邓津，伊冯娜·S. 林肯. 定性研究(第 1 卷)：方法论基础[M]. 风笑天，等，译. 重庆：重庆大学出版社，2007：4.

③ 袁方，王汉生. 社会研究方法教程[M]. 北京：北京大学出版社，2004：146.

和结果作为研究的基本素材，这种研究方法中对个案的观察不仅是对研究的一种质量考察，同样也是对研究者素质的一种体察。个案研究的结果与意义在于知识增长，通过个案研究，一方面可以扩充对已知经验事实的认知；另一方面可以获得一般性的理论概括，深化理论认识。[①] 笔者在两次田野调查中，在几种不同的情景中观察个案。

具体来说，本书主要采用了参与观察法、深度访谈法。

1. 参与观察法

参与观察法是关于人类研究的一种方法，适用于人类生活方方面面的研究。运用参与观察法，人们可以清晰具体地描述到底发生了什么，事件发生的具体时间、地点、任务，以及发生的原因和过程。[②] 笔者通过对四川省广元市 W 县的民营企业以及帮扶产业项目基地的实地考察，走进脱贫村和脱贫户，以亲身感知的方式，全面融入民营企业和农村社区之中，了解民营企业业主、民营企业工作人员、脱贫村、脱贫农户的真实状况，获得第一手经验性材料。

2. 深度访谈法

访谈是定性研究中的一种主要方法，在深度访谈中研究者与被研究者之间是一个双向互动交流的过程。在实际调研过程中，笔者分别对乡村治理体系下的多个主体进行了深度访谈，包括政府工作人员、民营企业业主、民营企业工作人员、脱贫农户、驻村干部等。通过深度访谈政府工作人员，了解政府对民营企业参与贫困治理和乡村振兴的政策、举措，以及他们对民营企业参与帮扶的看法；通过深度访谈民营企业业主及民营企业工作人员，了解民营企业在 W 县的帮扶现状、原因和方式，民营企业在开展帮扶项目过程中取得的成效、产生的困惑和面临的挑战，以及他们对未来发展的建议等；通过深度访谈脱贫社区的村民，了解他们对民营企业参与帮扶的看法、态度、需求。

---

① 王富伟. 个案研究的意义和限度——基于知识的增长[J]. 社会学研究, 2012, 27 (5): 161.

② 丹尼·L. 乔金森. 参与观察法: 关于人类研究的一种方法[M]. 张小山, 龙筱红, 译. 重庆: 重庆大学出版社, 2015: 2.

（一）个案选择

2020 年 7 月，笔者跟随导师参与了国务院扶贫办中国扶贫发展中心组织的调研项目，对四川省广元市社会扶贫的典型经验和做法进行总结。我们调研了广元市 W 县、Q 县和 J 县，并对这三个县的社会扶贫工作主要负责人进行深度访谈，对县域内开展社会扶贫项目的村镇进行走访，搜集整理了这三个县的社会扶贫资料。在实地调研和资料整理的基础上发现，W 县的社会扶贫工作颇具特色和亮点，初步了解了 W 县民营企业帮扶的整体情况、政府部门对民营企业帮扶的态度与看法、民营企业帮扶的典型做法与发展困境等内容。

2020 年 9 月，在四川省广元市扶贫办 L 局长的相助下，笔者进入 W 县，并在 W 县扶贫办的引荐和实地调研的基础上，确定了以 W 县内的三家茶叶民营企业作为具体调研对象。这三家民营企业都是从事茶叶种植、生产、加工的民营企业，一家是成立时间不长的国家级扶贫龙头企业，另外两家是本地经营历史较久的茶叶企业。选择的这三家民营企业都参与了"万企帮万村"精准扶贫行动，并且在当地都取得了显著的扶贫成效。此次调研的时间较长，笔者在当地扶贫办的帮助下，深入民营企业内部以及帮扶项目开展的乡镇、社区、产业基地进行调研。在基层调研完成之后，笔者返回 W 县，对主管民营企业的相关政府部门进行访谈，进一步了解民营企业帮扶的政策背景及相关情况。在调研结束之后，笔者通过微信和电话与 W 县的民营企业业主及扶贫办的工作人员保持联系，获取最新民营企业帮扶信息。2021 年 12 月，在政府的引导和支持下，这三家民营企业继续开展帮扶行动，参与了"万企兴万村"行动。

本书意图从四川省广元市 W 县三家民营企业的发展过程和实施帮扶项目中，探索民营企业在农村地区的帮扶环境、机制和发展策略。关于研究对象的选择，本书将范围限定为在农村的从事农业产业化经营的民营企业，所选择的这三家民营企业在带动脱贫人口增收脱贫、促进脱贫地区经济发展中都发挥了重要作用，是参与推动"万企帮万村"精准扶贫行动、"万企兴万村"行动的典型企业。总结这一类民营企业在实际的帮扶实践中如何增加农民的收入、助推脱贫地区产业升级、拓展企业发展空间，具有一定的理论价值和实践意义。

（二）研究对象简介

1. W 县基本概况

W 县地处秦巴山片区腹地，位于四川盆地北缘、米仓山南麓，是"5·12"汶川特大地震灾区。W 县也位于秦巴山区集中连片特困地区，生态地理环境较为脆弱，境内喀斯特地貌特征明显，地势北高南低，沟谷深切，山势陡峭，群众生产生活条件差。同时，受大山阻隔，县域交通基础设施落后，境内仅有 1 条高速公路，是全市境内唯一不通高铁的县区，乡道、村道、社道等级低、通达率差。由于地理条件限制，农田水利生产设施滞后，抗御自然灾害能力差，农业产业发展规模化还未形成，且难以形成稳定的、长效的产业链条，产业发展滞后。

行政区域和人口方面，W 县辖 23 个乡镇、220 个行政村、37 个社区，行政区域面积2987平方公里，总人口53万人，其中农业人口34.6万人。由于集川陕革命老区、边远山区、集中连片贫困地区和地震灾区"四区合一"的基本县情，W 县是国家扶贫开发工作重点县。2014 年，W 县按照"农户申请、两评议、两公示一比对一公告"程序，逐村逐户开展贫困识别，识别贫困村 97 个、贫困人口 17198 户50883 人，贫困发生率高达 14.7%。其中，北部山区 12 个乡镇(原 18 个乡镇)有贫困人口 19736 人、贫困发生率为 15.43%，河谷走廊 7 个乡镇(原 8 个乡镇)有贫困人口 19227 人、贫困发生率为 13.62%，南部丘区 4 个乡镇(原 9 个乡镇)有贫困人口 13626 人、贫困发生率为 15.1%。全县的贫困人口分布广、致贫原因交错复杂，贫困户大多由于文化知识水平有限、缺乏劳动力和专业就业技能、因病因灾因残、自主脱贫和致富动力不足等个体原因，长期处于贫困状态。①

2. W 县经济社会发展状况

W 县历史悠久，文化和革命底蕴积淀丰厚，有着丰富的自然生态资源和独特的文化特点，为其经济社会发展奠定了良好的基础。

早在新石器时代 W 县已有先民栖居繁衍。W 县于公元 420 年设郡县，古蜀出川米仓道经 W 县通往长安。W 县是巴蜀文明的重要发祥地之一，是先秦古栈道文化和蜀道文化的集中展现地。同时，W 县是川陕革命老区，徐向前、李先念

①　数据来源：W 县政府办，2020 年。

等老一辈无产阶级革命家曾在这里战斗，留下了中国红军城、木门军事会议纪念馆等一大批红色文化遗迹。

在生态环境与自然资源方面，W县位于四川盆地北部边缘，地形地貌复杂，属中、低山地带，全县地貌为平坝、阶地、低丘、高丘、低山、中山、山源七个类型。农业土壤主要有水稻土类、冲击土类、紫色土类、黄壤土类、黄棕壤土类。W县北部属高寒山区，喀斯特地貌特征明显；南部属中山区，为深丘地貌，农业基础较好；中部属河谷走廊，山、丘、坝兼有。W县介于北纬31°58′至北纬32°42′之间，属于亚热带湿润季风气候，四季分明，雨量充沛，光热资源丰富，无霜期较长，山地气候明显。W县年均温16.5℃，年降水量920.9毫米。W县北部为高寒山区，米仓山、光头山、云雾山、汉王山、老君山、欧家坪等群峰构成米仓山西段主体，平均海拔为600米至1500米，四周山高林密、云雾缭绕、空气清新、气候温和、雨量充沛、土壤肥沃，具有"高山云雾出名茶"的独特地形和"雨洗青山四季春"的宜茶环境。W县已经被列为四川省重要的有机绿茶生产基地和农业农村部茶叶优势栽培区，全县共有21.5万亩茶园，其中符合生态有机茶标准的茶园6.7万亩。

W县政府办发布的《2020年政府工作报告》显示，2019年，全县地区生产总值达到138.89亿元，农村居民可支配收入达到14429元、增长9.5%，城镇居民可支配收入达到36240元、增长6.6%，县域经济发展位列四川省同类58个县区第9位，较上年上升1位。2019年，W县的民营经济增长速度较快、贡献较大。全县民营经济增加值实现65.74亿元，同比增长8.7%，增速比GDP增速快0.1个百分点。其中，第一产业、第二产业、第三产业的增加值分别是5.75亿元、43.39亿元、16.6亿元，分别增长了3.6%、9.7%和7.7%。民营经济增加值占GDP比重为58.8%，占比居全市第一。民营经济对全县经济增长的贡献率为60.5%，拉动经济增长5.2百分点。从税收方面看，全县民营企业（仅指个体经营+私营企业）上缴税金1.9亿元，增长33.4%，增速比全部税收增速快14.2个百分点。民营企业上缴税金占全部税收的比重为26.4%，对全部税收增长的贡献率为40.9%。[①]

① W县政府办 . 2020年政府工作报告[EB/OL]. http：//www.scgw.gov.cn/zfxxgk/GovOpenShow.aspx? id=20200701103334041.

3. W 县的扶贫举措

W 县一直重视农村扶贫开发工作。党的十八大以来，W 县统筹整合社会资源，不断创新体制机制，全面深入推进脱贫攻坚，并取得了显著成效。全县贫困人口从 2013 年年底的 17198 户 50883 人减少到 2019 年年底的 208 户 593 人，贫困发生率从 2013 年年底的 14.7% 下降到 2019 年年底的 0.17%，2020 年所有贫困人口全部退出。

为了全面认真落实党中央关于"坚持精准方略，提高脱贫实效"的基本要求，紧扣实现"两不愁三保障"的脱贫目标，落实"六个精准"，确保扶贫政策措施精准到村、到户、到人，切实提高脱贫质量，W 县制定了一整套系统完整、覆盖全面的扶贫措施，主要包括产业、就业、住房、教育、健康、生态、基础设施建设、保障、财政金融、数据信息精准等十个方面，实施精准脱贫，对标自身发展短板，确保高质量完成脱贫攻坚的目标任务，实现全县整体消除绝对贫困。(1) 产业扶贫方面。因地制宜发展优势特色农业产业、乡村旅游和农村电商，新建现代农业产业园、示范基地和产业示范带，发展产业扶贫项目，构建扶贫产品认证、组织、销售、质量"四大体系"，大力开展扶贫产品线上线下营销活动。(2) 就业扶贫方面。摸清贫困人口就业信息，开展职业技能培训，建立就业扶贫基地(车间)，组织各类招聘，开发安置贫困劳动者公益性岗位，将劳务品牌培训补贴纳入就业技能培训。(3) 住房方面。按照差异化搬迁规划好、规范化建设住房好、多元化发展产业好、文明化新风生活好的标准推进易地扶贫搬迁，制定易地扶贫搬迁后续发展"七条措施"，确保搬迁群众安稳致富。通过改水、改电、改厨、改厕、改圈、改室和建微田园、建入户路、建沼气池、建阴阳沟、建垃圾屋、建院坝等进行贫困户危房改造。(4) 教育扶贫方面。2019 年，整合落实教育资助资金 8092 万元，全县 35 个乡镇 45 所乡镇中心校标准化建设完成，851 名义务教育贫困学生零辍学失学。(5) 健康扶贫方面。实施医疗救助、公共卫生、体系建设、卫生帮扶、人才培养、分级诊疗、生育关怀健康扶贫"七大行动"，建立"医药爱心救助基金"，专项用于非建档立卡特殊困难户大病救助。(6) 生态扶贫方面。践行"绿水青山就是金山银山"理念，培育发展林业加工企业、林业新型经营主体、脱贫攻坚造林专业合作社、林业种养大户，选聘贫困人口为生态护林员，实现人均增收 3855 元。(7) 基础设施建设方面。新改建农村公路、实施安全饮水供水项目、贫困村农网改造升级、加强贫困村信息化建设,贫困村公共服务机构通信网络全覆盖,新建 4G 基站 211 个。(8)保障扶贫方面。将建档立卡贫困人口全部纳入低保兜底保障,落实残疾人两项补贴。(9)财政金融扶贫方面。统筹整合使用财政涉农资金,全面实施库款保障管理和扶贫资金动态监控。通过整合财政金融等各类资金,联合政府、金融机构、企业和农户等多方主体,推行"政担银企户"试点工作,解决了民营经济资金短缺的困难。(10)数据信息精准方面。健全脱贫攻坚信息数据精细化管理机制,及时修正问题数据,加强数据共享把关,基本实现"一套程序核数据、一个系统出数据、一个口径用数据"。

4. 案例企业基本情况

W 县扶贫开发局统计数据显示,截至 2019 年 12 月,W 县共有 49 家民营企业参与"万企帮万村"精准扶贫行动,结对帮扶 37 个贫困村、11400 名贫困人口,累计投入资金 7496. 14 万元,捐赠资金 625. 43 万元。① 本书所选择的民营企业均在 W 县本地的市场监督管理局登记,所属行业都是农业,经营范围都与茶叶种植加工活动相关。

(1)四川 MCS 茶叶集团有限公司

四川 MCS 茶叶集团有限公司始创于 2000 年,是集茶叶种植、科研、加工、销售、茶文化传播和生态旅游于一体的农业产业化国家重点龙头企业。四川 MCS 茶叶集团有限公司属民营股份制企业,注册资金 3300 万元,现有资产总额 1. 90 亿元,年产值超亿元。公司已通过了一系列的产品质量规范认证,被四川省质监局评为"质量信用 AAA 级"企业,是广元市茶业龙头企业,荣获"四川省带动脱贫攻坚明星农业产业化龙头企业""全国万企帮万村先进民营企业""国家茶叶加工技术研发专业中心"称号。2024 年,四川 MCS 茶叶集团有限公司被评为四川省"万企兴万村"行动先进典型企业。

在人员构成方面,公司有正式员工 131 人,其中常年聘请茶学博士、茶学教授、中茶所研究员等科技顾问 7 人,聘请西安、浙江等地的高级制茶技师 3 人。

在组织结构方面,公司下辖 3 个控股子公司、10 个成员企业、1 个茶叶研究所、1 个广元市院士(专家)工作站、1 个国家茶叶加工技术研发专业中心。

---

① W 县扶贫开发局 2019 年工作总结. 政府内部资料.

在生产规模方面，公司拥有独资开发的高标准生态绿色有机茶示范基地 4 个，占地 5633 亩，合作、合同式开发的无公害生态茶基地 2 万多亩；配套茶园基础设施，带动全县茶叶种植面积达 20.3 万亩；建成有机茶加工厂 4 个，清洁化名优绿茶生产线 10 条，年加工能力 5000 吨，已成为川北地区规模最大的茶叶种植和生产加工基地。

在品牌建设方面，2009 年"米仓山茶"成为国家地理标志保护产品，2015 年"米仓山"商标被认定为"中国驰名商标"，2017 年米仓山茶登上美国纽约时代广场。米仓山茶获 2019 年中华品牌商标博览会金奖，品牌价值 44.63 亿元；米仓山茶入选 2019 年区域品牌（地理标志产品）全国百强，位列 63 位。"米仓山"富硒富锌系列茶产品多次荣获"中茶杯"一等奖、国际茶叶博览会金奖、杭州国际名茶金奖、四川十大名茶等殊荣，并被国家市场监督管理总局评定为地理标志保护产品，"米仓山"商标被认定为"中国驰名商标"。其中，公司有部分产品获得了国家专利证书，公司也有几种独特的制茶方法申请并获得了国家发明专利。

（2）四川 MM 茶叶有限公司

四川 MM 茶叶有限公司注册成立于 2007 年 3 月，注册资本金 1200 万元，是一家专业从事茶叶研发、种植、加工、营销和乡村旅游的科技创新型企业。公司被评为四川省扶贫龙头企业，广元市政府和 W 县委、县政府表彰的茶产业发展先进单位，广元茶业骨干企业。

在人员构成方面，公司正式员工 42 人，设有专家工作站一个；聘请中国茶叶研究所、四川省农业科学院茶叶研究所、四川农业大学专家共 7 人，组建为公司的专家顾问团队。

在组织结构方面，公司下设办公室、人事部（办公室兼）、财务部、质量安全部、营销部、产品部、生产加工车间、生产种植基地；另外设有两个分支机构，一是四川 MM 茶叶有限公司 W 分公司，二是 W 县七里香家庭农场（省级）。

在生产规模方面，公司自有生产基地 2000 亩，其中黄茶 1100 亩、绿茶 800 亩、茶叶种业品比园 100 亩、商品化育苗 30 亩；订单式鲜叶原料供应基地近 3 万亩；有生产加工车间 1500 平方米，现代化生产线 3 条；有产品化验室 1 个、冷冻库房 2 个、冷链物流配送车和原料配送车各 1 台。

在品牌建设方面，公司生产黄茶、绿茶、红茶、紫茶、花茶五个系列共 100

余个品种,知名品牌有木门黄芽、广元黄茶、木门翠芽、木门雀舌、木门毛峰、木门扁茶等;木门雀舌、木门翠芽于 2012 年获中国(四川)成都国际茶业博览会金奖,木门黄芽在中国茶叶流通协会举办的第五届"蒙顶山杯"全国黄茶斗茶大赛上获得金奖;四川 MM 茶叶有限公司的主要产品被广元市人民政府授予"知名品牌"。

(3)四川 TY 茶叶有限公司

四川 TY 茶叶有限公司始建于 2000 年,是在 W 县原清水村友谊茶厂的基础上组建的一家有限公司,是集种植、科研、加工、销售"有机茶"为一体的民营企业。四川 TY 茶叶有限公司在收购原清水村友谊茶厂时,有茶叶基地 300 亩、荒地 20 亩、老旧机器设备 2 台。企业通过硬化公路、新建厂房、更新设备、改造老茶园,目前建有标准化示范茶园基地 500 亩,配置茶叶加工机器设备 45 套,年茶叶生产能力 90 余吨,现有固定员工 5~6 人。四川 TY 茶叶有限公司属于四川 MCS 茶叶集团有限公司的成员企业之一,现为广元市茶产业龙头企业、广元市有机茶产业先进单位、W 县茶产业龙头企业。企业研发、生产的有机茶桃源毛峰获得中国茶叶流通协会举办的"中茶杯"一等奖、国际名茶金奖、"日本大赏"等多项殊荣。

第二章 从脱贫到振兴：民营企业的
参与历程、特点与展望

中国的改革具有自上而下的特征，中国的经济改革往往是政策先行，继而推动着企业制度、经济规则等一系列的变革。中国民营经济发展的重要推动力是国家的制度供给。从整体来看，自改革开放以来，国家为民营经济的发展提供了大量的政策支持，中国的民营企业得以在良好的制度环境中不断发展壮大，民营经济的地位和作用也日益凸显。在不同的历史时期，政府通过制定不同的政策支持民营经济的发展，同时也指导和规范着民营企业的具体实践。因此，探究民营企业参与贫困治理与乡村振兴的历程，就要对不同时期民营企业帮扶的相关政策进行梳理，以更好地理解民营企业帮扶的内涵，总结民营企业参与脱贫攻坚与乡村振兴的基本特点与发展走向，把握民营企业帮扶的模式、机制和经验，能够为推动乡村经济的可持续发展，实现巩固拓展脱贫攻坚成果同乡村振兴有效衔接提供参考。

民营企业的扶贫政策与中国不同时期出台的以减缓贫困为目标的扶贫政策密切相关，因此需要对中国的扶贫实践进行分期。目前，学术界对于中国减贫实践的阶段划分主要有两种方式，一种是官方的划分方案，另一种是在学术话语体系下的民间划分方案。官方的划分方案，主要是以原国务院扶贫开发领导小组办公室发布的《中国农村扶贫开发纲要》为主。在《中国农村扶贫开发纲要》中，中国将自 1978 年改革开放后到 21 世纪初的扶贫开发历史大致划分为三个阶段，即农村体制改革推动扶贫阶段(1978—1985 年)、大规模开发式扶贫阶段(1986—1993 年)、扶贫攻坚阶段(1994—2000 年)。中国国际减贫中心沿袭了这一划分方案，并在此基础上将 2001 年到 2010 年的扶贫开发实践划定为中国农村扶贫开发纲要实施阶段。官方的划分方案主要是以中国减贫实践过程中发生的重要历史事件作为划分节点，分别是 1986 年成立了专门的扶贫机构——国务院决定成立贫困地区经济开发领导小组、1994 年国务院实施"八七扶贫攻坚计划"、2001 年国务院实施《中国农村扶贫开发纲要（2001—2010年）》、2011 年国务院实施《中国农村扶贫开发纲要（2011—2020 年）》，这些重大减贫历史事件主要是政府主导的，以降低贫困发生率、减少贫困人口为目标的政府行为。

与官方的划分方案不同，学术话语体系下的民间划分方案并未将关注的重点放在政府所实施的扶贫开发政策上，而是更加强调在扶贫开发过程中，改变和塑造中国减贫实践的基础力量。例如，郭佩霞、邓晓丽将我国的扶贫开发实践划分为四个阶段，即以配置资源、提供福利为重点的救济性扶贫阶段（1949—1978年）、制度变革驱动下以经济增长为基础的运动式扶贫阶段（1979—1985 年）、经济增长"益贫"性减弱背景下的大规模区域扶贫阶段（1986—2000 年）、全面建成小康社会目标下以关注人力资本为主、参与式为导向、区域均衡发展的扶贫阶段（2001—2010 年）。① 郭佩霞、邓晓丽的这种划分方案，并没有单一地将中国扶贫开发实践在不同的阶段所取得的成效，归因为政府制定推行的扶贫开发政策，而是认为其更受益于一般性的社会政策或外部力量的推进，比如农村家庭联产承包责任制、经济的高速增长等。陆汉文、梁爱友、彭堂超认为经济增长对中国的扶贫开发实践产生着决定性的影响，因此，根据经济增长与农民收入变动的关系，将中国 1978 年到 2007 年的扶贫开发实践划分为两个阶段，即以农村改革带动扶贫开发的阶段（1978—1991 年），以工业发展带动扶贫开发的阶段（1992—2007年）。②

根据中国扶贫的阶段性特征和民营企业在不同阶段参与贫困治理的实践，本书将新中国成立以来，民营企业参与农村贫困治理和乡村振兴的历程分为五个阶段。

---

① 郭佩霞，邓晓丽．中国贫困治理历程、特征与路径创新——基于制度变迁视角[J]．贵州社会科学，2014（3）：108-113.

② 陆汉文，梁爱友，彭堂超．政府市场社会大扶贫格局[M]．长沙：湖南人民出版社，2018：67.

第一节　民营企业参与贫困治理和乡村振兴的历程

一、民营企业扶贫的探索阶段(1949—1993年)

1949—1977年，中国的城市和农村物资匮乏，处于一个普遍贫困的状态，此时并没有现在意义上的民营企业。追溯1956年社会主义三大改造完成之前的私营工商业的发展状况，能够加深我们对改革开放之后民营企业发展的认识和理解。

1949年以前，中国曾长期遭受战争苦难、帝国主义的侵略和掠夺，中国的工业被严重破坏、农业衰落凋敝、财政金融近乎瘫痪，人民的生活极度贫困，国民经济濒临崩溃。中华人民共和国成立后，面对一穷二白的现实情况，中国政府通过行政手段对社会资源进行了统一调配，实行了计划经济体制。国家通过没收官僚资本和敌产的方式，为国营经济创造了良好的发展环境，建立了国营经济在新中国经济发展道路上的领导地位，此时的私营工商业在国营经济的领导下进行了良好的分工合作，各得其所。为了进一步恢复经济、发展生产，国家以"利用、限制、改造"为基本原则，加强了对私营经济的宏观调控，通过公私合营的方式完成了社会主义改造。1956年底，我国社会主义改造基本完成，全国私营工业户数中的99%全部纳入了公私合营，[①] 中国几乎不再有任何私有性质的工商业。

这一时期，由于中国总体的经济发展水平较低，政府通过社会整合和社会动员的方式，对社会资源进行了有效控制，扶贫工作基本由政府主导开展。20世纪50年代到70年代中期，政府在改善农村基础设施、基础教育、合作医疗和社会保障等领域加强了政策支持，在一定程度上缓解了农村的贫困状况。这一阶段中国的扶贫工作是按照平均主义原则来配置社会资源、提供社会福利。如农村的"五保户"供养制度、特困户救济和救灾制度等社会保障制度，都是依托于人民公社集体经济。农村的合作医疗体制也是集体与个人相结合，形成了公社卫生

[①]　武力．中国当代私营经济发展六十年[J]．河北学刊，2009，29(1)：1-7.

院、生产大队医疗站的医卫网络。[①] 农村的普遍贫困问题在国家包揽的大量集体主义福利救济活动下得到了一定程度的缓解。虽然这一时期没有民营企业，但是党和政府通过发展生产，促进国民经济逐步恢复，为改革开放后民营企业的快速发展积蓄了力量，为民营企业扶贫奠定了基础。

改革开放初期，民营企业的快速发展成为最引人注目的现象之一，各类非公有制经济、乡镇企业成为最早带动农村发展的市场力量，展现出市场机制的益贫性，也证明了社会力量参与扶贫的可行性。20世纪七八十年代，家庭联产承包责任制的实施使得农民拥有了经营自主权，生产的积极性和劳动生产率大为提高，农业生产和农村经济得到了快速发展。从1980年到1985年，在短短5年时间内，中国的粮食增长了19.1%，棉花增长了50%，油料增长了1倍多，农民的收入更是提高了近4倍。[②]

1978年党的十一届三中全会确定了我国农村实行农工商综合经营的发展方向，随后国务院颁布了《关于发展乡镇企业若干问题的决定》《关于进一步活跃农村经济的十项政策》。改革、开放、搞活的方针和政策为乡镇企业的发展带来了诸多机遇，农村地区和农民释放了巨大的潜力和能量，成为乡镇企业迅速发展壮大的主要推动力。1978年到1987年，中国乡镇企业的数量从152.42万个增加到1750.25万个，在乡镇企业就业的劳动力总数占农村劳动力总数的比重从9.5%上升到22.6%，乡镇企业所创造的总产值占农村社会总产值的比重从21.2%上升到52.4%，基本情况如表2-1所示。

乡镇企业的快速发展创造了巨大的物质财富，提高了农民的收入，农村居民人均可支配收入从1978年的134元提高到1987年的463元。[③] 乡镇企业的快速发展创造了巨大的利润，其中，一半以上的企业利润用于农村集体福利事业和农村各项事业建设，例如，在乡镇企业比较发达的浙江、苏南等地区，依靠乡镇企业的生产利润，农村地区的道路设施、电力通信、文化教育等事业都蓬勃发展起

---

① 张磊. 中国扶贫开发历程(1949—2005年)[M]. 北京：中国财政经济出版社，2007：27.

② 数据来源：《中国乡镇企业年鉴》编辑委员会. 中国乡镇企业年鉴：1978—1987[M]. 北京：中国农业出版社，1989：197.

③ 数据来源：https：//data. stats. gov. cn/easyquery. htm? cn=C01&zb=A0A0E&sj=2019.

来。这一阶段，乡镇企业的快速发展带动农民增收脱贫，促进了农村的集体福利事业建设。

表 2-1　　　　　　　　**乡镇企业基本情况（1978—1987 年）**①

	企业单位数（万个）	企业职工人数（万人）	企业职工人数占农村劳动力比重（%）	企业总产值（亿元）	企业总产值占农村社会总产值比重（%）
1978 年	152.42	2826.56	9.5	493.07	21.2
1980 年	142.46	2999.67	9.4	656.90	23.5
1985 年	1222.45	6979.03	18.8	2728.39	43
1986 年	1515.31	7937.14	20.9	3540.87	47.7
1987 年	1750.25	8805.18	22.6	4764.26	52.4

1986 年，我国成立了专门化的扶贫机构——国务院贫困地区经济开发领导小组（后文简称国务院扶贫办），将扶贫开发纳入国家的总体发展规划中，我国的扶贫工作从物质投入的救济式、道义性向区域发展的专业化、制度化扶贫工作转变。从 1986 年到 1993 年，我国的扶贫政策也进行了相应的改革和调整，扶贫工作的重点在两个方面：一是以工业化项目带动贫困地区县域经济发展，以区域开发带动扶贫工作；二是贫困地区的资源开发注重人力资源的开发，提高贫困人口参与发展的能力。② 1986 年中央一号文件《关于一九八六年农村工作的部署》（中发［1986］1 号）鼓励发达地区的合作经济组织到贫困地区兴办企业，逐步改变贫困地区的落后面貌。1987 年国务院下发的《关于加强贫困地区经济开发工作的通知》（国发［1987］95 号），提出贫困地区要把解决温饱问题与发展商品经济、兴办扶贫经济实体结合起来。对于贫困地区经济工作开展的具体手段和方式，国务院扶贫办此次提出三个主要做法：一是用技术、物质、服务、培训等手段改造传

---

① 《中国乡镇企业年鉴》编辑委员会. 中国乡镇企业年鉴：1978—1987［M］. 北京：农业出版社，1989：569.

② 黄承伟. 新中国扶贫 70 年：战略演变、伟大成就与基本经验［J］. 南京农业大学学报（社会科学版），2019（6）：1-8.

统的种养业，提高粮食产量和自给能力，支持多种农业经营；二是发展乡镇企业和家庭副业，发展效益较高的第二、第三产业；三是重视智力开发，组织劳务输出，开拓劳务市场，发展能够解决贫困劳动力就业的资源开发型企业和劳动密集型企业。为了优化在贫困地区兴办扶贫经济实体的环境，帮助贫困县兴办企业、开发资源、增加财源，从1988年开始，各省区都可以选择1~2个县试办扶贫经济开发公司，发达地区和大中城市的先进企业在贫困地区投资兴业可以获得省区扶贫资金支持，增强贫困县自力更生的经济实力。

市场经济下的巨大发展红利，使得"市场""效率""发展主义"成为20世纪90年代的重要语汇，市场机制的益贫性在这一时期也逐渐得到人们的重视。国家和社会逐步意识到，仅仅依靠政府这一扶贫主体，会存在资源单一、效率低下等问题。民营企业作为一股重要的经济力量，依靠其自身经营的灵活性、自主性和多样性，有助于打破科层制的僵化和行政手段的低效，进一步推动生产要素在贫困地区的资源整合和配置优化。这一时期民营企业的扶贫整体上是间接性的，通过企业的快速发展带动农村增收脱贫，通过税收和上缴利润的方式促进农村的集体福利事业建设，在改革红利的推动下使得农村、农民逐渐与市场体制接轨，初步分享改革和发展红利。

二、民营企业扶贫的深入阶段（1994—2000年）

党的十四大确立了建立社会主义市场经济的改革目标，在所有制结构上，鼓励国有企业、集体企业和其他企业都进入市场，形成以公有制为主体，多种经济长期共同发展的联合经营。此后，企业改革的主攻方向依旧是以转换企业的经营机制为主，作为市场经济活动的主体，企业的影响力越来越大，企业社会责任开始受到重视。

1994年，国务院发布了《国家八七扶贫攻坚计划（1994—2000年）》，为参与扶贫工作的民营企业给予了一定的政策保障，主要体现为财税优惠政策、经济开发优惠政策等。随着《国家八七扶贫攻坚计划（1994—2000年）》的实施及各项利好政策的出台，民营企业积极响应政府号召，主动参与扶贫开发。1994年，在中央统战部及全国工商联的组织推动下，方小文、王力、王命兴、汪思远、刘永好等十位民营企业家联合发起倡议，倡导民营企业"投身到扶贫的光彩事业中"，并通过技术培训、兴办企业、培训人才、资源开发等形式，优化资源配置，合理开发资源，缩小东西部地区发展差异，进而推动贫困地区更好更快地发展，为促进共同富裕做出一份贡献。例如，1994 年，四川新希望集团投资 1500 万元，在四川凉山州兴建了西昌希望饲料公司，这是全国第一家"光彩事业"工厂，希望通过发展养殖业在 7 年内帮助 20 万贫困农牧民解决温饱问题。"光彩事业"鼓励民营企业从贫困地区的实际情况出发，采取因地制宜、灵活多样的形式，在企业与贫困地区之间建立互惠互利的合作关系，实现贫困群众与民营企业共同发展。"光彩事业"通过民间渠道和民营企业行为，丰富了社会扶贫的手段和方式，创新了扶贫开发的社会参与机制，民营企业在扶贫开发中的地位和作用日益重要。

为完成到 20 世纪末基本解决农村贫困人口温饱问题的战略目标，1996 年中共中央、国务院颁布了《关于尽快解决农村贫困人口温饱问题的决定》，动员富裕县的企业到西部贫困县去，利用人才、技术、信息、市场、管理、资金等各种优势，在互利互惠的基础上与贫困县共同开发当地资源。省一经对口帮扶的双方，要做好协调组织工作。

三、民营企业扶贫的拓展阶段（2001—2010 年）

进入 21 世纪后，我国农村贫困现象有所缓解，贫困人口大幅度减少。2001 年，中共中央、国务院印发了《中国农村扶贫开发纲要（2001—2010 年）》，强调要坚持开发式扶贫的基本方针，以市场为导向，合理开发贫困地区的现有资源、改善贫困地区的生产条件、调整贫困地区的产业结构、提高贫困农户自我发展的能力。鼓励多种所有制经济组织，特别是能够适应市场需要、提高产业层次、带动农户增收的农产品加工型企业、资源开发型企业、劳动密集型企业参与贫困地区的经济开发。这份纲领性文件对民营企业参与扶贫开发的各项工作具有前瞻性、指导性、规范性的意义，在党和国家的正确引领下，民营企业扶贫的配套政策陆续出台，各项工作有序开展。

2004 年，国务院扶贫办与全国工商联签订了《关于在扶贫开发领域全面开展合作的协议》，其后，《关于共同做好整村推进扶贫开发构建和谐文明新村工作的意见》等文件陆续出台，进一步规范并引导着民营企业的扶贫工作。国务院扶贫办与全国工商联首先在贵州、四川、云南、宁夏等 8 个省（自治区）开展合作试点工作，实施"村企共建扶贫工程"。民营企业通过帮助农户建立专业合作组织、发展特色产业、吸纳农户就业、建设基础设施等方式实现与贫困村共建发展。

2009年9月，国务院扶贫办在内蒙古召开了企业参与扶贫开发座谈会，总结了民营企业扶贫的主要内容、作用和意义。其中，民营企业参与农村扶贫开发的主要形式包括：(1)企业通过基金会、社会组织等向贫困地区进行慈善捐赠；(2)企业通过"公司+农户"模式、"公司+基地+农户"模式、"公司+基地+专合组织+农户"模式、龙头企业带动股份合作等形式在贫困地区带动农户发展产业、开拓市场；(3)企业与贫困村合作，开展扶贫工作。具体包括在贫困村内直接建立企业、贫困村成为创办企业的主体，引进外来企业进入贫困村，实现村和企业的互动发展；企业作为投资兴业主体，在贫困地区建设新村等。动员组织民营企业参与扶贫开发是创新社会扶贫体制机制的重要工作，重点是将政府主导与市场机制有机结合起来，将贫困地区的发展与企业的发展有机结合起来。同时，政府也应该提供相应的政策支持和优质服务，为民营企业参与扶贫开发营造良好的环境。这次会议是新阶段深入动员民营企业参与扶贫开发的一个新起点。

随着民营企业的成长壮大，企业社会责任运动也从国外传到中国并生根发芽，民营企业参与扶贫开发，积极履行企业社会责任。随着西部大开发战略的深入推进、东西部扶贫协作和对口支援工作的扎实开展，中国民营企业积极响应国家号召，在党和政府的鼓励引导之下，加大在贫困地区投资兴业的力度，进一步创新扶贫开发模式，通过投资兴业、招工扶贫、公益捐助等多种方式发挥社会主义市场经济的资源配置作用及减贫优势，促进了政府主导、全社会广泛参与的"大扶贫"格局的形成。

四、民营企业扶贫的深化阶段(2011—2020年)

《中国农村扶贫开发纲要(2011—2020)》(以下简称《纲要》)是我国扶贫工作开展以来的第二个农村扶贫十年规划，也是农村扶贫开发工作的纲领性文件之一。《纲要》明确倡导企业社会责任，鼓励民营企业通过多种方式参与扶贫开发，推动农村集体经济发展，增加贫困地区农民收入。《纲要》指出新时期扶贫开发工作的重点是要进一步加强专项扶贫、行业扶贫、社会扶贫"三位一体"的工作格局。

为了贯彻落实《纲要》和《中共中央 国务院关于加强和改进新形势下工商联工作的意见》(中发[2010]16 号)的要求,2012 年 5 月,全国工商业联合会和中国光彩事业促进会印发了《关于鼓励和引导非公有制经济参与农村扶贫开发的意见(2011—2020 年)》,对民营企业参与农村扶贫开发的领域和途径做了更加具体的划分和指导。在推动县域经济发展方面,民营企业要挖掘贫困地区的特色资源,培育农业产业化龙头企业,调整优化产业结构,开发做强优势产品,打造一系列特色品牌。在提高农民发展能力和收入水平方面,民营企业可以在农村贫困地区兴办免费职业教育班,提高农民的就业技能、生产能力,提高农民的劳务工资性收入。在社会事业发展方面,民营企业可以通过赈灾、扶贫、助学、敬老、助残、救孤等活动,积极参与贫困地区科教文卫、生态环境和公共服务设施建设。

2013 年 5 月,全国工商联、国务院扶贫办共同印发了《关于共同推动民营企业参与新一轮农村扶贫开发的意见》,鼓励民营企业在集中连片特殊困难地区参与扶贫开发工作,以“一企”或“多企”带动县域经济社会发展。发展“县域”和“多民营企业县域”经济,必须通过产业项目、劳动力转移培训、整村推进、物资捐赠、合作援建、金融科技等方式与手段,促进集中连片特殊困难地区经济发展、农民增收致富。

2014 年,民政部、全国工商联对民营企业参与公益慈善事业的基本原则、途径方式、支持措施等提出了明确的指导意见与要求。这一时期,民营企业参与公益慈善的途径与方式更加多样化,民营企业参与公益慈善事业的途径包括以下几个方面。(1)开展社会捐赠,尤其是通过捐赠有价证券、产权、专利等创新企业参与公益慈善事业的方式。(2)设立慈善组织,鼓励企业通过留本冠名慈善基金、公益信托等创新企业参与公益慈善事业的新载体,依法设立公益慈善组织。(3)开展项目合作,尤其是与专业化、公信力强、社会认同度高的社会慈善组织合作开展项目。(4)吸纳特殊人群就业,民营企业在吸纳就业的过程中要重点关注吸纳残疾人、贫困劳动力等特殊群体,创新企业经营型慈善方式。自 2014 年开始,民营企业公益慈善捐赠总额逐年上升,占比超过企业捐赠总额的一半以上,成为我国慈善捐赠的主要力量。民营企业参与公益慈善事业呈现出捐赠规模扩大化、捐赠渠道多元化、捐赠领域广泛化、捐赠方式多样化的特点。①

随着不断推进的减贫实践与不断深入的减贫进程，中国农村在新时期呈现出区域发展不平衡、城乡差距拉大、扶贫成效降低、扶贫益贫性不强等贫困新问题，贫困状况变得更加复杂。在新的减贫形势下，扶贫开发的制度与机制都要有所创新，才能提高扶贫成效，实现脱贫目标。2014 年，国家陆续发布了《关于创新机制扎实推进农村扶贫开发工作的意见》《关于进一步动员社会各方面力量参与扶贫开发的意见》等文件，动员包括民营企业在内的社会力量参与扶贫开发，鼓励民营企业创新帮扶形式，利用市场机制的活力，辐射带动贫困地区、贫困人口脱贫致富。在产业增收方面，民营企业应发挥带动示范作用，从事农业产业化经营，深化企业与贫困地区、贫困农户的利益联结机制；在金融服务方面，民营企业应创新金融产品和服务，增加对贫困地区的信贷投放；在政策支持方面，民营企业在贫困地区投资兴业、扶贫捐赠都应配套相关的政策支持。

2015 年，全国工商联、国务院扶贫办和中国光彩事业促进会启动了"万企帮万村"精准扶贫行动，将民营企业作为帮扶主体，建档立卡贫困村作为被帮扶的对象，帮扶的形式是通过签约民营企业和贫困村结成一对一的帮扶关系，选择产业、就业、教育、慈善捐赠等多种途径，在 3~5 年的时间内，在全国范围内动员超过 1 万家的民营企业来帮助贫困村发展。这一行动的展开，标志着民营企业扶贫进入崭新阶段，民营企业开始大规模地、全方位地参与脱贫攻坚，为"大扶贫格局"打下了坚实的基础。在"万企帮万村"精准扶贫行动中，涌现了一些典型的经验和模式，如阿里巴巴以"公益心态，商业手法"推动"互联网+系列扶贫"，京东、拼多多等企业推动农村电商扶贫，腾讯基于互联网公益开启全生态扶贫，北京快手科技有限公司通过"短视频+直播"打造流量扶贫新模式，天风证券通过开拓市场、驻村扶智、打造证券扶贫新产品等做法，开拓了有证券特色的精准扶贫之路，等等。截至 2020 年 6 月底，进入"万企帮万村"精准扶贫行动台账管理的民营企业有 10.95 万家，精准帮扶 12.71 万个村(其中建档立卡贫困村 6.89 万个)；产业投入 915.92 亿元，公益投入 152.16 亿元，安置就业 79.9 万人，技能

---

① 高云龙，徐乐江，谢经荣. 中国民营企业社会责任报告(2018)[M]. 北京：社会科学文献出版社，2018：175.

培训 116.33 万人，共带动和惠及 1564.52 万建档立卡贫困人口。①

五、民营企业助力乡村振兴的深入实施阶段（2021 年至今）

随着脱贫攻坚目标任务如期实现，我国"三农"工作重心发生历史性转移，进入全面推进乡村振兴历史时期。"脱贫"到"振兴"的历史交汇期，也是社会政策目标由消除贫困转向乡村振兴的政策叠加期与交接期。相较于脱贫攻坚时期社会政策所存在的"临时性"与"碎片化"问题，在脱贫攻坚与乡村振兴有效衔接以及推进乡村振兴阶段，社会政策除了兼具"过渡性"与"衔接性"之外，最终要实现政策的整合与一体化。具体来说，涉及四个方面的整合，即城乡社会政策之间的整合、关联政策之间的整合、乡村振兴行动力量的整合、社会政策不同层级需求的整合。②

2017 年，党的十九大报告正式提出实施乡村振兴战略。党的十九大报告强调脱贫攻坚战取得了决定性进展，6000 多万贫困人口稳定脱贫，贫困发生率从 10.2% 下降到 4% 以下；要求始终把解决好"三农"问题作为全党工作重中之重，坚持农业农村优先发展。随后，《中共中央 国务院关于实施乡村振兴战略的意见》《乡村振兴战略规划（2018—2022 年）》陆续印发，逐步推动脱贫攻坚向乡村振兴战略的衔接转换。

在脱贫攻坚到乡村振兴有效衔接过渡时期，中央层面对于乡村振兴的总体目标任务进行了明确阐释。乡村振兴，产业兴旺是重点。在提升农业发展质量方面，鼓励企业兼并重组、将服务网点延伸到乡村，支持农产品就地加工转化增值。在实施美丽乡村建设方面，鼓励乡村地区开办更多环境友好型企业，在实现提高农户收入和乡村经济发展的同时，也有利于乡村环境的改善提高。在强化乡村人才支撑方面，支持更多的民营企业、龙头企业能够承担培育新型职业农民的培训工作，同时吸纳农户、专业技术人员等到企业挂职锻炼，创新双方交流学习机制。

---

① 2020 年全国"万企帮万村"精准扶贫行动论坛在京举办［EB/OL］.（2020-10-16）. http://m.people.cn/n4/2020/1016/c4049-14491373.html.

② 向德平，向凯. 从"脱贫"到"振兴"：构建发展型乡村振兴社会政策［J］. 社会发展研究，2022，9（3）：33-47，243.

习近平总书记指出，我们强化东西部扶贫协作，推动省市县各层面结对帮扶，促进人才、资金、技术向贫困地区流动。我们组织开展定点扶贫，中央和国家机关各部门、民主党派、人民团体、国有企业和人民军队等都积极行动，所有的国家扶贫开发工作重点县都有帮扶单位。各行各业发挥专业优势，开展产业扶贫、科技扶贫、教育扶贫、文化扶贫、健康扶贫、消费扶贫。民营企业、社会组织和公民个人热情参与，"万企帮万村"行动蓬勃开展。我们构建专项扶贫、行业扶贫、社会扶贫互为补充的大扶贫格局，形成跨地区、跨部门、跨单位、全社会共同参与的社会扶贫体系。①

脱贫攻坚只是消除了绝对贫困问题，巩固拓展脱贫攻坚成果、推进乡村振兴、实现共同富裕还有很长的路要走。党的十九届五中全会明确了脱贫攻坚成果巩固拓展、乡村振兴战略全面推进的目标任务，强调要坚持和完善东西部协作和对口支援、社会力量参与帮扶等机制。2021年中央一号文件《中共中央 国务院关于全面推进乡村振兴加快农业农村现代化的意见》明确提出设立五年衔接过渡期，推动脱贫攻坚与乡村振兴的有效衔接。2021年7月，中华全国工商业联合会、农业农村部、国家乡村振兴局、中国光彩事业促进会、中国农业发展银行、中国农业银行联合下发了《关于开展"万企兴万村"行动的实施意见》。在这份实施意见中，强调了"万企兴万村"行动是民营企业参与乡村振兴统一的工作品牌，明确了民营企业参与乡村振兴的基本原则，细化了民营企业参与乡村振兴的具体内容。总体来看，民营企业参与乡村振兴工作，主要涉及三个方面的内容，一是巩固拓展"万企帮万村"成果，特别是要大力支持服务产业帮扶项目教育引导帮扶企业与农民建立合作关系；二是开展"回报家乡"专项行动，发挥民营企业家熟乡情、重亲情、懂管理、善经营、有实力、讲信誉、受尊重、乐奉献等优势特点，引导其参与乡村的产业、文化、生态发展；三是依托东西部协作和其他活动，组织引导民营企业参与公益慈善、消费帮扶、产业发展等活动，尤其是要积极发挥商会、企业联盟等组织的作用。

脱贫攻坚战全面胜利后，很多脱贫县的县域经济社会总体发展水平仍然较低，存在一定的返贫风险。为巩固拓展脱贫攻坚成果，促进脱贫人口稳定脱贫，

---

① 习近平. 论"三农"工作[M]. 北京：中央文献出版社，2022：317-318.

不发生规模性返贫，2021 年 8 月，中央农村工作领导小组办公室和国家乡村振兴局发布了《关于公布国家乡村振兴重点帮扶县名单的通知》①，确定了包括四川、内蒙古、广西等 10 个地区的 160 个重点帮扶县。

2021 年 12 月，国家乡村振兴局和中华全国工商业联合会印发了《"万企兴万村"行动倾斜支持国家乡村振兴重点帮扶县专项工作方案》。该方案提出以"万企兴万村"行动为平台，采取政府引导与市场运作相结合、政策支持与民营企业参与相结合、集中发动与持续推动相结合、公益帮扶和投资经营相结合等方式动员引导民营企业与重点帮扶县开展帮扶对接。在具体的对接形式上，以"帮县带村"的方式逐步向其他行政村展开。在具体的工作内容上，以产业帮扶、消费帮扶、就业创业、乡村建设、乡村治理为主。

为了进一步展示民营企业通过"万企兴万村"行动助力乡村振兴的贡献，发挥民营企业在乡村振兴实践中的典型和榜样的示范带头作用，增强"万企兴万村"行动的影响力和凝聚力，激励带动更多的民营企业积极参与到乡村振兴实践中来，2021 年 12 月，全国"万企兴万村"行动领导小组下发了《"万企兴万村"行动实验项目体系建设方案》。2022 年，中央一号文件《关于做好 2022 年全面推进乡村振兴重点工作的意见》，进一步强调要聚焦产业促进乡村发展。对于民营企业来说，可以结合县域优势和特色，通过农村一二三产业融合发展促进产业兴旺。比如，针对农业大县，民营企业可以到产地发展粮油加工、食品制造产业项目；针对生态文化资源禀赋较高的县域，民营企业可以带动当地农户、经营性组织实施乡村休闲旅游提升项目。

自"万企兴万村"行动实施以来，广大民营企业以乡村产业振兴为基础，探索了多种有效的"兴村"路径，涌现出了一批先进典型和优秀经验。例如，江西上饶的民营企业在全国工商联的支持下，依托乡村特色资源，实施特色种养殖、民俗旅游、田园综合体、农副产品精深加工及贸易、现代物流等产业项目，促进乡村一二三产融合发展。山东济南的民营企业聚焦民生改善，以慈行善举、公益

---

① 国家乡村振兴重点帮扶县具体包括四川省 25 个县，内蒙古自治区 10 个县，广西壮族自治区 20 个县，重庆市 4 个县，贵州省 20 个县，云南省 27 个县，陕西省 11 个县，甘肃省 23 个县，青海省 15 个县，宁夏回族自治区 5 个县。

帮扶助力宜居宜业和美乡村建设，打造了产业旺、村容美、乡风和的乡村振兴齐鲁样板。截至 2023 年 12 月，广西共有 2.99 万家民营企业参与"万企兴万村"行动，实施兴村项目 3.2 万多项，惠及 1.04 万个行政村，民营企业参与数量居全国第二位。① 截至 2023 年 7 月，山西省共有 1484 家民营企业和商会实施乡村振兴"兴村"项目 1884 个，"兴村"2598 个；中国农业银行山西分行等多家金融机构服务涉农民营企业 635 户(次)，发放贷款近 28 亿元。② 四川省工商联累计发动 13530 家民营企业、商(协)会结对帮扶 9667 个村，实施"兴村"项目 16280 个，累计投资到位资金 842.4 亿元，消费帮扶 29.2 亿元，解决就业 88315 人，培训人才 113024 人次。③

第二节　民营企业参与贫困治理和乡村振兴的基本特点

改革开放以来，民营企业积极承担社会责任、回馈社会，通过多种形式从多个领域参与贫困治理和乡村振兴，形成了中国特色的民营企业帮扶模式与机制，体现了贫困治理的中国特色。打响脱贫攻坚战以来，民营企业参与贫困治理和乡村振兴呈现出帮扶理念的精准性、帮扶策略的整合性、帮扶方式的多样性、帮扶手段的创新性、帮扶目标的综合性等特点。

一、帮扶理念的精准性

习近平总书记强调，扶贫开发推进到今天这样的程度，贵在精准，重在精准，成败之举在于精准。④ 民营企业树立因地制宜、精准施策的帮扶理念，针对农户差异化的发展需求，提供有针对性的帮扶措施，有效促进了脱贫地区和脱贫群体的发展。传统的民营企业帮扶方式是捐钱捐物和安置就业，这种碎片化、粗放式、救济式的帮扶方式虽然能产生一定的扶贫效果，但可能加剧脱贫地区对民

---

① 广西"万企兴万村"帮扶成效显著[N]. 经济日报，2023-11-15(4).

② "万企兴万村"山西行动起步扎实、成效明显[EB/OL]. (2023-09-04). https：//www. dt. gov. cn/dtszf/sxyw/202309/9f427fba7ab248e582a39f10419b326c. shtml.

③ 陈明，苏显中. 为了 39 个欠发达县域振兴[N]. 中华工商时报，2024-02-19(1).

④ 中共中央党史和文献研究院. 习近平扶贫论述摘编[M]. 北京：中央文献出版社，2018：58.

营企业的依赖，稳定性差，难以实现真正脱贫。在知识经济时代，民营企业将"互联网+"思维、电商扶贫、消费扶贫引入贫困治理和乡村振兴，以现代化的信息、管理技术改变了传统的帮扶观念与帮扶模式。互联网企业深化了社交媒体变革、电子商务发展，进而引发了脱贫地区产业经营模式和发展理念的转型升级。民营企业所引领的技术化、科技化帮扶趋势，与贫困治理中的"精准"理念最为契合，为脱贫地区的发展提供了更多选择、更多机遇及更为广阔的平台。例如，北京字节跳动科技有限公司利用自身信息分发技术优势，搭建网络销售平台和宣传推广平台，提高脱贫地区农业产品的知晓度，让优质农产品走出大山，快速进入消费市场。技术化、科技化、现代化的帮扶手段有效地打破空间距离限制，缩减脱贫地区参与市场经济的成本，解决传统帮扶模式中高投入低产出、资源配置不合理、效率低下等现实问题，帮助脱贫地区发展了新兴的经济业态，打通了全产业链上下游，实现了脱贫地区的资源向资产转化，探索出了一条精准、高效、动态化的全方位帮扶之路。

二、帮扶策略的整合性

民营企业帮扶往往是在政府的引导和支持下，有序地开展相关项目和活动，政府的政策制度引导和支持对于企业开展帮扶活动具有较大的影响。政府主要通过以下两个方面来发挥自身的引导作用：一是制定政策并通过政策引导社会力量共同参与贫困治理，二是强化国家能力建设来助推减贫事业的发展。《国家八七扶贫攻坚计划（1994—200 年）》实施以前，民营企业积极承担企业社会责任，自发地参与扶贫开发。这一时期，国家未直接提及民营企业参与扶贫工作，仅是为促进民营企业发展从而带动贫困地区经济而制定了相关政策。民营企业通过快速发展促进脱贫地区经济增长，通过给贫困户提供就业岗位、上缴税收，带动农民增收。自精准扶贫工作开展以来，党和政府不断强调民营企业应承担社会责任，发扬企业家精神，并通过整体规划和布局以及一揽子扶贫、惠企政策鼓励并推动民营企业参与扶贫开发和乡村振兴。在党和政府的引领下，民营企业不断深化帮扶理念、丰富帮扶方式、创新帮扶手段、拓宽帮扶领域、转变帮扶目标，通过"光彩事业""扶贫济困日""万企帮万村""万企兴万村"等活动，在政府和群众的支持配合下，以更积极的姿态全面参与脱贫攻坚和乡村振兴。此外，民营企业加强了与其他商会、企业联盟、行业协会等社会组织的交流与合作，在政府、社会组织的支持下推进国家战略的实施，提升了贫困治理的成效。

三、帮扶方式的多样性

民营企业始终参与国家扶贫开发工作，参与方式经历了由传统单一到丰富多样的发展过程。以往民营企业帮扶以传统单一的"输血式"物资捐赠、公益帮扶为主，通过捐款捐物、助学、助老、助残、助医等形式帮助脱贫地区改善生产生活条件，提升贫困群众的福利水平。随着精准扶贫精准脱贫工作的推进，民营企业开始主动、深入地直接参与具体扶贫工作，通过"万企帮万村"精准扶贫行动和"万企兴万村"行动，以签约结对、村企共建的方式深度参与农村地区产业发展、基础设施和基层社会组织建设、科教文卫与公益事业完善等。在农村地区帮扶的具体过程中，民营企业通过投入资金来建设完善农村地区的基础设施，提升当地的公共服务水平，推进农村地区发展；通过发展产业、吸纳农村劳动力，为群众提供就业机会和收入来源渠道；通过技能培训、技术指导等方式提高农户的生产就业技能；通过采购脱贫地区的农副产品、搭建销售平台来扩大脱贫地区的消费市场，提高农户的生产收入，促进脱贫地区的经济发展。民营企业基于社会责任为边缘劳动力创造新的就业空间、自觉分担市场风险以帮助脱贫农户增加经营性收入，在提高脱贫农户经济收入的同时激发其内生动力，发挥市场机制的益贫性。此外，政府出台了一系列针对民营企业帮扶的优惠政策及项目补贴，降低了民营企业在脱贫地区投资兴业的风险，引导民营企业促进脱贫致富目标实现，有效发挥市场机制的益贫性。

四、帮扶手段的创新性

民营企业积极履行企业社会责任，充分发挥市场机制的资源配置优势、市场信息优势、灵活创新优势，逐步成为社会扶贫的重要力量。市场帮扶是民营企业与贫困地区、贫困农户基于共同利益开展互惠合作，建立稳固的利益连接点，实现双赢的可持续帮扶模式。民营企业在帮扶过程中不断追求创新，在产业、教育、医疗、易地搬迁等多个领域展现出市场机制的创新与活力。民营企业的活力改变了其与政府、市场及社会的帮扶互动方式，通过市场利益联结机制将贫困治理过程中的各主体以协调可持续的方式联系起来，形成兼顾公平与效率、可造血、可持续的立体化贫困治理体系，使得政府、市场、社会各主体能够充分发挥各自优势，形成贫困治理的强大合力，提高帮扶效率。

五、帮扶目标的综合性

民营企业积极承担社会责任，通过捐资助学、捐款捐物、修桥铺路、吸纳就业等方式，对落后地区和困难群众进行物质和资金帮扶，帮助困难群众解决暂时性的困难，保障生计能力较弱的困难群体的基本生活。随着精准扶贫精准脱贫工作的推进，民营企业逐步认识到单靠就业或者转移性收入仅能解决困难农户的生存性贫困问题，不足以改变农户的思想观念，农户的抗风险能力仍然较弱，减贫可持续性不强。而增强群众个人与家庭的资产能力，促进了困难群众的资产积累，完善其能力结构对于脱贫地区的持续稳定脱贫具有重要作用。民营企业参与帮扶的目标从单维度的提高经济收入向提高脱贫能力和增强脱贫意识转变，充分体现了其综合发展的特点。自实施精准扶贫政策以来，民营企业不断配合农村产权制度改革，在鼓励和吸纳贫困地区就业的同时，鼓励贫困村及贫困户以土地、资源、资金入股分红的方式参与产业发展和就业脱贫。农户在民营企业就业的同时能以资产股权量化的方式参与企业发展，获得了更多的财产权和财产收益权，扩宽了持续稳定的增收渠道，获得了更多的资产性收益。例如，四川省广元市探索的"三资"变"三产"扶贫模式，将集体闲置资源流转给民营企业，实现资源变资本；将集体的学校、卫生室等"沉睡"资产托管、租赁给民营企业，实现资产变收益；将集体发展资金入股民营企业，并在企业带动下发展产业，通过入股分红、订单收购、"二次返利"等方式实现资金变资产。这样的探索使得农户、村集体和民营企业结成利益共享、风险共担的经济共同体，同时农户在经济发展和企业建设的过程中进一步获得自主性，激发了脱贫致富的内生动力，增强了抵抗风险的能力。

第三节　民营企业参与乡村振兴的未来展望

在中国贫困治理的实践中，民营企业是贫困治理的重要主体，积极参与扶贫开发工作并取得了显著成效。国家及相关行业部门出台了一系列政策措施，鼓励和引导民营企业积极参与贫困治理。民营企业充分发挥市场、技术、信息、人才、资金、组织等优势，积极主动地承担社会责任，将企业自身发展融入国家社会发展的整体脉络，激发贫困地区发展潜力，助力打赢脱贫攻坚战。在党和政府的引领下，民营企业不断深化帮扶理念、丰富帮扶方式、创新帮扶手段、拓宽帮扶领域、转变帮扶目标，以"光彩事业""扶贫济困日""万企帮万村"等帮扶行动为核心，更为积极全面地参与贫困治理，既彰显了中国特色社会主义市场经济的制度优势，又构成了中国减贫经验的重要组成部分。

2020年，我国实现贫困人口全部脱贫，长期困扰农村的绝对贫困问题得到解决。党的十九大报告指出，农业农村农民问题是关系国计民生的根本性问题，要坚持农业农村优先发展，农村的减贫工作也从"扶贫"向"防返贫"转变、从"脱贫"向"共富"转变。在推动巩固拓展脱贫攻坚成果同乡村振兴有效衔接、全面建设社会主义现代化国家的过程中，民营企业将继续发挥自身优势，在城乡融合发展及乡村社会全面振兴中发挥巨大作用。也应该注意到，在推进乡村地区发展的过程中，民营企业在关注经济效益的同时也应重视社会效益，平衡各主体间的利益关系，注重利益协调，在整合各方资源的同时应提升能力建设，这样民营企业参与贫困治理的脱贫攻坚成果才更有价值，乡村地区的振兴发展才更为持续。

一、完善政企合作机制

在中国特色贫困治理体系中，政府、市场与社会的多方合作构建了三位一体的大扶贫格局。随着帮扶工作的深入开展，政府和企业两者之间的合作关系与合作机制对于提高帮扶绩效影响显著。一方面，民营企业对政府政策资源的依赖，以及对于自身的认可，驱动其与政府开展相关合作；另一方面，政府需要借助企业的创新活力，完成上级政府制定的行政任务，推动脱贫地区进一步发展。全面建成小康社会后，为确保民营企业帮扶行动持续有效开展，有必要将其纳入整体规划，明确民营企业在下一阶段乡村振兴工作中的角色与定位，并通过优化政策支持体系，确保民营企业不因政策资源的逐步撤出和调整导致企业撤出。

在政策支持方面，要给予民营企业参与乡村振兴足够的政策支持，既要落实好中央层面的既有政策，同时地方政府也要根据各个地方的实际，有针对性地制定符合地方民营企业实际的政策，利用政策叠加、政策互补等方式，实现政策的乘数作用和"链条"作用。在机制完善创新方面，一是完善资金投入机制。针对民营企业参与乡村振兴的产业项目，尤其是农业产业项目，金融机构应提供优先优惠服务，积极引导更多的民营资本进入乡村振兴领域，通过民营企业的资金运转这一载体，将金融资源引流到乡村振兴之中。二是完善项目组织机制，按照政府引导与社会参与相结合、行政手段与市场运作相结合的原则，顺应政府职能转变和市场经济发展需求，扶持龙头企业、重点项目。三是完善项目服务机制。在项目计划上，政府应做好调研评估，严格审查把关；在资金优惠上，应做到公平、公正、公开，并广泛接受社会监督；在项目实施过程中，应充分发挥并活用各级党委政府制定的乡村振兴相关政策，解决民营企业在土地、融资、税收、人才等方面的难题，聚集优质要素助力民营企业发展。

二、强化企业社会责任

民营企业要积极承担并履行企业社会责任，将企业发展同社会发展相结合，将个人富裕同社会共同富裕相结合。民营企业继续以发展产业为重点，壮大县域经济，扩宽农户的就业增收渠道。民营企业通过参与脱贫村基础设施建设、吸纳就业、助学助残、购买产品等帮扶实事，解决农户返贫问题。此外，民营企业通过组建志愿服务组织到脱贫地区开展助教支医、文化下乡、科技推广、创业引领等活动，积极参与乡村电商体系建设。民营企业通过承担更多的社会责任可以有效参与社会治理，扩大企业的社会影响力，树立企业的良好形象，获得社会大众的普遍认可，这种"软实力"有利于民营企业占有更大的市场份额，获得更大的市场生存空间，因此极有可能会在承担社会责任和企业自身发展之间形成一种良性循环，激励民营企业继续承担更多社会责任，巩固拓展脱贫攻坚成果和推动乡村振兴向更深层次发展。此外，要弘扬"义利兼顾、以义为先"的精神，对民营企业助力乡村振兴的典型事例、经验做法进行大力宣传和总结推广，激励带动更多民营资本、高新技术、高端人才等优质要素向"三农"领域流动。

三、搭建信息交流平台

2013 年开始实施的精准扶贫精准脱贫行动以及党的十九大作出的实施乡村

振兴战略的重大部署，都为民营企业的发展提供了机遇，民营企业在积极参与农村地区发展的过程中也积累了一定的工作经验并创新了帮扶乡村的方式。不论是打赢脱贫攻坚战还是实现乡村振兴，均是浩大的系统性工程，民营企业与政府、社会组织之间需要及时交流相关信息与经验，推动信息及资源共享，促进合力的形成。随着大数据、云计算、人工智能、区块链等新技术在"三农"领域的深度应用和深度融合，现代信息技术的应用发展为建立乡村治理信息系统提供了便利，民营企业在参与乡村振兴工作中需要进一步建立健全信息交流平台。一是要完善农村地区资源、需求信息与民营企业信息的匹配，精准科学有效对接企业与乡村、企业与农户；二是要推动民营企业之间共享资源、信息、服务，共享参与乡村发展的经验；三是要借助信息平台推动民营企业与政府、社会组织之间的协作与对接，在多方交流合作的基础上，形成合理的乡村治理新格局并产生长久的社会效益。

四、培育中小型企业

在打赢脱贫攻坚这场战役里，大型民营企业彰显出了模范带头作用，为推动贫困地区发展贡献了重要力量。在全面推进乡村振兴阶段，需要进一步发挥大型民营企业的引领和带头示范作用，借助大型民营企业的资源、技术、人才、理念等优势推动脱贫地区的可持续发展。此外，也应重视农村地区县域中小型、小微企业的培育。相比于大型企业，中小型企业是提升区域发展创新能力、支撑乡村振兴发展的主力军，也是大型企业发展的后备力量。中小型民营企业可以更为灵活、更为细致地贴合农村地区的地方性特征与发展需求，扎根乡村，立足当地资源优势并与当地形成更为紧密的协同发展、互惠共生关系。因此，全面建成小康社会后应进一步加强农村地区的中小型、小微企业培育，尽可能为每一个县域乡村提供"造血"动力。

第三章　民营企业参与贫困治理和乡村振兴的市场机制

改革开放以来，中国特色社会主义市场经济在推动生产发展、优化资源配置、促进经济增长等方面产生了巨大影响。21 世纪以来，中国农村贫困地区的落后面貌显著改善，贫困状态大幅缓解，贫困治理实践不断取得新的突破，贫困治理机制日益发展完善。但区域贫困差异、深度贫困问题、贫困成因的复杂性使得传统的、由单一政府主导的扶贫开发模式难以实现贫困的有效治理，客观上对扶贫效率提出了更高的要求。相对来说，对资源能够实现最优化配置的市场经济在提高贫困治理效率方面会更加有效。但市场化在带来经济增长的同时，也扩大了贫富差距和区域差距，对减贫的作用并不十分明显。民营企业的市场化帮扶需要通过政府对企业的合理引导来实现，在市场与农户之间建立稳固的利益联结才能切实发挥市场机制的益贫性。

第一节　民营企业参与的市场背景

一、市场经济对农村地区的影响

中华人民共和国成立后，为了恢复正常的生产生活秩序，我国建立并实行了计划经济体制，即通过行政手段对社会资源进行统一分配管理。面对国家经济结构简单、物质基础薄弱的客观现实，只能通过计划性指令，集中人力、物力、财力，在中央计划规定的范围内优先发展重工业，建立完整的经济体系。因此，从20 世纪 50 年代开始的人民公社化运动到随后实施的统购统销政策，通过控制粮食资源，再到对棉花、纱布、食油等资源的进一步控制，使政府成为全部市场经济活动的主体。一方面，国家从农村集中了大量的资源用于国家的工业化建设，从一个较低的水平保障了农民的基本生存，生存性的贫困问题得到了一定程度的缓解。另一方面，在国家力量对资源进行强有力配置的背后，企业不再遵循市场价值规律和市场的调节作用，而是将行政性计划指令作为企业活动的方向。

在中华人民共和国成立初期，高度集中的计划经济在发展生产、恢复经济中发挥了巨大作用，但其弊端也逐渐显现出来，国家对资源的强力控制和支配，忽视了商品生产和市场的作用。政府对企业管理得过多过死，限制了企业的活力和主动性，造成国民经济的条块分割，社会资源并未合理流动，严重阻碍了社会化生产的可持续性发展。

正如邓小平同志所指出的，我们过去一直搞计划经济，但多年的实践证明，在某种意义上说，只搞计划经济会束缚生产力的发展。① 我们是计划经济为主，也结合市场经济，但这是社会主义的市场经济。② 1992 年，中共十四大进一步确认了社会主义市场经济体制改革的目标。在经济发展和资源配置的过程中，中国政府开始通过经营机制和资源调配来逐步调整计划和市场的关系。

家庭联产承包责任制的实施和国有企业的改革，将农民和企业重新纳入市场经济活动中。家庭联产承包责任制与计划经济时期的统购统销经济政策不同，农民以家庭为单位作为承包户，承包集体的生产资料(土地)和生产任务，承包户的劳动成果在上交了国家和集体之后，剩下的部分可以作为劳动报酬自主支配，承包户对其有支配权。家庭联产承包责任制突破了吃"大锅饭"的旧体制，农民个人的付出与家庭收入相挂钩，极大地激发了农民的生产积极性，粮食和其他农副产品的产量也大幅度增长。此时农民强烈要求取消统购统销政策，放开粮食价格，1992 年年底，全国 844 个县不再实行统购统销政策，全面放开了粮食价格，粮食市场和农副产品市场初步形成，农民再一次以"议价者"的身份出现在市场中，农民和市场的关系得以重新建立起来。1978 年到 1994 年，党中央通过废除人民公社体制、建立乡镇人民政府、改良统购统销政策、确立家庭承包经营制度、发展乡镇企业等一系列的制度举措，为农村创造了良好的发展环境。这一时

---

①　邓小平. 邓小平文选：第三卷[M]. 北京：人民出版社，1993：148.

②　邓小平. 邓小平文选：第二卷[M]. 北京：人民出版社，1994：236.

期,国内农产品的产量大幅度增长,农产品的供给能力显著增强,不仅解决了中国近 11 亿人的吃饭问题,为工业化进程的加快奠定了重要基础,也为中国的大规模减贫创造了条件,全国主要农业产品产量如表 3-1 所示。这一时期,同时也是农民收入增长最快的时期(见表 3-2)。收入增长最直接的结果就是带来贫困人口的减少,按照当时世界银行划分的贫困标准(人均收入 99 元/年),1978 年到 1985 年,中国的贫困人口从 1978 年的 2.6 亿人下降到 1985 年的 0.96 亿人,平均每年的减贫人口是 2343 万人,贫困发生率从 1978 年的 33%下降到 1985 年的 11.9%。[①]

表 3-1 全国主要农业产品产量[②] 单位:万吨

年份	粮食	棉花	油料	糖料	茶叶	水果	猪牛羊肉	牛奶
1978	30476.5	216.7	521.8	2381.9	26.8	657.0	865.3	88.3
1985	37910.8	414.7	1578.4	6046.8	43.2	1163.9	1760.7	249.9
1992	44265.8	450.8	1641.2	8808.0	56.0	2440.1	2940.6	503.1
1994	44510.1	434.1	1989.6	7345.2	58.8	3499.8	3692.7	528.8

表 3-2 全国农村居民家庭人均收支和恩格尔系数[③]

年份	人均纯收入(元)	人均生活消费支出(元)	恩格尔系数(%)
1978	133.6	116.1	67.7
1979	160.2	134.5	64.0
1980	191.3	162.2	61.8
1981	223.4	190.8	59.9
1982	270.1	220.2	60.7
1983	309.8	248.3	59.4

---

① 张磊. 中国扶贫开发历程(1949—2005 年)[M]. 北京:中国财政经济出版社, 2007:43.

② 国家统计局国民经济综合统计司. 新中国六十年统计资料汇编[M]. 北京:中国统计出版社, 2010:38.

③ 国家统计局国民经济综合统计司. 新中国六十年统计资料汇编[M]. 北京:中国统计出版社, 2010:25.

续表

年份	人均纯收入(元)	人均生活消费支出(元)	恩格尔系数(%)
1984	355. 3	273. 8	59. 2
1985	397. 6	317. 4	57. 8

在这一时期，政府出台的关于劳动力流动的政策也对农村经济发展起到了一定的促进作用。1984 年后，农民可以自筹资金进入城镇务工经商，推动了农村劳动力的快速流动。随着政策的进一步调整，政府逐步从控制盲目流动转向鼓励、引导和实行有序流动，这对建立城乡统一的劳动力市场具有重要意义。然而，由于经济体制处于转轨阶段，一些不完善的政策以及地方法规对农村劳动力流动产生了阻碍。到 2000 年，国家通过改革城乡分割体制，取消了对农民进城就业的不合理限制，进一步促进了农村劳动力的流动。1992—2000 年中国农村劳动力流动的政策要点如表 3-3 所示。

市场经济的建立与发展促进了生产要素的流动，打破了计划经济体制下封闭僵硬的经济状态，通过恢复和发展市场机制使得资源能够得到高效合理的配置，促进了农村地区的生产发展和经济建设。此外，市场经济的建立打破了地域界线和行政边界，使得形式多样、内容丰富、各具特色的市场区域得以形成，农民开始向经济发展程度较高的区域流动。在农业劳动力迁移的过程中，一方面，农民通过务工提高了家庭经济收入，另一方面，农民开阔了眼界，学习掌握了新的生产技能，提高了自身的综合素质，从某种程度上说，为农村地区的发展积累了重要的人力资本。

表 3-3　　　　　　　1992—2000 年中国农村劳动力流动的政策要点①

发布时间	颁发单位	文件名称	政 策 要 点
1993 年 11 月	中共中央	关于建立社会主义市场经济体制若干问题的决定	鼓励和引导农村剩余劳动力逐步向非农产业转移和地区间有序流动

① 杨顺成. 新时期扶贫开发战略[M]. 成都：四川人民出版社，2005.

续表

发布时间	颁发单位	文件名称	政 策 要 点
1993 年 12 月	劳动部	关于建立社会主义市场经济体制时期劳动体制改革总体设想	从长远发展来看，建立公平竞争的劳动力市场，还要逐步打破城乡之间、地区之间劳动力流动的界限。要建立农村就业服务网络，合理调节城乡劳动力流动，逐步实现城乡劳动力流动的有序化
1994 年 11 月	劳动部	关于农村劳动力跨省流动就业的暂行规定	首次规范流动就业证卡管理制度：被用人单位跨省招收的农村劳动者，外出之前，须持身份证和其他必要的证明，在本人户口所在地的劳动就业服务机构进行登记并领取外出人员就业登记卡；到达用人单位后，须凭出省登记卡领取当地劳动部门颁发的外来人员就业证；证、卡合一生效，简称劳动就业证，作为劳动就业的有效证件
1995 年	中共中央办公厅国务院办公厅	关于加强流动人口管理工作的意见	促进农村剩余劳动力就地就近转移；提高流动的组织化、有序化程度；实行统一的流动人口就业证和暂住证制度；整顿劳动力市场
1998 年 10 月	中共中央办公厅国务院办公厅	关于农业和农村工作若干重大问题的决定	适应城镇和发达地区的客观需求，引导农村劳动力合理有序流动
2000 年 1 月	劳动部办公厅	关于做好农村富余劳动力流动就业工作的意见	建立流动就业信息预测预报制度；促进劳务输出产业化；发展和促进跨地区的劳务协作；开展流动就业专项监察，保障流动就业者合法权益

　　市场经济在农村地区的不断发展给农村地区最终实现脱贫目标带来了强大的外力刺激，各种市场经济观念的输入对于改变落后地区群众的传统观念具有根本性的影响，"等、靠、要"思想得到明显纠正，群众的脱贫意愿日益强烈并且转化成了现实的脱贫实践。随着社会整体发展水平的提升，市场经济强调效率和效益的独特优势在落后地区脱贫过程中日益显示出其强大的持续推动力。具体来说，市场经济对农村地区的有利影响主要体现在以下几个方面。

（一）市场观念的输入激发了农村地区的市场活力

市场经济在配置市场要素方面发挥着计划经济难以比拟的独特优势，而市场经济的各种观念作为市场经济的核心要素对于激发农村地区的市场活力具有积极作用。计划经济时代的扶贫行动是具有政治意义的纯政府行为，即政府出钱对贫困户实行救济，解决暂时的温饱。这种"输血式"的救济性扶贫难以调动群众的内生动力，甚至可能会助长群众的依赖思想，并不能真正解决贫困问题，贫困治理处在一种低效运转的状态。

随着市场经济主导地位的逐步确立和强化，尤其是随着市场经济观念在农村地区的传播和影响的持续扩大，越来越多的扶贫实践引入了市场机制，强调扶贫资金的产出效益，重视贫困群众市场参与能力的培养和提升，因此针对贫困群众的各种实用技能培训广泛开展并取得了良好效果，受到了越来越多的贫困群众的青睐。市场化观念的普及在很大程度上改变了贫困群众传统的等靠要思想，改变了贫困群众自给自足的生产方式，贫困群众开始重视商品化生产、市场需求和竞争，贫困群众的脱贫自主意识和市场参与意识得到有效提升，在很大程度上贫困群众由单纯的消费者转变为市场价值和社会价值的创造者，这种情况的出现对于激发农村地区的市场活力具有重要作用，进一步培育和繁荣了当地市场。

此外，市场观念的输入还促进了农村地区的基础设施建设和市场环境改善。为了更好地融入市场经济，地方政府和企业加大了对道路、物流等基础设施的投入，改善了市场流通条件。这些基础设施的完善不仅提升了农村地区的市场连接性，还增强了市场对外来投资的吸引力，从而进一步激发了市场活力。

（二）市场经济的发展优化了治理主体的互动关系

计划经济时代，我国的扶贫行动一直是政府这一单一主体来承担的，主要起作用的是中央及地方各级政府，其他治理主体的作用并未得到充分发挥，治理主体间缺乏合理、有效的互动，而良好的互动关系对于提升治理水平具有重要意义。在市场经济体制下，政府与市场的互动关系逐步由传统的单向管理模式向多元合作模式转变。市场经济的发展促使政府在贫困治理中更多地依靠市场机制，通过制定和实施扶贫政策，激发市场的活力，引导企业和社会力量参与到贫困治理中。这种互动关系的优化，不仅减轻了政府在贫困治理中的负担，也增强了市场在资源配置中的效率。随着减贫的不断深化，单一依靠政府力量的减贫效应逐渐减弱，现代贫困治理越来越强调社会力量的参与，各级地方政府积极鼓励和引导各种社会力量（包括民营企业）参与贫困治理，与此同时，在具体的扶贫实践中越来越重视发挥贫困群众的主观能动性，通过各种方式评估贫困群众的需求，努力提升贫困治理的精准性和实效性。贫困治理主体互动关系的优化对于进一步推动贫困治理实践创新具有重要作用，同时有利于巩固和扩大已有的扶贫成果。

（三）市场经济的发展有利于帮扶模式的持续完善

在计划经济时代，经济水平的落后是制约深度贫困地区发展的瓶颈，传统的以政策资源、资金倾斜为核心的"输血式"扶贫无法为深度贫困地区建立可持续性的脱贫机制。市场经济作为现代经济体系的核心，为社会发展注入了强大的动力。市场经济强调资源的有效配置，通过市场机制，能够将有限的资源精准投向最需要的贫困群体。这种资源配置的效率提升，促进了帮扶模式从传统"大水漫灌"的粗放模式向"精准滴灌"的精细化模式转变。在市场经济条件下，政府、社会力量、贫困群众等多元主体广泛参与贫困治理，帮扶模式不断创新，帮扶效果不断提升。相比于财政资金、直接捐助等"输血式扶贫"，民营企业帮扶更有利于激活农村地区的生产要素，激发农村地区自我"造血"功能，通过企业与农户的联结建立长效脱贫发展机制。随着互联网、大数据等新技术的不断发展，各种帮扶模式在市场经济发展实践中不断完善。例如，市场经济与互联网的融合催生了"互联网+扶贫"模式。通过电子商务平台，农村地区的特色农产品得以快速进入市场，实现了"产供销"一体化。这一模式不仅为农村地区开辟了新的销售渠道，也通过数据的收集与分析，实现了帮扶项目的精确对接和资源的最优配置。

二、民营企业参与帮扶的独特优势

在贫困治理中，民营企业以其独特的资源优势、市场优势、人才优势、技术优势和组织优势发挥着重要作用。要充分发挥民营企业的独特优势，提升企业帮扶资源的利用效率，拓展农村地区的市场空间，加强农村地区人才引进和回流，创新帮扶的技术和理念，推动民营企业帮扶实践的发展，增强民营企业帮扶的能力。具体来说，民营企业参与帮扶主要存在如下独特优势。

（一）提供物资、信息与服务

农村欠发达地区发展特色产业是困难群众增加收入的主要方式，是提高农村地区自我发展能力的根本性举措。农业产业化发展中的关键要素包括物资、信息和服务。现实情况是，在农村欠发达地区发展产业往往需要大量的资源，而这又与欠发达地区资源紧缺的现实相互矛盾。因此，在产业发展的过程中，一定要充分使用产业中的相关物资、掌握与农产品生产相关的信息、实现服务价值的最大化。在贫困治理和乡村振兴的过程中，政府最大的优势就是统配公共物品的能力极强，能够在短时间内调动大量的资源投放到农村地区，但难以使帮扶资源的使用效率达到最优。比如，在产业帮扶的过程中，为了减轻农户的经济负担，引导农户发展产业，政府会提供一些基本的农业生产资料，如种子、化肥、杀虫剂、小猪仔等，并组织生产技能培训活动，为产业发展提供服务。

政府部门作为行政主体，在市场采购的过程中，当遇到对生长环境要求较高的种苗或者对技术培训的专业化程度要求较高时，可能会因为市场信息不足而难以做出科学正确的决定，政府部门在市场上购买的生产物资和提供的服务就很可能会偏离资源效用最大化目标，使帮扶资源使用效果受到制约。

民营企业生长于市场当中，并且是经过市场优胜劣汰后生存下来的市场主体，掌握着大量的产品和市场信息，经营体制灵活，市场化程度较高，具备较为坚实的市场基础，具有丰富的市场经验，对市场的发展具有敏锐的洞察力和判断力。因此民营企业在帮扶过程中能够充分发挥其独特的市场优势，作为市场主体来实现生产物质资料和相关的技术服务效能的最大化。以其敏锐的市场嗅觉挖掘当地经济发展的潜在资源，培育、发展和壮大特色优势产业，带动欠发达地区形成支柱产业，扩大产品的市场空间，并有效对接欠发达地区产业的产品提供与市场的需求满足，推动企业健康发展与群众脱贫致富，促进欠发达地区产业的科学发展。

可见，要推动农户参与市场竞争、提升欠发达地区产业发展水平，不仅需要政府的政策和资金支持，更需要借助民营企业等市场主体发挥其资源配置和产业培育的独特优势。政府在产品信息和市场信息上的滞后很有可能让农户在农业种植过程中做出不符合生产过程的决策，进而影响其在市场上获取利益。而市场主体可凭借自身的信息优势为农户和政府提供既符合农户利益也符合产品购买方需求的物资和服务。由此，市场主体可以在提供物资和服务层面参与扶贫开发，提升帮扶效益。民营企业参与下的市场化帮扶可以有效克服完全由政府主导的帮扶实践在提供物资、信息、服务等方面存在的不足，充分发挥自身熟悉市场规律的优势，合理配置市场资源，快速、有效提供农户所需要的各种物资、信息等市场要素，帮助农户最终实现通过参与市场竞争脱贫致富的目标，同时在一定程度上可以培育、发展新的市场需求，带动当地产业的规模化发展，形成示范带动效应和积极的市场连锁反应，帮助乡村培育一批富民产业。

（二）配置帮扶资源

资源是困难群众和欠发达地区摆脱贫困、获得发展的重要基础，大体来说，我们可将帮扶资源分为物质资源和信息资源。物质资源是欠发达地区最终能够摆脱贫困走向富裕的基础性资源，但对于欠发达地区而言，信息资源同样具有重要的意义。尤其是国家提出精准扶贫理念以后，信息资源在贫困治理行动中的作用日益明显，基于群众需求而提供与之相匹配的市场信息对困难群众最终实现脱贫是贫困治理发展的必然选择。在欠发达地区社会治理的多元主体中，相比于市场主体和社会主体，政府主体在资源的统筹、协调方面具有优势，能够在较短的时间内将大量的帮扶资源调动投放到欠发达地区。中国扶贫开发工作经历了从"大水漫灌"向"精准滴灌"转变，扶贫工作的瞄准单元从县一级下移到村一级，再精准到农户层面，扶贫资源也经历着自上而下逐级分配的基本过程。囿于地方政府组织结构条块分割的现状，扶贫资源的分配和使用存在多种管理规定并行的局面，甚至扶贫资源的使用相互冲突，难以实现扶贫资源使用的效率最大化，也容易出现资源使用与需求相脱离的情况。[①] 民营企业在市场经济发展当中积聚了较为丰富的资源，且其资源与政府具有互补性，能够为扶贫与振兴提供有力的资源支持。我国的脱贫攻坚行动大多依赖于政府资源，出现了政府资源供不应求或者是扶贫资源使用不当而造成浪费的现象。乡村振兴时期，政府的帮扶资源从集中

---

① 李小云，唐丽霞，许汉泽．论我国的扶贫治理：基于扶贫资源瞄准和传递的分析[J]．吉林大学社会科学学报，2015，55（4）：90-98，250-251.

支持向全面推进乡村振兴平稳过渡，因此，要充分利用民营企业的资源优势，打破脱贫群体和欠发达地区对政府的单一资源依赖，解决欠发达地区资源供应不足的问题。与此同时，发挥民营企业点对点资源配置的优势，加强供需对接，发挥欠发达地区资源的最大效能。发挥民营企业资源灵活性和可持续性的优势，促进资本对脱贫人口的反哺，实现企业社会价值的回归。

W 县的脱贫村大多处于偏远的山区，距离县城较远，信息观念淡薄、信息资源缺乏、传输手段落后、信息市场发展滞后等问题严重影响本地市场化、商品化进程，新知识、新技术、新生活方式进入困难。民营企业介入当地贫困治理和乡村振兴有效克服了 W 县脱贫村群众在获取信息资源方面存在的障碍，对于 W 县脱贫村后续相关产业发展具有深远影响。民营企业参与 W 县贫困治理和乡村振兴对于推动脱贫群众获取市场信息资源进而有效利用市场信息资源具有重要意义。一方面民营企业通过自身所掌握的市场信息有计划地组织低收入群众异地就业，直接帮助低收入群众实现经济收入的增加，同时客观上帮助低收入群众了解更多的市场信息，为低收入群众进一步参与市场活动和市场竞争提供了平台和机会；另一方面群众外出就业一段时间后可以将各种外部市场信息带回当地，为当地更多群众实现脱贫致富提供了宝贵的市场信息资源，有效带动当地经济发展并且可以在一定程度上形成良性循环，巩固拓展脱贫攻坚成果，进而推动当地政府探索乡村振兴的新模式。

（三）培育市场竞争能力

脱贫攻坚是党的十九大确定的全面建成小康社会的三大攻坚战之一，打赢脱贫攻坚战的目标之一是要实现贫困地区农民人均可支配收入的增长幅度高于全国平均水平，解决区域性整体贫困问题。① 收入是衡量精准扶贫精准脱贫工作的一个关键性指标。在精准扶贫精准脱贫的战略推动下，农村人口的收入得到了极大的改善，但从总体来看，农村人口的收入还是明显低于城镇人口。2019 年，我国农村居民人均可支配收入为 16021 元，与全国居民人均可支配收入 30733 元还

---

① 中共中央 国务院关于打赢脱贫攻坚战的决定［EB/OL］.（2015-12-07）. http：//
www. gov. cn/zhengce/2015-12/07/content_5020963. htm.

存在一定差距。① 从收入构成来看，农村居民家庭中工资性收入对于整个家庭来说是占比最大的部分，但收入增长的速度却是逐年放缓，稳定并提高工资性收入也是农村居民家庭所要面临的一大挑战。2024 年中央一号文件《中共中央 国务院关于学习运用"千村示范、万村整治"工程经验有力有效推进乡村全面振兴的意见》中指出，强化农民增收是提升乡村产业发展水平的主要内容，实施农民增收促进行动的目的是巩固农民持续增收势头，促进共同富裕。

目前我国农村低收入人口的收入来源主要有两种方式：输入性增收和市场性增收。输入性增收主要是指政府和其他社会主体对困难家庭和困难农户进行资金、资源的直接转移和输入。输入性增收主要针对的是完全或者部分丧失劳动能力的困难群众。市场性增收是指通过一系列的帮扶举措，困难家庭和困难农户能够在市场活动中获得收入。市场性增收主要针对的是具备一定的劳动能力，但是在市场活动中获得的收益难以维持基本物质生活的困难群众。② 目前农村低收入人口市场性增收的渠道主要有两种：一是农业生产经营收入，二是劳动力转移收入。市场性增收的关键是在市场经济活动中提升困难群体的市场竞争能力。

> MCS 茶叶集团高管 W 某："其实农民一开始是不愿意种茶叶的，农民不相信种茶叶可以致富，或者是开始没有看到别人发展出效益。有些农户不相信，他自己的茶园就荒着，让它长草荒起，他不管，也不愿意给公司，最后看到其他农户都增收了、致富了，家家都买了小车，住上小洋房。你看最大的专合社都有几十万元的茶叶收入，这样老百姓的眼睛就红了，他就知道了，他就相信了，最后才把荒了几年的茶园拿出来改造，交给公司，请公司帮忙来重新整草。这样农户起步就晚了。"（QY200923M1）

农村地区封闭性的农业产业体系使得农民的生产、消费、再生产基本上是在一个简单闭合的环境里进行。在这个简单闭合的循环圈里，农户的市场活动简单，市场竞争能力不强。此外，欠发达地区集体经济基础薄弱，尚未形成系统性

---

① https：//data. stats. gov. cn/easyquery. htm? cn＝C01&zb＝A0A0E&sj＝2019.
② 张兆曙. 城乡关系、市场结构与精准扶贫[J]. 社会科学，2018(8)：65-75.

的基础产业，农产品的加工处于较为粗放的状态，且产品的加工与销售市场脱节，常常出现农产品滞销的情况。这些都是影响农户农业生产经营收入的因素。随着城镇化进程加速，部分农民开始涌入城乡地区，由于文化水平和专业技术受限，农户难以满足市场对劳动力提出的过高要求，只能从事相对简单、技术含量较低的工作，随时面临着被辞退的风险，难以实现劳动力价值的最大化，收入稳定更是无从谈起。因此，需要引入市场主体和市场机制，将欠发达地区和农户纳入市场经济活动，提升其市场竞争能力，促进低收入人群的市场性增收。

民营企业是功能较为完备、运作较为协调、发展较为科学的市场经济组织。民营企业能够通过自身的理念、技术、人才等优势，培育欠发达地区的市场活力，提升农户的市场竞争能力，从而增加农户的市场性收入。

理念是提升脱贫攻坚效能、促进脱贫攻坚任务按时按质完成的核心，要树立科学完善的脱贫理念，不仅要关注贫困地区的发展状况与任务，更要放眼于打赢脱贫攻坚战后脱贫攻坚成果的巩固与深化，以及脱贫地区和脱贫群众的可持续发展。民营企业在帮扶中遵循市场规律和社会发展规律，在推广先进帮扶理念和管理理念的同时，通过高质量的发展来引领乡村振兴工作，促进帮扶效能的提升。在民营企业的帮扶下，农户在参与市场竞争后可以充分认识市场竞争的规则和规律，提升对市场信息的敏感度，增强获取、分析、利用市场信息的能力，在一定程度上可以有效提升自身的市场竞争力，进而带动更多低收入群体参与市场竞争，形成示范效应，促进农户之间结成互助合作共同体，推动农户在更大范围参与竞争。

民营企业具有先进的专业技术基础和专业技术人才及设备，在产业项目当中可以为农村地区和低收入群体提供专业技术支持，帮助农村地区和低收入群体克服专业技术不足、粗放型发展所带来的产业发展落后、产业生产效能较低以及产品单一等困难，促进当地产业高科技化、高质量化、高速发展。在民营企业的支持和引导下，低收入群众通过参与技能培训进入了市场实现了就业，但是在实现就业后仍然面临一些实际困难，这些困难在很大程度上限制了低收入群众的进一步发展。例如低收入群众在实施产业项目过程中，由于自身不具备系统的专业技术和设备，很难实现规模的扩大和效益提升。针对低收入群众类似的现实需求，民营企业可以采取合作的形式，帮助低收入群众联系有合作意愿的民营企业，由合作的民营企业负责提供专业技术或设备，但是需要在低收入群众获得收益后分享一定比例的分红，从而形成基于合作关系的帮扶产业发展生态，一方面低收入群众的产业项目在获得具有合作关系民营企业的技术和设备支持后实现持续发展，形成一定的规模效应，实现利润空间的增长，带动更多群众脱贫致富，有效降低返贫的市场风险，另一方面参与帮扶产业项目的民营企业可以获得一部分经济收益，同时增强了民营企业的社会责任感。

人才是帮扶的关键力量，专业人才的培养和引进是欠发达地区发展的重要动力。民营企业在发展当中已经培养了一批专业技术人才队伍和管理人才队伍，人才队伍是民营企业发展的原动力，也是民营企业参与帮扶的宝贵财富，民营企业参与帮扶的具体行动中，人才资源成为民营企业帮扶不可或缺的基础性资源。一般而言，欠发达地区的人才资源相对匮乏，群众在参与产业项目的过程中缺少带头人，因此产业项目在落地后往往难以获得更大的发展。在这种情况下，民营企业通过提供人才资源的支持有效解决了产业项目人才资源缺乏的困境，推动了当地帮扶产业项目的持续、稳定发展，从而为群众获得持续、稳定的经济收入提供了人才保障，同时增强了群众参与帮扶产业项目的信心和动力。

三、民营企业参与帮扶的现实挑战

21 世纪以来，经过八七攻坚以来的大规模开发式扶贫，中国农村贫困地区的落后面貌显著改善，贫困状态大幅缓解。但区域贫困差异、深度贫困问题、贫困成因的复杂性使得传统的、由单一政府主导的扶贫开发模式难以实现贫困的有效治理。相对来说，对资源能够实现最优化配置的市场经济会更加有效。改革开放 40 多年来，中国政府对于市场经济的认识在不断拓展深化，在新时期新阶段的扶贫开发工作中，中国政府也不断强调市场在脱贫攻坚中的作用和地位。2014年中共中央办公厅、国务院办公厅印发的《关于创新机制扎实推进农村扶贫开发工作的意见》中就明确指出：扶贫开发工作要进一步解放思想，开拓思路，深化改革，创新机制，使市场在资源配置中起决定性作用和更好发挥政府作用，更加广泛、更为有效地动员社会力量，构建政府、市场、社会协同推进的大扶贫开发格局，在全国范围内整合配置扶贫开发资源，形成扶贫开发合力。2015 年《中共中央 国务院关于打赢脱贫攻坚战的决定》中，又进一步强调引入市场机制，明确了市场化扶贫的具体方式，如引导劳务输出、探索资产收益、加强与社会资本的合作、政府购买服务等。政府出台的各项帮扶政策为民营企业参与贫困治理奠定了良好的制度环境，越来越多的民营企业积极参与脱贫攻坚，并取得了一定成效。在看到民营企业积极发挥减贫作用的同时，我们也应该注意到民营企业参与贫困治理所面临的挑战。

（一）农业经营的市场风险

在市场经济活动中，市场风险是难以避免且始终存在的。农业生产经营充满风险和不确定性，农业生产经营面临着自然风险和市场风险，不仅影响农民收入的提高和福利改善，同时也不利于农业可持续发展。[①] 要促进欠发达地区的经济发展，帮助农户发展生产、脱贫致富，实现帮扶措施从"输血"向"造血"转变，最主要的方式就是通过发展产业促进农产品市场化，运用市场来解决兴村富民问题。在贫困治理和乡村振兴实践中，有些产业帮扶项目缺乏有效的市场风险评估和应对机制，农户的风险保障体系和规避风险的防范措施尚不健全，农户应对风险能力弱，在市场竞争中缺乏优势，市场对于农户的冲击作用明显。多数产业项目运作缺乏有效的安全生产保障机制，从业人员的技能水平低、生产程序不规范、产品质量差、生产效率低等因素使其存在生产风险。市场中的产品价格要素随着多种经济因素和社会因素变化，产品生产时的市场价格与产品进入市场后的价格总是略有不同，产品价格的市场波动所引发的不确定风险可能导致农户的经济收益降低。此外，在同一地区越来越多的农户被吸纳到产业帮扶的队伍中来，这种情况不可避免地会使市场上出现大量同质化程度较高的产品，而同质化程度较高的产品在市场上缺乏竞争力，会出现销路不畅的情况，导致农户的实际利润空间受到挤压，甚至出现亏损的情况。

　　MM 茶叶有限公司高管 J 某："我过去在下面当书记的时候，看老百姓种种这样，种种那样，卖都卖不掉，销不出去。过去 W 县就是种桑树，栽桑养

---

① 胡宜挺，罗必良．我国农业市场风险演化：判断与评估[J]．农村经济，2010(4)：10-13.

蚕嘛，最先是种桐子树，就把桐子树砍了去种桑树。后面又种茶树，种茶树又要去砍桑树，这些都是想发展产业，没有考虑销路。老百姓为了发展种水果、种菜，但是销不掉，滞销，所以整个就是恼火得很。"（QY200923M1）

农业市场风险受农产品特性和农业经营者的影响，农产品尤其是水果、蔬菜等具有时效性或保鲜性，交易的时空范围有限，如果扩大市场容量则会产生较高的交易成本。此外，受制于长期的城乡二元结构，农户的市场意识不强，获取市场信息和市场谈判能力较弱，当出现产出与需求不匹配、生产与销售对接不顺畅时，会导致农产品滞销。在这种情况下，引入市场机制就变得非常必要。民营企业作为市场主体可以充分发挥自身优势，合理配置各种市场帮扶资源，重视对欠发达地区的实地调研，尊重农户的主观意愿，能够根据农户的具体情况采取有效的帮扶措施，获得农户的支持，并且在一定空间范围内带动更多农户脱贫增收，形成示范效应，在一定程度上改变地方政府长期以来单一的帮扶模式和帮扶思路，帮助地方政府不断完善帮扶理念，扩大政策的覆盖面和实施效果，充分发挥政府在贫困治理和乡村振兴领域的主导优势。

MM茶叶有限公司高管J某："我们县目前是种茶叶来发展产业，销路怎么办？必须有龙头企业带动。要有公司+农户的运作机制。这么一个经营方式，也有公司做后盾，那么老百姓来种，公司就是考虑市场，老百姓、专业合作社就考虑生产，考虑做基地、做原材料。生产、加工、管护、技术都需要公司，你要有大公司。"（QY200924M1）

从以上的访谈资料可以看出，农户生产的农产品由企业这个市场主体进行对接，民营企业将农产品以较高的价格销售出去，同时将市场信息反馈传递给农户，通过市场信息和市场需求来调整农户的生产行为，以适应市场的发展和需要。在这个过程中，农户所面临的市场风险最小。但需要看到的是，一旦民营企业的参与意识不强或者市场能力不足，农户自己就要独自面临市场风险。面对种种市场风险，政府可以调整产业结构，尽量避免产业同质化的问题；同时民营企业和农户之间构建稳定的利益联结机制是关键，不仅要使农户受益，也要保证企业能够受益，这样就不会出现民营企业参与不足或退出的情况。[①]

(二)帮扶资源效用未充分发挥

2013年以来，中国的扶贫开发从大规模开发式扶贫向精准型的扶贫工作转变，精准帮扶工作的核心要义就是要实现资源的优化有效配置，实现帮扶效率的最大化。然而，扶贫中存在扶贫资源未能充分发挥作用的问题，主要表现为扶贫资金使用效率低、产业项目资源浪费等。

中国式减贫实践中，政府投入了大量的人力、物力、财力，其中，扶贫资金的投入连年稳定增长。中国政府投入的大量扶贫资金在改善贫困地区基本生产生活条件、帮助扶贫对象发展生产、支持扶贫对象提高生产就业技能等方面发挥了重要的作用。从中国农村贫困人口减少的幅度来看，扶贫资金的边际效应呈现出逐年下降的趋势。[②] 扶贫资金的使用方式之一是作为贫困农户的股金，入股产业项目或者投资本地的企业，贫困农户能以资产股权量化的方式参与企业发展，获得了更多的财产权和财产收益权，扩宽了持续稳定的增收渠道，获得了更多的资产性收益。扶贫资金的使用体现了扶贫的宗旨，提高了贫困户的资产能力，但是对资金使用的成效还没有形成合理的评估标准，导致有些民营企业在使用扶贫资金时并未将扶贫责任和义务完全考虑在内，贫困户从民营企业中获得的资产性收益较低。同时，这种资产性收益是不可持续的，一旦政府的扶贫资金中断或撤出，贫困户的资产性收入就会失去来源。[③]

厚坝村书记H某："我们村的专合社是2016年成立实施的，因为我们是东西部扶贫协作浙江对口帮扶的村，浙江那边要求我们成立一个专合社，发展村集体经济，就帮我们新建了一个165亩的黄茶园基地。但是我们因为

---

① 王维，向德平. 风险社会视域下产业扶贫的风险防控研究[J]. 陕西师范大学学报(哲学社会科学版)，2019，48(5)：51-62.

② 吴爱华，范永忠. 中国农村扶贫资金使用现状、问题及对策分析[J]. 农业经济，2013(12)：11-14.

③ 蒋永甫，龚丽华，疏春晓. 产业扶贫：在政府行为与市场逻辑之间[J]. 贵州社会科学，2018(2)：148-154.

没有技术，所以黄茶园就托管给 MCS 茶叶集团了，我们每年就是拿分红。"
（NH200926M2）

自上而下、由外而内的项目引进和资源输入是产业帮扶的主要模式，产业项目落地大多是领导干部在考察当地特色资源后，明确产业帮扶的方向与目标，再由乡镇部门传达信息，组织村庄申报。在贫困治理实践中，地方政府仍是居于主导地位，政府因掌握巨大的资源支配权，其他帮扶主体往往处于对政府严重依赖的被动境地。① 在帮扶项目实施中，市场机制在资源分配方面未能充分发挥作用，政府对于帮扶企业的选择并没有一个严格公平的标准。民营企业在参与帮扶的过程中，为降低自身风险，以最低的成本追逐利润最大化，通过发展规模化的种植业、养殖业项目来争取资金、土地等稀缺资源，这也会造成帮扶项目资源的浪费，实际结果也偏离政府的预期规划和目标。

地方政府作为行政主体，主要通过制定和实施政策来充分调动各种积极因素，共同推动乡村全面振兴并提升帮扶效果。但是地方政府很难通过直接参与市场化帮扶达到合理配置资源的目的，因此如何鼓励、引导、规范民营企业等市场主体有效整合、配置帮扶资源应该成为地方政府考虑工作的重点。

(三)市场能力培育有限

就业帮扶是提高保障和改善民生水平的重要支撑，从收入结构来看，就业帮扶是提高收入最直接可靠的路径选择。② 2016 年，人力资源社会保障部、财政部、国务院扶贫办三部门联合下发了《关于切实做好就业扶贫工作的指导意见》，明确指出了就业扶贫的具体措施包括以下几个方面：(1)开发就业岗位，拓宽就业渠道，帮助贫困劳动力就地就近就业；(2)建立劳务合作基地，开展专项招聘活动，组织贫困劳动者转移就业；(3)开展技能培训，针对就业技能缺乏的贫困农户，通过技能培训增强贫困劳动力的市场竞争能力；(4)开发公益性岗位，安

---

① 胡振光，向德平. 参与式治理视角下产业扶贫的发展瓶颈及完善路径[J]. 学习与实践，2014(4)：99-107.

② 平卫英，罗良清，张波. 就业扶贫、增收效应与异质性分析——基于四川秦巴山区与藏区调研数据[J]. 数量经济技术经济研究，2020，37(7)：155-174.

置就业困难人员。以现阶段的收入为衡量标准，就业扶贫对于贫困地区的贫困脆弱性减缓具有显著成效。① 因此，要保证脱贫成效的可持续性，培育劳动力的市场能力是关键。

W 县的土地较为分散，耕种条件差，以传统种养业和分散经营为主，特色产业不足，难以形成组织化和集约化生产。产业基础建设薄弱，以工哺农以城带乡能力弱。面对土地资源分散、产业发展滞后所带来的农业人口闲置的现状，广元市利用毗邻陕西、甘肃两省的地理区位优势，抓住东西部扶贫协作对口帮扶的发展契机，积极引导劳动力向成都等临近城市转移就业，同东西部扶贫协作对口帮扶的省市开展劳务协作，通过就业帮扶、创业帮扶等取得了良好的脱贫成效。欠发达地区的劳动力资源与其他地区的劳动力市场形成了一种优势互补的市场供需关系，这种供需关系要想促进劳动力稳定脱贫，其关键是提升劳动力自身的素质和市场竞争力。

传统的就业帮扶在提高劳动力自身的素质和市场竞争能力方面还存在一定的局限性。

第一，培训资源整合力度不够，各个相关部门联动的作用并没有充分发挥，难以将产业发展需要、岗位需求和劳动者的意愿统一起来，技能培训工种与劳动者就业岗位的匹配度存在一定差距。政府组织的培训一般以初级技能为主，对新经济要求的新技能培训不足，难以适应产业快速发展对技能人才的需要。此外，就业帮扶培训方面缺乏系统长期规划，未能充分调动民营企业等市场培训主体的积极性，民营企业等市场主体的参与度不足，培训资源相对有限，并且与实际市场需求存在不同程度的脱节，难以有效满足市场需要。培训后劳动力的就业状况不理想，反过来容易影响劳动者参与培训的积极性，从而降低培训的参与率和劳动者的就业率。

第二，宣传力度不够，宣传方式单一，对宣传效果的重视程度不足，群众的知晓率较低，因此很难达到宣传的目的。部分劳动者更多只看到挣现钱的眼前利益，不具备长远眼光，没有认识到提高技能水平对提高自身的市场竞争能力、实现高质量就业、持续增收的重要作用。部分劳动者思想保守、市场观念不强，还

---

① 谢玉梅，丁凤霞. 基于贫困脆弱性视角下的就业扶贫影响效应研究[J]. 上海财经大学学报(哲学社会科学版)，2019，21(3)：18-32.

存在着等、靠、要的思想，对于政府和民营企业组织的技能培训、创造的就业机会意愿不强，脱贫效果不理想。

第三，就业帮扶服务与劳动者需求之间存在一定的差距。培训组织者与服务提供者对市场发展的前瞻性和市场岗位需求变化的预判不够，在与劳动者对接时，指导不够精细，跟踪服务、提供帮助的针对性不强。同时，在资金方面，目前国家对欠发达地区劳动者创业的资金支持量小，资金支持力度不够，创业担保贷款担保基金中用于脱贫户创业担保贷款的保险基金较少，难以满足脱贫劳动者的需求。劳动者的需要存在多样化的特征，并且随着社会的不断进步，有些技能的市场需求量急剧萎缩，继续开展相关培训的意义不大，不仅会浪费宝贵的技能培训资源，也难以实现通过培训就业增加收入的目标。

第四，政策支持落实力度不够。乡镇政府在落实就业帮扶相关政策时，没有把劳动者组织化转移就业工作纳入议事日程和年度目标考核加以推进，未能建立"政府主导、市场运作、精准组织"的精准对接机制，劳动者组织化转移就业政策支持力度明显不足。

第二节　民营企业参与的市场动因

一、讲政治：政府引导与企业选择

1978 年启动的改革开放推动了中国的经济体制改革，中国开始从计划经济向市场经济转型，这一转型的重要成果之一就是出现了民营企业。在经济转型的社会背景下，政府放松了对物资、信息、渠道等资源的控制，转而通过制定政策、出台法规等对企业的行为进行引导和规范，政府以一种"干预者"的身份出现在中国的市场化进程中。地方政府对民营企业的干预越大，民营企业越会积极地选择政治参与，与地方政府形成一定的政治关联，以期降低政府干预的不利影响，获得发展所需要的资源。① 在 W 县，现任 MCS 茶叶集团的 H 总，就是本地

---

① 罗党论，唐清泉. 中国民营上市公司制度环境与绩效问题研究[J]. 经济研究，2009，44(2)：106-118.

民营企业家代表。H 总是 W 县本地人，在本地经营企业近 30 年，经营的企业涉及煤矿、自来水、砖厂等，用 H 总自己的话说，"就是企业比较多"。2006 年，W 县实施了村改居工程，H 总被不记名投票选举为 S 镇 S 社区第一届党支部书记，这一消息也很快被本地的县级官员知晓。W 县煤炭资源丰富，县域内 60% 以上的企业跟煤炭产业相关，第二、第三产业低度发展。2005 年，中国共产党十六届五中全会提出了要加快建设资源节约型和环境友好型社会，为了保护生态环境，响应国家战略需求，W 县调整了产业发展结构，有序关停了本地污染重、能耗高的煤炭企业，立足于本地的特色资源发展绿色产业。2006 年，W 县的领导干部重新进行了调整，新上任的领导干部多次到 S 镇调研视察，建议 H 总把企业做大做强，发展绿色产业来带动本地百姓致富，并承诺会给予企业大力支持。H 总在上级主管部门和镇党委、政府的支持下，在 S 镇辖区内的大耳山新建了 400 亩茶园。2010 年，W 县的茶叶龙头企业 MCS 茶叶集团由于集团内部原因濒临破产，为了保住全县为数不多的龙头企业，保护茶农的利益，W 县相关领导多次找到 H 总，希望他能够收购 MCS 茶叶集团，并承诺愿意将 S 镇汽车客运站交给 H 总来运营。最终，H 总收购了 MCS 茶叶集团 50% 的股份，出任了 MCS 茶叶集团总经理。

> MCS 茶叶集团总经理 H 某："其实收购 MCS 茶叶集团，主要是在政府的引导下完成的，一开始是没有这个想法的，建茶园也只是想解决本地年轻人务工的问题。当时分管的 C 县长一直来找我，找我大概有十几次吧，让我保住县里的龙头企业。"（QY200925M4）

2013 年精准扶贫精准脱贫工作开展以来，W 县实施了"1+3"的产业扶贫发展政策，通过不同产业实现贫困农户的短期有效增收和长期稳定增收，短期产业是特色养殖、特色干果、特色药材，周期短、见效快。其中，茶叶产业作为县里的主导产业，是实现农户长期稳定增收的途径。在县里产业政策的引导下，W 县的很多茶叶企业发展壮大起来。

> MCS 茶叶集团高管 W 某："民营企业参与扶贫，这是国家政策要求，还

有就是"万企帮万村"的帮扶，这是国家的政治要求，也就是讲政治。此外，脱贫攻坚也是国家的政治任务，对企业家来说也是政治任务，政策要求就是万企帮万村，企业也要对口帮扶。"（QY200923M1）

上述 W 县茶叶集团收购案例充分说明，政府和民营企业存在密切的利益关联，而关联的基础就是政治因素的考量。作为地方政府，为了保护当地的税收和政绩，要千方百计保住当地的茶叶龙头企业，因此通过政府干预的手段促成茶叶集团的收购。作为民营企业，通过收购茶叶集团可以有效获得当地政府特许的其他经济利益，获得当地政府在政策方面的有力支持，减少政策方面的障碍性因素，保证获得持续的经济利益，同时通过与当地政府合作，民营企业在一定程度上获得了重要的政治资源。

二、抓契机：政策红利与企业发展

2014 年，农村集体资产产权试点工作全面展开，W 县积极响应党中央的号召，加快推进以放活土地经营权为重点的农村产权制度改革，积极引导农村承包土地向新型农业经营主体集中，并确定要做优茶叶产业，推进茶叶产业基地建设，制定了茶叶产业发展工作进度及绩效规划，如表 3-4 所示。2015 年，W 县政府又下发了《关于加快构建新型农业经营体系的意见》，进一步明确了从土地承包经营权确权登记颁证、推进农村集体资产股份改革、引导农村承包土地向新型农业经营主体流转、完善土地流转服务体系这四个方面积极创新农村土地经营制度，放活农村土地经营权。

表 3-4　　　　　　　　**W 县政府制定的茶叶产业发展工作进度及绩效规划**

产业	2016 年	2017 年	2018 年	2019 年	2020 年
茶叶	新建茶园 0.08 万亩、管护 1.18 万亩，实现产值 0.44 亿元，带动贫困人口人均增收 2250 元	新建茶园 0.13 万亩、管护 1.3 万亩，实现产值 0.55 亿元，带动贫困人口人均增收 2560 元	新建茶园 0.075 万亩、管护 1.09 万亩，实现产值 0.6 亿元，带动贫困人口人均增收 2950 元	新建茶园 0.028 万亩、管护 1.04 万亩	新建茶园 0.015 万亩、管护 1.09 万亩

在企业主看来，县里对茶叶产业的发展是有计划有步骤的，政府鼓励农民通过多种方式将自己的土地经营权流转给农业企业，引导村、社采用经济手段集中连片流转土地，发展农业适度规模经营，因此，政府希望农民的增收是一种稳定性、长期性的，是希望增加农民的财产性收入。

> W 县茶叶发展服务中心主任 X 某："我们其实对茶叶产业的发展是做了预期规划的，县里主要是发展黄茶和有机茶。2015 年我们的茶叶规模达到 20.2 万亩，到 2017 年茶叶规模要达到 21 万亩，产值突破 10 亿元；到 2020 年全县的茶叶种植面积要达到 22 万亩，全县茶叶产值突破 15 亿元。"（ZF200924M2）
>
> W 县扶贫移民开发局副局长 T 某："MCS 茶叶集团几万亩的土地全部都是靠流转的，都是靠政府协作，政府是桥梁纽带。"（ZF200922M1）
>
> BF 茶叶有限公司总经理 Y 某："现在农业发展要实现现代化，要提高科技含量，需要达到一定规模才行。我们自己去流转租用土地，太过零星的土地，我们肯定不划算，土地流转是政府花费人力、物力、财力来解决这个事情，就容易解决问题。"（QY200924M3）

在政府大力发展茶叶产业基地和大规模土地流转的政策引导下，W 县的茶叶企业抓住了这次契机，如 MCS 茶叶集团在全县的茶叶种植面积就达 22.6 万亩，其中黄茶种植面积超过 1 万亩，先后在 W 县的 MM 镇、WQ 镇、GY 镇、ZL 镇建成了 4 个万亩生态茶叶集中产业带和 10 个千亩以上茶叶标准化种植区。

W 县的民营企业抓住了农村产权制度改革的契机，充分利用当地政府的优惠政策实现了自身的快速发展，这一案例充分说明民营企业参与贫困治理需要紧密结合当地的扶贫政策和扶贫产业，顺势而为，充分利用当地扶贫资源，一方面实现自身的跨越式发展，为未来承担更多更大的社会责任提供经济支撑，另一方面通过实施产业项目可以有效带动当地困难群众实现就业，增加家庭收入，改善当地的贫困状况，同时拉动当地的经济发展。

三、争项目：项目补贴和金融激励

党的十八大以来，党中央鲜明提出农村地区的贫困问题，是我们迫切需要解决的重大问题，并把脱贫攻坚摆在治国理政的突出位置，国家在扶贫方面的资源投入也越来越多。国家对贫困地区的支持力度让许多企业看到了企业转型发展壮大的机会，MCS 茶叶集团的总经理 H 某、公司高管 W 某、MM 茶叶公司的高管 J 某，都曾经在政府部门工作过，对国家的方针政策有很强的敏感性，并认为参加政府主导下的扶贫开发工作，能够为企业争取更多的政府扶贫项目、补贴和税收优惠。

企业是吸纳就业的主要阵地，对于吸纳贫困劳动力务工的民营企业，W 县落实了一系列的就业奖补政策。比如，在吸纳就业方面，对签订 1 年以上劳动合同并参加社会保险的，给予企业 1000 元/人的奖补，按规定落实社保补贴、岗位补贴；吸纳 10 人以上且被认定为就业扶贫基地的，一次性给予 5 万元的奖补。在技能培训方面，对企业吸纳贫困劳动力就业并开展以工代训，根据吸纳人数，按照每人每月 200 元给予生产经营主体 3 个月的职业培训补贴。[1] 此外，对于认定为就业扶贫基地的企业，符合创业担保贷款贴息政策规定的可以提供不超过 300 万元的创业担保贷款。[2]

> TY 茶叶有限公司总经理 L 某："现在农村青壮年都出去打工了，在大城市发展，劳动力方面我们其实是比较缺乏的，目前在中国农村是一个普遍现象。五六十岁城里工厂是不用了，但是在农村正好是我们最需要的人，我们的茶叶相对劳动强度要低一些，比建筑、煤矿企业低得多，对身体影响小。平时茶园主要是管护工作，旺季采茶的话，也有很多人回来，用贫困户也跟我们的茶叶种植是相适应的。"（QY200924M2）

---

① W 县《关于进一步加大就业扶贫政策支持力度助力脱贫攻坚的通知》.
② W 县对于就业扶贫基地的认定标准为：依法注册登记，吸纳建档立卡贫困劳动力 10 人（含 10 人）以上，签订 1 年以上劳动合同并缴纳城镇职工社会保险费。

2017 年，为了解决农业融资问题，引导金融资本投入农村地区发展农业，W 县探索了"政担银企户"金融帮扶模式。政担银企户帮扶模式是指政府统筹专项资金，农业信贷担保机构为企业融资贷款担保，银行为企业发放贷款，企业的担保贷款利率和融资担保费率均由财政全额补助。这就大大降低了民营企业的融资成本，也解决了民营企业融资难的问题，为民营企业发展产业、带动农户脱贫致富提供了资金支持。

> 人行 W 县支行副行长 Z 某："我们对于那些产业化水平高、带动能力强的企业，采用扶贫再贷款的方式降低利率，对他们进行支持，2017 年我们就新增了扶贫再贷款 1.4 亿元。"（QY200930M1）
>
> MM 茶叶公司总经理 T 某："2017 年 11 月，我们获得了邮储银行发放的'政担银企户'贷款，有 150 万元左右，到现在的话，整个企业从银行获得的各类贷款有 769 万元左右。"（QY200922M1）
>
> MCS 茶叶集团总经理 H 某："我们前期投了 3000 万元左右，在 S 镇大耳山、黑山垭、化龙乡亭子村，再就是 G 镇虎垭、崔河等地发展有机茶园，其他主要靠贷款，包括从邮储银行、农行、信用联社都申请了贷款。"（QY200925M4）

从以上材料可以看出，民营企业参与帮扶工作，一方面是在当地县域经济转型发展的背景下所做出的一次被动选择，另一方面也是民营企业抓住机遇，寻求自身转型发展的一次主动选择。在政府行政权力的干预下，企业家顺势而为，投"政府"所好，收购茶叶产业集团迎合了县域绿色经济转型发展需要。在新时期，政府对民营企业参与扶贫开发起了重要的推动作用，政府通过下发政策文件和组织领导的方式，引导鼓励民营企业通过带动农户发展产业，参与到扶贫开发的工作中来。政府下发的扶贫项目补贴和金融政策，缓解了民营企业融资难的困境，减轻了民营企业的资金压力，当大量专项资金和资源被企业使用时，对于民营企业的监管问题要引起我们的关注与警惕。从民营企业自身而言，企业毕竟是市场主体，实现企业利润的最大化是企业发展的目标。在加快推进以放活土地经营权为重点的农村产权制度改革中，企业看到了通过土地流转，扩大企业经营规模的发展契机，能够获得大量的财富。这也是民营企业愿意大规模流转土地、兴建茶叶产业基地、大搞茶叶产业的经济逻辑。W 县的产业项目补贴政策和金融创新政策有力推动了当地贫困治理的新发展，对于解决群众的就业问题起到了积极的示范作用，带动了更多民营企业参与产业帮扶行动。随着政策环境的改善，当地政府需要加强对民营企业参与扶贫产业的监督管理，防止出现钻政策空子的现象，切实发挥扶贫产业政策补贴资金的使用效益。

第三节　民营企业参与的市场策略

一、土地流转：布局发展现代农业

W 县位于四川盆地北部边缘，地形地貌复杂，属中、低山地带，全县地貌为平坝、阶地、低丘、高丘、低山、中山、山源七个类型。W 县北部属高寒山区，喀斯特地貌特征明显，经济发展相对滞后；南部属中山区，为深丘地貌，农业基础较好；中部属河谷走廊，山、丘、坝兼有，工业相对发达。W 县介于北纬 31°58′至北纬 32°42′之间，属于亚热带湿润季风气候，四季分明，雨量充沛，光热资源丰富，无霜期较长，山地气候明显，年均气温 16.5℃，年降水量 920.9 毫米。W 县北部为高寒山区，米仓山、光头山、云雾山、汉王山、老君山、欧家坪等群峰构成米仓山西段主体，平均海拔在 600 米～1500 米，四周山高林密、云雾缭绕、空气清新、气候温和、雨量充沛、土壤肥沃，具有"高山云雾出名茶"的独特地形和"雨洗青山四季春"的宜茶环境。

W 县种茶的历史悠久，是四川省 33 个"南茶"基地县之一。W 县的茶叶种植主要集中在北部山区，米仓山地区自古以来就有种茶、制茶、品茶的习俗。《W 县县志》中记载了有关米仓山茶叶的诗句："灵芽出米仓，片片驻春光。雾养甘霖润，云滋玉露香。"当地更是一直强调 W 县产出的茶叶为"女皇供茗"。武则天是利州人（今四川广元地区），唐代名画《唐后行从图》中武则天背后出现了手捧茶托的侍女表明其离不开茶，相传武则天喜欢用家乡的高阳茶来赐予有功之臣。

W 县一直都有种茶、制茶的习俗，茶叶种植面积总体来看不小，如北部山区的 S 镇，在 2012 年时全镇的茶园面积就达 25000 亩，种植的茶叶有黄茶、绿茶等品种。茶叶种植生产之后，茶农一般以湿茶和干茶两种方式取得收入。湿茶主要是采摘茶树上的鲜叶，将鲜叶卖给茶叶加工企业或收购商；干茶主要是经过鲜叶摊晾、杀青(脱水)、揉捻、烘干等一道道工序，手工制茶。S镇的茶叶种植比较分散，集中度不高，在鲜叶采摘的阶段，由于全镇只有县道公路1条，有些村仍然不通公路，且距离县城有68公里的距离，空间距离与物流成本使得茶农只能等收购商上门收购鲜叶，茶农的鲜叶收入完全取决于当年的自然收成以及收购商的收购范围与价格。此外，农户生产的茶叶没有遵循规范的标准化流程，生产出的茶叶质量参差不齐，手工包装较为简陋，茶叶的品种并没有注册商标或申请专利，茶叶的销售范围仅局限在本地和周边县市。

茶叶的种植收益低，且本地农户以种植绿茶为主，虽然黄茶的经济效益更高，但黄茶对种植技术的要求也高，本地农户还是以粗放型的方式种植技术要求不高的绿茶。农户从土地上获得的生产经营收益少，S镇的年轻劳动力不愿意守着家里的茶园过日子，几乎都去外地城市或者本地县城务工，中老年劳动力在家打理茶园，很多土地就那样荒废闲置下来。

根据理性行动理论，行动者的行动目的是希望获得利益，土地对于农户来说，是一种重要的资源，但在茶叶种植生产中，通过经营土地所获得的利润不高。基于此，出于理性选择下利益最大化的考量，农户希望将土地作为一种资源，通过资源交换来实现自身利益的满足。

厚坝村位于S镇以北，属于丘陵地带，厚坝村幅员4.6平方公里，辖10个村民小组，932户2732人，现有党员81名，其中女党员5名。全村有耕地面积1950亩，林地面积4313亩，森林覆盖率43%。2014年全村建档立卡贫困户有145户506人，贫困发生率高达18.5%。农户的农业收入以种养殖业为主，以家庭为单位养鸡、养猪、养牛、养羊，但都不成规模。为了助推村集体经济发展和农户产业发展，村集体组织在当地政府和定点帮扶单位的支持帮助下成立了黄茶园专业合作社，将发展黄茶产业项目作为帮助农户脱贫致富的主要途径之一。

黄茶园专业合作社的成立，也是顺应政府的发展号召。W县产业发展规划中明确提出"以项目为抓手，大力推进现代特色农业园区建设"，主要就是将农村土地整治项目与现代农业园区建设有机结合起来，打破乡镇、村组地域界线，来发展标准化、规模化的特色优势产业。黄茶园专业合作社成立之后，做的主要工作就是与企业签订土地租赁协议，将土地流转出去，并协调解决土地流转过程中的具体问题，以及组织劳动力到黄茶园务工。

土地租赁协议

甲方：S镇厚坝村民委员会

乙方：四川MCS茶业集团有限公司

为了发展茶叶产业，更好地带动农民脱贫致富。甲乙双方在平等互利的基础上，按国家有关政策规定，经当地政府及村委会同意，甲乙双方友好协商，甲方自愿将我社的承包地125亩，租赁给乙方新建黄茶园，黄茶鲜叶按市场价格交售给乙方，具体协议如下：

一、双方现场确认《土地租赁协议》界畔，农户签字的《厚坝村土地租赁花名册》附后。

二、租用期限：3年，2017年12月起至2020年11月底止。到期后，乙方不再支付甲方土地租赁费，黄茶园交给甲方管理，甲方确保黄茶鲜叶按市场价格交售给乙方。

三、租金及付款方式：2018年11月起，已改土和未改土面积以《厚坝村土地租赁花名册》农户签字、乙方认可的实际面积为最终确定面积。乙方付给甲方租金每亩每年260元，从2018年起，土地租金在每年12月底前付清。

四、其他事宜：

1. 租赁期限内租赁界畔内所有土地及附属物的经营、管理、使用、开发利用权归乙方，限用于经政府、相关部门许可的农业产业化开发及相关配套和附属生产，甲方不得随意进入园区进行种植、割草、放牧等活动。租赁区内现有的所有树木由甲方在2018年春节前自行处理，逾期未处理的由乙方全权处理。

2. 租赁区内的路、渠、堰、塘、池、提灌等现有配套和附属设施均由乙方无偿经营使用，均不再给甲方任何补偿。

3. 乙方因经营所需投入的资产，产权归乙方所有，土地租赁期满后，如甲方需要乙方可作价协商处理给甲方。

4. 乙方开发过程中，同等条件下优先使用甲方民工。

5. 租赁期满后，同等条件下乙方具有优先续租权。

6. 乙方不得转租，也不得改变土地使用用途。

7. 乙方自承租之日起必须积极投入发展产业，否则，视乙方违约（客观因素除外）。

五、其他未尽事宜，由甲乙双方共同协商解决。

六、违约责任：违约方向守约方支付违约金，违约金按违约当年租赁金额的 2 倍计算，并赔偿守约方的损失。

七、争议解决：协议履行过程中发生争议，双方应友好协商解决；协商不成时，可向当地人民法院提起诉讼。

八、本协议一式四份，经甲乙双方签字生效，甲乙双方各执一份。监证方备案。

甲方：（单位盖章）　　　　　　　　　　　　　　乙方：（单位盖章）

甲方代表：　　　　　　　　　　　　　　　　　　乙方代表：

监证方：S 镇人民政府

签约时间：2017 年×月×日

从以上材料可以看到，民营企业采取土地流转方式，与村委会签订协议，将分散的零星土地集中起来，进行集约化大规模的生产，通过建设标准化茶叶示范基地，连片改造低产低效茶园，发展经济效益高且具竞争优势的黄茶产业，民营企业的目的也是扩大生产、获取利润。土地租赁协议中有这样的两条规定，"租赁期限内租赁界畔内所有土地及附属物的经营、管理、使用、开发利用权归乙方"，"租赁区内的路、渠、堰、塘、池、提灌等现有配套和附属设施均由乙方无偿经营使用，均不再给甲方任何补偿"。农户将土地流转给企业，只能获得按 260 元/亩的价格计算的收益，对于土地上的附属物协议并未作出明确的补偿说明，比如已经栽种的经济林或茶树，企业并不单独做出补偿。此外，厚坝村的土地经过改土平整之后，实际的种植面积远远大于协议书上的 125 亩。所以，仅从土地使用面积和流转费用来看，企业获得了一定的收益。

MCS 茶叶集团总经理 H 某："按照市场经济来说，就是谁投资谁受益，政府利用项目资金，和企业一起，形成产业化，把扶贫资金投入项目，用项目启动来产生效益，这个模式是可行的。但是如果让企业去投资，给贫困户建基地分红这很难，务工是可能的，不管哪个企业投资，这个工作总要人去干，农户挣的是他的劳动所得，这是没问题的。"（QY200925M4）

在土地流转的过程中，企业可以通过集中流转土地来获取政府配套的扶贫项目，利用扶贫政策来争取并获得惠农资金。[①] 土地资源是农业发展的重要资源，农业企业在发展的过程中，与农民建立信任、互相合作对企业的发展具有重要的作用。在土地流转的过程中，农民希望将闲置的土地资源与企业交换，通过流转土地实现土地资源的效益最大化，而这是通过土地租赁协议实现的。村民委员会和村民对于土地流转抱有很高的积极性，主要有以下几个方面的原因：一是通过打造产业项目，可以增加村集体经济收入，同时也配合了上级政府安排的"政治任务"；二是流转土地之后，农户可以到茶园务工来增加收入；三是签订协议对农户来说就是有了保障，"有政府做后盾"，是没有风险的。

厚坝村支书 HXY："对于村集体组织来流转土地，大家的积极性是很高的，很欢迎的，为啥子呢？因为有的农户只是种植小麦、红薯和绿茶，虽然有一定的收益，但是整体收益不高，土地整合流转能够形成规模性种植，村里的路、水都通了，还可以推动其他产业的发展，这个是好事。"（NH200926M2）

厚坝村脱贫户 HBK："我们是一无技术，二无资金，没有办法来进行规模化经营。MCS 茶业集团是大企业，有技术，交给他们我们放心，平时还能去茶园打点工，也能赚点钱。"（NH200926M1）

---

① 焦长权，周飞舟."资本下乡"与村庄的再造[J]. 中国社会科学，2016(1)：100-116，205-206.

在土地流转的过程中，对于整理难度较大、投入成本较高的土地，出于成本考虑，民营企业其实是不愿意流转的。G 镇虎垭村有一片 600 亩左右的土地，这一片土地属于半林地半荒地，如果要兴建茶园，土地整改的难度较大且成本会很高。而虎垭村的这一片土地正好在政府规划的万亩黄茶园之中，承接这个黄茶园基地建设的企业就是 BF 茶叶有限公司。对于这一片质量不佳的土地，BF 茶叶有限公司希望农户能够先进行整改，再进行流转。而农户则希望将这一部分成本转嫁给企业或者政府。企业和农户始终未达成一致。为解决这一难题，在政府的协调下，政府配套了产业帮扶项目资金，并将帮扶资金注入村集体资产管理公司。村集体资产管理公司与农户签订流转合同并进行开挖整理，再由村集体资产管理公司与 BF 茶叶有限公司签订流转合同，集体经济形成差额利润。

笔者问："为什么要通过这样的方式来流转土地？"

虎垭村干部 Z 某："政府的配套资金很严格，直接打给企业了，他们最后不给我们整土咋搞？这种方式也能够增加我们的村集体收入。"（NH200927M1）

在整个土地流转的过程中，虎垭村和 BF 茶叶有限公司达成的协议如下：

第一年至第三年，企业按照每亩每年 200 元标准支付给村集体资产管理公司，第四年按每亩 300 元标准进行支付，第一年至第四年村集体资产管理公司按照每亩每年 100 元标准支付给农户，村集体经济实现每亩每年 100 元至 200 元纯利。第五年企业按照每亩 400 元标准支付给村集体资产管理公司，村集体资产管理公司按照每亩 150 元标准支付给农户，村集体经济实现每亩 250 元纯利。第六年及以后，企业按照每亩每年 500 元标准支付给集体资产管理公司，村集体资产管理公司按照每亩每年 200 元标准支付给农户，村集体经济实现每亩每年 300 元纯利。

这种方式其实是企业、农户和政府三方协同治理的结果。企业在建设虎垭村黄茶园基地的过程中，不用额外增加成本来整理改造土地；基地建设完成之后，农户能够获得就业机会，同时也增加了村集体经济收入；政府在保证帮扶专项资金安全的情况下，也完成了脱贫致富任务。

二、技术投入：推动乡村产业升级

党的十八大以来，为促进欠发达地区的经济和社会发展，国家投入了大量的资源。农业生产技术是农业农村发展的关键因素，在农村的反贫困实践中具有决定性作用。① 得益于得天独厚的自然条件，W 县非常适合茶树生长，《W 县县志》曾记载 W 县的茶叶种植历史可以追溯到汉唐时期，那时 W 县就以产出贡茶闻名。

从生计理论视角来看，农户要稳定脱贫、持续增收，农户的生计资源是最基础的资源，要充分挖掘、开发、利用这些资源，激发农户的主动性和积极性，帮助农户建立可持续的生计收入方式。② 在 W 县的调研中我们发现，W 县的茶叶种植带有中国小农经济的显著特征，全县的茶园总面积有 21.5 万亩，其中对技术要求颇高的黄茶园的面积有 2.1 万亩。种植茶叶的农户在全县占 65%，茶叶企业和专业合作社占 35%，茶叶经营面积相对比较分散，农户个体还是采用传统的种植方式，茶叶品种主要是以技术水平要求不高的绿茶为主，绿茶园在全县的总面积有 20 万亩左右。③

> MM 茶叶公司高管 J 某："我们这里的老百姓都是种绿茶，以绿茶种植为主，但是绿茶卖不出来价。清明前的绿茶一般可以卖 300~400 元每斤，谷雨后的绿茶就只能卖几十块钱一斤。黄茶的种植要求比较高，全国目前能够种黄茶的地方少，我们 W 县因为这个土壤和位于北纬 23°，还是很适合种黄茶的。黄茶的话，也分高端、中端、低端，我们有个品种是'雀舌'，就得了 2012 年中国(四川)国际茶业博览会金奖，'雀舌'我们卖 18800 元/斤，这个就是高端黄茶。黄茶一般的价格可以卖 5000~6000 元每斤。"(QY200924M1)

---

① 万兰芳，向德平.反贫困中的技术治理机制及效果研究——以华中农业大学定点扶贫为例[J].中南民族大学学报(人文社会科学版)，2016，36(6)：145-148.

② 叶敬忠，贺聪志.基于小农户生产的扶贫实践与理论探索——以"巢状市场小农扶贫试验"为例[J].中国社会科学，2019(2)：137-158，207.

③ W 县茶叶产业发展情况.政府内部资料.

　　W 县茶叶产业发展服务中心主任 X 某："我们县现在茶叶主推的品种比较少，整个茶叶的加工工艺还是流水化操作，产品趋于同质化。我们想走差异化发展的道路，所以现在主推的是黄茶品种。我们跟中茶所达成战略合作，有最新研究成果'中黄一号'，从去年开始，我们就要每年发展一万亩以上。"（ZF200924M2）

　　当地一直是以种植绿茶为主，但是绿茶的市场价格明显低于黄茶，本地适宜种茶，同时也适合种植对气候、土壤、技术要求较高的黄茶。在科层制体系中，面对自上而下的行政考核压力，政府一般倾向于依据本地的特色资源优势和产业基础来选择产业帮扶项目，希望通过产业的长期可持续性发展，一方面完成上级派发的行政考核任务，另一方面促进本县的经济发展。① W 县政府和企业都敏锐地看到了黄茶的经济效益。2014 年，W 县确定了建成全国最大的现代黄茶种业基地和中国最大黄茶生产基地的目标，按照"突破性发展黄茶，优先发展有机茶，巩固提升绿茶，全面开发利用夏秋茶"的工作思路，将黄茶种业发展作为"突破性发展黄茶"的关键抓手，重点建设"一库三园六中心"②，通过以黄茶这个名优品种为突破口，带动传统茶叶产业的转型发展。

　　MCS 茶叶集团总经理 H 某："其实我们企业做扶贫，根据投入的产出比，我们肯定是要根据企业的发展来确定项目，不会是根据政府指令性的一些务虚的项目来做，那就把企业拉垮了，必须根据企业的需求。根据企业的发展，我们必须把这个基地（黄茶园）建起来，但是现在没钱，只有一小部分钱，我们就要去贷款。贷款肯定要付银行利息，虽然现在银行利息也是低的，但是要去搞抵押等一系列的东西，会增加企业成本。如果政府投入项目资金，企业发展了，那么企业就可以把本来要发展基地的这一部分钱拿出来

---

　　① 许汉泽. 行政主导型扶贫治理研究——以武陵山区茶乡精准扶贫实践为例[D]. 北京：中国农业大学博士学位论文，2018：86.

　　② 一库三园六中心是指种子资源库；品比园、母本园、展示园；新品种选育繁育中心、良种示范推广中心、技术研发和成果转化中心、物联网指挥中心、种业信息交易中心和黄茶种苗价格控制中心。

分给农户。如果企业没有政府投入资金，完全根据政府的意图来做，那企业就很难了。"（QY200925M4）

W县政府选择发展黄茶项目与本地民营企业想要扩大黄茶的产业规模是不谋而合的，政府希望发展黄茶产业来促进经济发展、帮助农户脱贫增收；对于企业来说，"黄茶是一个新品种，受众面窄，在市场上人为操作的空间比较大"，企业需要扩充黄茶的种植来抢占市场，增加企业的经济效益。在此背景下，W县的茶叶民营企业在政府的推动下，开始了浩浩荡荡的黄茶种植工程。

第一，在农资采购方面，企业统一在外采购种苗、肥料、农具等农资，再通过专业合作社或者村集体，集中统一销售给专业合作社或者农户个体，减少了农户在农资方面的成本支出，同时也能够保护农户使用质量有保障的农资产品。

第二，在栽种生产方面，企业制定了"有机茶生产技术规程""有机肥使用管理办法""茶树采收和修剪管理计划表"等，企业通过制定生产技术流程来规范茶农的种植生产行为，采用现代农业技术手段给茶农提供科学的建议与指导，在源头上保证茶叶的质量与产量。

> 崔河村黄茶园基地负责人W某："2015年的时候，我们就种植了黄茶，但是过了1年，黄茶苗子就面黄肌瘦，枯死了。我们以为是老百姓不浇水造成的。后来我们又种了一批，结果还是没栽活。后来MCS茶叶集团把这个土送到省农科院去检测，才发现土壤的pH值有6.3，这个土不能种黄茶。黄茶与传统的绿茶不一样，绿茶在pH值5.5~6.5的范围内适宜种植，黄茶只能在pH值5.5以下种植。后来企业就帮我们克土①嘛，用农家肥来调整土壤的酸碱度，差不多要克土60厘米，这个费用的话，是用的帮扶资金。"（QY200926M1）

> TY茶叶有限公司总经理L某："种子的培育、产品的标准、病虫害防治，包括对茶叶生长有益的信息，我们都是要推送的，比如病虫害，老百姓不知道有哪些危害。专业知识培训、田间地头培训等，这些我们都是要做的。"（QY200924M2）

---

① 克土是本地的一种土语，指的是换填土壤。

第三，在技术培训方面，W 县茶叶民营企业自发组织起来，每年免费为农户提供茶叶种植、管护、茶鲜叶采摘等技术培训和现场技术指导，建立专业服务队伍，按农事季节免费为农户提供植保统防统治，帮助茶农提高茶叶种植技术。

> MM 茶叶有限公司高管 J 某："种茶的话，政府可以来发种苗，但是防病治病，这个技术层面的问题只能是企业来解决。为啥子呢？因为鲜叶收购要按照我们的质量等级来，我们得进行技术指导，种出来的鲜叶才能符合我们的要求。"（QY200924M1）

目前农民最缺的是先进的生产技术和科学理念。民营企业利用自身的信息、技术优势，通过对农户进行培训，帮助农户掌握先进的农业产业技术，引导农民适应市场化要求，实现自身理念的更新和综合能力的提升。

三、市场融入：提高农户市场收入

（一）就近务工：实现劳动力价值最大化

W 县是秦巴山区典型的山区县，而且是全市唯一没有通高铁的区县，同时也不具备空运和水运等运输条件，北部山区山高坡陡，交通非常不便。W 县的农业经营结构一直比较稳定且单一，以种植玉米、小麦、红薯、茶叶为主，养殖业以家庭为单位，以肉牛、土鸡、生猪等为主，规模很小。传统的种养殖业给农户带来的收益很少，对于本地很多家庭来说，也只是一种维持基本生活的"家计策略"，考虑到物流运输成本和县城内市场需求有限，W 县的农副产品几乎很少进入市场，市场的发育水平很低。但是，W 县得天独厚的土壤资源和气候条件，使得 W 县适宜种植茶叶，特别是稀有的黄茶品种。目前全县种植茶叶的个体户主要是需要照顾家庭的村民和没有技术的老年人，年轻人和不需要照顾家庭的青壮年基本都到市里或者外省务工，在某些村镇，甚至出现了茶园荒废、弃采的情况。究其原因，农户作为理性的行动主体，行动的基本原则和目的就是获取个人最大的利益。鲜叶产量的不稳定和市场价格的波动性导致茶农的收入变数很大，如果没有收购商，茶叶只能烂在地里，卖不出去。茶叶所带来的收入远远低于外出务工的收入，在比较效益之后，茶叶种植并不是 W 县农户做出的最优选择。

因此，低风险且低成本的就近务工、以劳动力换取报酬是农户实现收入增长的最佳途径。实现劳动力价值的最大化，就是要通过多种方式实现充分就业。茶园多半建设在农户村庄附近，这种地缘上的便利性，使得农户在就业信息的获取和就业机会的获得上，并不需要借助其他劳务中介的参与，可以抢占市场先机。同时，农户在"家门口"就近就地就业，能在工作之余照顾家庭生活，参与社区公共活动，增进社区联结。

在"万企帮万村"精准扶贫行动和"万企兴万村"行动的号召下，W 县的茶叶民营企业纷纷在脱贫村和资源丰富、基础较好的村庄投资兴建黄茶园，扩大黄茶的种植规模。农户可以就近将自己种植的鲜叶交售给本地的茶叶企业加工，同时也能在空闲的时候在茶园务工，这就提高了农户参与市场的程度。茶叶企业立足于本地的资源优势和企业技术优势，吸引带领本地的农户发展茶叶产业，实现产业增收和劳务增收。

　　W 县虎垭村脱贫户 S 某："我家里有 2 个儿子，现在都在外面务工，我前年在成都打工，去年主要是要照顾家里的老妈，就回家了。现在在我们这个园区打工(茶叶)，一天可以赚 120 块钱，一个月来个十来天，主要是不忙的时候来。我家里也有 3 亩茶园，才种上的，家里还种了麦子、玉米，养了 2 头猪，30 多只鸡，现在有茶园，我们就能赚钱，跟去成都打工比的话，还是家里好一些，现在也能打工赚钱。"(NH200927F1)

　　TY 茶叶有限公司总经理 L 某："我们在村里搞企业，老百姓看我们修这么大的厂房，整了这么多机器，又找了这么多人(务工)，这么大的投入，他们就不害怕这个茶叶今天卖不卖得出去，明天卖不卖得出去，老百姓种茶的积极性就有了。另外，我们每年收购鲜叶的价格是公布了的，老百姓自己会算账，看看自己花了好多时间，能得到多少收入。现在很多老百姓看别人种黄茶赚钱，也要种黄茶，主动找我们要苗子呢！"(QY200924M2)

（二）纳入市场：订单收购+价格保护+"二次返利"

由于交通区位优势明显不足，目前 W 县仅有一条高速公路过境，全县的农副产品只能依靠公路来运输，运输的物流成本非常高。特别是北部的山区，虽然在部分乡镇设置了物流配送点，但是基本上不能满足农副产品的运输要求，综合性的农副产品加工企业、仓储物流中心等项目引不进、留不住，尚未形成较为全面的农副产品加工销售链条。交通区位的劣势限制了 W 县的社会经济活动范围，县域内的茶农更是处于相对边缘的市场结构中。对于 W 县的茶农来说，鲜叶只有被收购加工，进入市场，才能够获得收益。

> MCS 茶叶集团总经理 H 某："我们企业的原则就是，老百姓的鲜叶我们应采尽采，应采尽收。就是说只要老百姓采摘，我们就必须收下来，因为茶叶制造有特殊性，当天采下来的鲜叶不制作，第二天就没用了，鲜叶就一分钱不值了，第二天必须加工，如果在加工环节有什么问题，鲜叶就一分钱不值，就倒掉了。"（QY200925M4）

从市场的角度来看，在农产品资源向城市转移的过程中，由市场主体和转移资源的物理空间构成了一个"中间地带"，"中间地带"会因信息资源的优势和保障自身的利益，压缩农户的收入空间。[1] 受限于交通劣势、物流成本以及鲜叶本身的产品特殊性，W 县的鲜叶一般交售给本地的茶叶加工企业或者是县域外的茶叶收购商。对于茶农来说，本地的茶叶企业是"自己人"，外地的茶叶收购商就是"外人"。很明显，W 县的茶农只能通过鲜叶收购商收购的鲜叶量和价格来获取茶叶的市场信息。由于没有获取消费市场的需求信息，茶农更不会有意识去调整茶叶品种，也没有足够的能力去适应市场变化。

比如，茶农对于茶叶种植的品种和规模，往往根据上一年鲜叶收购的价格来决定，但是茶叶同其他的农作物一样，受自然因素的影响较大。一旦遇到自然灾

---

① 张兆曙. 中国城乡关系的"中间地带"及其"双重扩差机制"——一种"空间—过程"的分析策略[J]. 兰州大学学报（社会科学版），2016.

害或病虫灾害，鲜叶的产量就会减少，茶农可能会颗粒无收或者面临收入难以抵消生产初期的成本投入。当风调雨顺鲜叶丰收时，市场内产品增多，茶农可能会面临恶意压价的情况，多重风险进一步加剧了茶农的脆弱性。

W 县的茶叶企业与种植茶叶的个体农户签订鲜叶收购协议，与茶叶专业合作社、种植大户等签订茶叶订购合作协议，制定保护价收购脱贫茶农的鲜叶，提高了茶农抵御自然风险和市场风险的能力。

鲜叶收购协议①

甲方：四川 MCS 茶叶集团有限公司

乙方：CXM(身份证号：＿＿＿，＿＿镇＿＿村＿＿组)

为了贯彻落实 W 县委政府大力开发夏秋茶指导意见，提高茶农种茶积极性，让茶农增收致富，确保公司生产出更多放心、安全的合格产品，经甲乙双方协商，达成如下协议：

……

二、鲜叶收购

总体原则：乙方在甲方指导下生产的春、夏、秋茶鲜叶，由甲方按当年市场价格应收尽收。

1. 拒收乙方在茶园管护期间喷施人工合成的有毒农药、除草剂的茶园鲜叶。

2. 为了互惠互利，乙方所采鲜叶，只能提供给甲方，如发现乙方的鲜叶外销，甲方有权即时终止此协议，并向乙方收取甲方无偿提供的药物及技术服务费。

3. 乙方所售鲜叶，必须按甲方技术要求进行采摘，甲方按当年市场价格按质定价予以收购。甲方不得压级压价。若出现压级压价，乙方有权提出申请终止此协议。

三、违约责任

1. 甲方无正当理由，拒收乙方鲜叶，乙方有权要求甲方赔偿当批次鲜

---

① MCS 茶叶集团内部资料.

叶市场价格 1 倍的经济损失。

2. 乙方提供给甲方的鲜叶，若经检测机构检测出农药残留、重金属等不符合质量安全的元素，给公司造成严重影响甚至滞销，甲方视其损失程度，找第三评估，要求乙方赔偿相应损失。

未尽事宜，在实际工作中，甲乙双方本着互惠互利的原则，协商解决。

从以上材料可以看出，这一份鲜叶收购协议不仅保障了茶农的鲜叶能被收购，而且也对茶农的农事行为进行了约束，同时保障了茶叶企业的利益。企业作为理性的市场活动主体，获得利益的最大化是其行动的根本目的。对于茶叶企业来说，鲜叶质量的好坏、产量的多寡影响企业发展，同茶叶个体农户、茶叶专业合作社、种植大户签订鲜叶收购协议和茶叶订购协议，保障了茶叶企业生产发展所需要的原材料。对于交付鲜叶量大的茶农和专合社，企业从茶叶的营销利润中拿出一部分作为奖励，"甲方在鲜叶同等质量，随行就市的条件下，根据鲜叶质量和茶园管护情况实施'二次返利'，价格每斤可高出（未签合同的农户）3.00～5.00 元，返利部分在次年春茶采摘结束后，乙方引导农户正确履行该合同第四、五条规定且按甲方技术要求管护茶园后，甲方给乙方一次性兑现，再由乙方返给成员"。这其实是对农民生产积极性的一种保护和激励，也是为了鲜叶原料的稳定性和持续性。

对于鲜叶收购价格的保护，企业在遵循市场规律的前提下，为保护茶农的基本收入和茶叶种植的积极性，还制定了鲜叶收购的保护价，这个保护价就是指当年的鲜叶收购价格不能低于前一年的市场鲜叶收购价格，最后还是得按照市场的定价来确定当年的鲜叶收购价。比如，去年的鲜叶收购价是 40 元/斤，那么今年第一批采摘鲜叶的价格就不能低于 40 元/斤，市场保护价就是不能低于 42 元/斤，如果今年鲜叶供大于求，企业的鲜叶收购价格就不低于 42 元/斤；如果市场紧张，鲜叶量少，鲜叶的市场价格是 50 元/斤，那么企业的鲜叶收购价格就按照市场来，即 50 元/斤。对于企业来说，茶叶产品的定价主要是根据品牌价值和市场情况确定，企业制定的市场保护价对于企业的成本影响并不大。农业企业的发展实际是要依靠农民，茶叶的原材料就是茶叶鲜叶，要保障茶叶原料的稳定性，就一定要确保茶农生产的稳定性和积极性，从而农户有种植发展茶叶产业的意愿和积极性，企业也能够获得收益。

四、品牌建设：拓宽产品营销渠道

农业品牌是农业竞争力的核心标志，是现代农业的重要引擎，更是乡村振兴的关键支撑。2023年9月，习近平总书记在山东枣庄考察时指出，人们生活水平在提高，优质特产市场需求在增长，石榴产业有发展潜力。要做好品牌、提升品质，延长产业链，增强产业市场竞争力和综合效益，带动更多乡亲共同致富。① 同年12月，习近平总书记在广西考察时指出，发挥广西林果蔬畜糖等特色资源丰富的优势，大力发展现代特色农业产业，让更多"桂字号"农业品牌叫响大江南北。乡村全面振兴必须振兴乡村产业，做好"土特产"这篇文章，大力培育现代特色农业品牌，是实现乡村产业振兴的重要路径。② 在市场经济的推动下，品牌建设已成为提升产品附加值、扩大市场影响力的重要手段。尤其对于农产品销售而言，品牌建设不仅能提高产品的市场竞争力，还能有效拓宽营销渠道，为农业生产者带来更大的经济效益。

不同地区有不同的资源禀赋，立足当地独特的自然资源优势、生态优势和文化优势，打造特色产业，特色产业这张名片就会亮起来。特色产业强，就能提高农产品的附加价值，让农业成为有奔头的产业。通过做优产品销售与服务、创新农业发展新业态等，延长农业产业链，提升价值链，打造利益链，使特色产业实现高质高效。

（一）打造区域公共品牌

品牌建设可以有效提升农产品的附加值。通过品牌的塑造，农产品不再只是简单的商品，而是代表了某种文化、地域特色或特定的价值观，品牌化的农产品往往具有更高的品质保障和更强的市场竞争力，能够获得更高的价格和销售量。在调研中发现，为了寻求企业发展，解决 W 县茶叶品牌混乱、市场竞争无序、

① 李中文，江南，顾春，等. 构建新发展格局，推动高质量发展［N］. 人民日报，2023-09-27（1）.

② 本报记者. 解放思想创新求变向海图强开放发展，奋力谱写中国式现代化广西篇章［N］. 光明日报，2023-12-16（1）.

加工标准不一、产品良莠不齐的现状，M 县的茶叶企业自发组织起来，作为成员单位加入了全县最大的茶叶企业——MCS 茶叶集团，通过统一技术标准、产品加工工艺、产品质量检测、包装文化风格、销售价格，来打造做强 W 县的茶叶品牌——"MCS"。此外，W 县将茶叶作为县域主导产业，并提出了要将 W 县打造成全国最大的黄茶生产基地，将 MSC 茶叶作为 W 县的标志性产品品牌和区域性公共品牌。因此，政府加大了对 MCS 茶的宣传推介力度，搭建农业品牌宣传、展示、交流、交易平台，通过带领民营企业参加茶博会、农博会等，提升 MCS 茶的影响力和美誉度。

W 县坚持以产业育品牌、以质量铸品牌、以市场强品牌、以文化塑品牌，不断加大农产品品牌培育力度，积极构建政府推动、部门联动、企业主动、社会促动的农业品牌建设长效机制，壮大农业新型经营主体队伍，积极培育"地标商标"，推动农业全产业链发展，加大"MCS 茶"区域公用品牌整合力度，加快发展以"MCS""MM"等为代表的企业品牌，形成以产业育品牌、以品牌提效益的良好发展格局。米仓山茶的区域公共品牌建设通过统一质量、工艺、品牌、包装、价格和宣传，形成了"区域公共品牌+核心企业品牌+标志性产品"的品牌体系。该品牌不仅是中国农产品百强标志性品牌、四川"十大"名茶之一，还成功创建为中国驰名商标，是国家地理标志保护产品、全国首批质量安全可追溯产品，与峨眉山茶、蒙顶山茶和宜宾早茶并称为"三山一早"。

（二）推动农文旅品牌融合发展

品牌文化是品牌建设的重要组成部分。通过挖掘农产品的文化内涵，如地域特色、传统工艺和环保理念等，企业可以为农产品注入更多的情感价值和文化认同。近年来，W 县联合县域内的民营企业，通过深化以茶促旅、深挖文化内核、深耕业态融合等方式，坚持走好"以茶为本、文化为魂、茶旅融合、全域旅游"的发展路子，着力打造农文旅融合发展。一是深化以茶促旅。W 县重点发展 MCS 茶叶集团等企业的黄茶种苗繁育，打造黄茶千亩茶园，加快高阳汉代贡茶小镇、木门黄茶小镇等融合项目建设，带动牛碾坪、大茅乡、中国红军城等重点景观景点共同发力，形成多点突破、全面开花的全域旅游态势。二是深挖文化内核。坚持做好米仓山茶文化这篇"大文章"，聚焦文化保护和传承这条主线，通过精心举办"米仓山茶文化旅游节"系列大型活动、研发系列主题文创产品、实施系列保护利用项目等诸多方式,加强文化内涵发掘和文旅品牌推广。三是深耕业态融合。W县委县政府为加快推进茶文旅高质量发展,科学布局有机黄茶产业生产示范基地,在MCS茶叶集团的组织引导下,W县的茶叶民营企业融入县域茶旅发展规划,通过开发"茶旅+民宿""茶旅+研学""茶旅+康养"等茶文旅融合新业态,大力开展农文旅品牌创建,打造一批茶文旅景区、茶文旅示范镇和茶庄,培育有机茶饮料、有机茶糕点等特色品牌,着力促进茶文化、茶旅、茶艺、茶体验、茶康养、茶营销等深度融合发展。

品牌建设对农产品销售和农村经济发展具有重要的战略意义。通过品牌化,农产品不仅能够提升附加值、增强市场竞争力,还能有效拓宽营销渠道,促进农村经济的可持续发展。然而,品牌建设是一个长期的过程,需要民营企业持续的投入和精心的经营。未来,随着市场经济的不断发展和消费者品牌意识的增强,品牌建设将成为农产品销售和农村经济发展的重要推动力。

第四章　民营企业参与贫困治理和
乡村振兴的社会机制

在推进中国扶贫开发工作的过程中，民营企业通过发挥市场主体的优势，利用市场机制来促进农村地区发展，带动农户脱贫增收。此外，民营企业也积极参加农村地区的社会事业建设，通过修建基础设施、捐赠物资、提供公共服务等方式来推动农村地区的社会进步。这是民营企业积极承担企业社会责任的体现，也是民营企业社会价值的体现。

第一节　社会机制的内容与特点

阿齐·B. 卡罗尔构建了"企业社会责任金字塔"，经济责任处于最底层，其上依次为法律责任、伦理责任、慈善责任。[①] 作为市场主体，民营企业的主要责任是经济责任，需要持续提供市场所需要的产品或服务，实现企业利润的最大化，保证企业的生存并不断寻求更广阔的市场发展空间。在此基础上，民营企业出于自身长远发展利益的考虑，在自身整体实力允许的条件下，通常会考虑通过承担社会责任、提升社会信誉、扩大社会影响等方式追求社会利益的最大化。民营企业除了利用市场机制，在农村地区实施提高农户收入的帮扶项目，积极承担社会责任，利用企业帮扶的社会机制，推动欠发达地区的社会进步。随着社会整体文明程度的进步以及帮扶理念的革新，社会机制在民营企业参与贫困治理和乡村振兴的社会实践中所发挥的作用越来越明显和重要。

---

① 龚天平．企业伦理学：国外的历史发展与主要问题[J]．国外社会科学，2006（1）：15-21.

一、社会机制的内容

民营企业参与贫困治理和乡村振兴的社会机制是指在政府主导的贫困治理和乡村振兴社会实践活动中，民营企业在自身综合实力允许的条件下，积极履行企业社会责任，通过捐款捐物、助学、助老、助残、助医等形式直接帮助农村地区和困难群众，改善农村地区的生产生活条件，促进农村地区的发展。本研究从帮扶主体、帮扶内容、帮扶宗旨三个方面来进一步理解民营企业参与贫困治理和乡村振兴的社会机制的内容。

第一，帮扶主体。民营企业是参与脱贫攻坚和乡村振兴社会力量的重要组成部分，也是形成多元帮扶主体的关键要素。民营企业通过加强与政府、社会组织，以及其他企业主体的合作，共同参与欠发达地区的帮扶工作。民营企业作为重要的社会力量，在贫困治理和乡村振兴的过程中，可以整合企业内部资源并吸纳更多的社会资源，作为政府帮扶力量和资源的有益补充，这对于提升乡村治理效能有重要意义。

第二，帮扶内容。民营企业作为重要的市场经济主体，企业资本雄厚，能够提供资金、设备、农资等物质支持。民营企业通过直接捐赠的方式，能够迅速解决困难群众因物质缺乏而产生的返贫问题。此外，民营企业通过捐资助学、修桥修路、建设人畜饮水工程等，推动农村地区教育发展、改善农村地区基础条件，发展农村地区公共事业。

第三，帮扶宗旨。民营企业作为我国重要的经济力量以及推动社会发展和进步的重要主体，参与贫困治理和乡村振兴既是积极响应国家号召、践行先富带动后富理念、体现爱国情怀的重要实践，也是民营企业勇于承担社会责任、主动对社会进行反哺、积极回馈社会的关键举措，民营企业参与贫困治理和乡村振兴是企业社会价值回归的重要体现。因此，民营企业要认真贯彻和践行推动帮扶对象发展与促进企业主动承担社会责任的帮扶宗旨，积极参与到乡村振兴各项行动当中，带动帮扶对象走到共同富裕的道路上来。

二、社会机制的特点

作为社会帮扶的重要力量，民营企业在贫困治理和乡村振兴当中充分利用自身优势，积极参与到脱贫攻坚和乡村振兴的各项行动当中，民营企业参与贫困治理和乡村振兴的社会机制的特点主要包括以下几个方面。

（一）帮扶理念的精准性

随着我国帮扶理念的不断革新，尤其是"精准扶贫"理念提出以后，扶贫开发工作更要关注帮扶对象、帮扶措施、脱贫退出的精准问题。民营企业帮扶的社会机制体现了因地制宜、精准施策的帮扶理念。在以县乡镇为帮扶对象的活动中，民营企业针对农村地区的实际情况，挖掘本地的特色优势资源，结合本县的发展规划与振兴战略开展帮扶工作。在以农户个体为对象的帮扶活动中，民营企业具体分析困难群众的致贫返贫原因，针对困难群众多元化、差异化的发展需求，在充分尊重困难群众主体地位和主体意识的基础之上，结合企业自身实际，通过提供公益性岗位、捐赠物资、进行危房改造等手段开展帮扶活动。此外，民营企业在开展帮扶活动的过程中，发扬民营企业家艰苦奋斗、锲而不舍的奋斗精神，带给困难群众积极向上的思想观念，激发困难群众的内生动力。民营企业社会化帮扶精准性的特点，是基于民营企业作为市场主体讲求效率和效益的天然属性，即关注成本控制、利益回报、资本周转率等。民营企业帮扶理念的精准性集中体现在帮扶行动直接与帮扶需求相对接，提高帮扶行动的针对性，将相对有限的帮扶资源投入最急需的帮扶对象，争取在尽量短的运转周期内实现最大效益。

（二）帮扶方式的灵活性

在农村地区，有些家庭由于突发事件或偶尔新增的家庭需求，暂时陷入生活困境，倘若能够采取及时的、有针对性的救助措施，比如生活、医疗、教育等救助手段，会帮助困难家庭增加克服困难的机会，避免因一时困境未解决而陷入长期贫困。[①] 民营企业通过捐资助学、捐款捐物、修桥铺路等方式，对农村地区和困难群众进行物质和资金帮扶，通过这种直接性的帮扶措施，帮助困难群众解决暂时性的困难，保障生计能力较弱的群众的基本生活。

---

① 徐月宾，刘凤芹，张秀兰．中国农村反贫困政策的反思——从社会救助向社会保护转变[J]．中国社会科学，2007（3）：40-53，203-204．

(三)帮扶活动的组织性

民营企业作为一支重要的社会力量,主要是在政府的引导和支持下开展帮扶活动,其帮扶行为具有组织性的特点。2015 年,中央政府提出要打造大扶贫格局。政府在贫困治理中居于主导地位,政府主要是通过以下两个方面来发挥自身的主导地位作用,一是制定政策并通过政策引导社会力量共同参与贫困治理,二是强化国家能力建设来助推脱贫事业的发展。2017 年 6 月,习近平总书记在山西主持召开深度贫困地区脱贫攻坚座谈会,进一步强调东部经济发达县结对帮扶西部贫困县"携手奔小康行动"和民营企业"万企帮万村行动",都要向深度贫困地区倾斜。[①] 2019 年 12 月,中共中央、国务院印发了《关于营造更好发展环境支持民营企业改革发展的意见》,明确指出民营企业应积极履行社会责任,鼓励支持民营企业积极参与社会公益慈善事业,[②] 进一步表明政府积极引导民营企业主动承担社会责任,自觉参与贫困治理的社会实践。2021 年 8 月,中华全国工商业联合会、农业农村部、国家乡村振兴局、中国光彩事业促进会等六部门联合印发了《关于开展"万企帮万村"行动的实施意见》,组织民营企业大力开展"万企兴万村"行动,以产业振兴为重要基础,促进农业高质高效、乡村宜居宜业、农民富裕富足。民营企业在党和政府的引导下,在当地政府和群众的支持、配合下,深入农村地区,积极开展帮扶活动。此外,民营企业也积极利用、挖掘自身的社会资源,通过与商会、企业联盟、行业协会等社会组织交流帮扶经验、开展项目合作,提升帮扶的成效。民营企业参与贫困治理和乡村振兴始终在国家政策的大背景下进行,这就说明民营企业的帮扶行动不是孤立存在的,而是一直处于政府主导的帮扶系统范围内,需要接受政策的指导,并且在很多情况下需要配合国家大政方针,具体实施政策规定范围内的帮扶活动。民营企业作为市场主体在参与贫困治理和乡村振兴的过程中离不开当地政府的监督管理,一切帮扶活动需要遵守当地的帮扶政策和相关法律法规,不能脱离政府的指导而自行其是,更不能脱离

---

① 　https://www.xinhuanet.com/politics/2017-08/31/c_1121580205.htm.

② 　中共中央 国务院关于营造更好发展环境支持民营企业改革发展的意见[EB/OL].
http：//www.gov.cn/zhengce/2019-12/22/content_5463137.htm.

法律法规，打着帮扶的旗号从事违法犯罪活动。因此，从帮扶活动的规范性角度来说，民营企业的一切帮扶活动均具有也必须具有组织性的特点。离开组织性特点，民营企业的帮扶活动将难以持续开展，更无法获得当地政府和群众的认可，其合理性和合法性将会受到很大程度的影响。

第二节　民营企业参与贫困治理和乡村振兴的
社会机制的动因

2018 年 12 月，全国工商联首次发布《中国民营企业社会责任报告(2018)》和《中国民营企业社会责任优秀案例(2018)》，受到广大民营企业家的积极响应和好评①。这说明民营企业家对于履行社会责任的高度认可，同时从侧面反映出民营企业对于承担社会责任具有强烈的内驱动力。

美国学者施瓦茨和卡罗尔在研究企业社会责任的动力机理的过程中，提出了"三动力模型"，即经济、制度、道德是企业履行社会责任的主要动力源。② 按照施瓦茨和卡罗尔关于社会责任动力的划分标准，根据民营企业参与贫困治理和乡村振兴的社会实践，本研究将民营企业参与贫困治理和乡村振兴的社会机制的动因归纳为内生乡土情结、政治参与意识、企业道德伦理等三个方面。民营企业参与贫困治理和乡村振兴的社会机制的形成和发展的根源更偏向内在动力，即便存在如制度影响等外在动力，也已经在民营企业具体参与贫困治理和乡村振兴的过程中内化为企业的一种道德意识。因此在分析民营企业参与贫困治理和乡村振兴的社会机制的动因时，本研究主要从民营企业的内部角度进行阐述。

一、内生乡土情结

民营企业在自身发展过程中，必须首先考虑企业自身利益的实现，只有在此基础上才具备承担社会责任的条件。民营企业在积极承担社会责任的过程中必然

---

① 高云龙，徐乐江，谢经荣. 中国民营企业社会责任报告(2019)[M]. 北京：社会科学文献出版社，2020：35.

② Schwartz M S, Carroll A B. Corporate social responsibility：a three-domain approach[J]. Business Ethics Quarterly，2003，13(4)：503-530.

会考虑企业自身的承受能力，同时会不同程度地掺杂经济利益的动机，这并不违背社会道德和法律法规，相反这是民营企业能够持续参与贫困治理和乡村振兴的必要条件。在经济利益驱动之外，民营企业参与贫困治理和乡村振兴的一个重要内在动因是民营企业家浓厚的内生乡土情结，这种乡土情结作为一种强大的情感动力，对于推动民营企业家参与家乡帮扶具有难以替代的重要作用。周大鸣认为，民营企业在本地投资，能够与当地政府构建合作关系，并从政府那里获取一系列企业发展所需要的优惠资源，但同时也蕴藏着民营企业家对故土的眷念。[①]民营企业家参与家乡帮扶是否具有利益驱动的因素，在客观上并不影响民营企业家在帮助家乡改善贫困状况以及最终实现脱贫致富过程中所发挥的积极作用，因此在讨论民营企业参与贫困治理和乡村振兴的乡土情结时，我们主要考察其情感动力因素而忽略经济动力因素在其中所发挥的作用，但是我们不否认民营企业家帮助家乡脱贫致富在客观上能够为民营企业带来积极的社会影响以及基于这种积极的社会影响极有可能带来的经济利益和某种政治资源。即便如此，对民营企业参与家乡帮扶起主导作用的仍然是内生的乡土情结。对于在利益驱动下主动参与贫困治理和乡村振兴的民营企业来说，选择家乡开展帮扶显然不是最优选择。当企业成长发展起来之后，企业家在满足了基本的经济需求之后，"光宗耀祖""乐善好施"是民营企业履行企业社会责任的内在动力。[②] 帮助家乡群众脱贫致富不能帮助民营企业实现企业利润的大幅增长，与民营企业投入的帮扶资源相比，当地政府所给予的税收优惠相对有限，对于具备帮扶实力的民营企业而言吸引力并不强，因此民营企业参与贫困治理和乡村振兴的主要动因是内生的乡土情结，正是这种内生的乡土情结最终促使民营企业家超越经济利益的考量，基于强烈的社会责任感自觉参与帮扶实践活动并在其中发挥积极作用。

材料 4-1

　　TY 茶叶有限公司秉持"发展不忘根本，致富不忘农民，崛起不忘社会"

　　① 周大鸣. 农民企业家的文化社会学分析[J]. 中南民族学院学报（人文社会科学版），2002（2）：32-37.

　　② 朱斌. 自私的慈善家——家族涉入与企业社会责任行为[J]. 社会学研究，2015，30（2）：74-97.

的企业理念，积极主动参与"百企帮百村"精准扶贫行动，先后吸纳了近10名留守妇女在公司直营店上班，其中5名建档立卡贫困户人员，人均年收入在1.8万元以上。连续5年出资近6万元资助建档立卡贫困户大学生LKP，帮助其顺利完成学业，在得知其家庭享受易地搬迁政策即将装修新房时，再次筹集资金5万元帮其解决装修费用问题。①

民营企业作为经济主体或市场主体，本身并不具备人格化的特征，但经营民营企业的企业家具备鲜明的乡土情感或乡土情结。这种乡土情结一方面来源于中国的传统文化观念，如光宗耀祖、衣锦还乡的传统文化观念。在企业发展到一定规模并赚取了财富之后，企业家尤其是本土的民营企业家，期待通过回馈家乡人民来树立自己的形象和提高自己的社会地位。② 民营企业家通过建设家乡，在一定程度上拉近了企业与当地民众的情感距离，满足了民营企业家光宗耀祖、衣锦还乡的朴素心理需求。

> MCS茶叶集团总经理H某："我做企业快30年了，企业很多，在阿拉善有金矿，家里也有煤矿、自来水厂。2006年的时候，当地的一些老百姓找到我，希望我能够回来带动家乡的发展，我同意了。既然同意了，就得按照自己的承诺来做。"（QY200925M4）
>
> TY茶叶有限公司总经理L某："自己富了不算富，只有带动自己家乡不断发展，才能体现自身的价值。"（QY200924M2）
>
> MCS茶叶集团高管W某："我们这里有一句话，叫'赚的钱用掉了，才是自己的钱'。我用钱帮助了贫困的家庭，都是乡里乡亲的，他（贫困户）会一直跟你说多好多好，对你很感激。我觉得非常有成就感，这个企业的社会价值就马上体现出来了。"（QY200923M1）

---

① W县移民开发扶贫局内部资料.

② 万良杰，薛艳坤."精准脱贫"导向下企业参与民族贫困地区扶贫工作机制创新研究[J]. 贵州民族研究，2018，39（11）：38-44.

另一方面出于民营企业家回馈家乡的炽热情感。政策要求和市场属性并不是民营企业承担社会责任的全部动力，有一部分是企业家精神，民营企业家的个人情感会直接关系到企业文化与企业行动。① 在中国的农村和西部地区，民营企业家在经济体制改革背景下抓住了市场机会，并与亲属、朋友等构建了良好"关系"是企业成功的重要因素。② 地区民营企业在企业发展初期，在企业所在地获得了大量的资金、人员、技术等支持与帮助，民营企业家自身具有很强的乡土情结。民营企业家在企业发展壮大、具备一定的经济实力后，出于知恩图报、回馈家乡的炽热情感，往往愿意主动参与家乡的贫困治理，这种出于内心真情实感从而转化为具体帮扶行动的做法值得在全社会推广，这种做法对于推动帮扶事业深入发展具有积极的示范效应，同时民营企业家提出切合家乡实际情况的帮扶方案和思路具有其他帮扶主体难以替代的地缘优势。

材料 4-2

四川 MM 茶业有限公司是由 W 县木门镇黄梁村返乡农民工谭某创建的。1994 年至 2007 年谭某在北京、上海、广州、成都等多地打过工、做过生意，有了一定的资本积累。他的老家地处 W 县木门镇，是 W 县北部深度贫困地区，危旧土坯房多、老人户多、病残家庭多和基础设施差、环境卫生差、农业耕作条件差，村里的大部分农户年收入不满千元。谭某在外打拼多年，在事业上有些成就，当地的村干部和老百姓找到谭某，希望他能带着乡亲外出打工赚钱。谭某深知，外出打工不是办法，让老百姓能在本地打工赚钱才是根本的解决办法。"吃水不忘挖井人，是家乡的这片热土养育了我，现在家乡需要我，我必须贡献自己的力量。"凭借外出做生意积累的经验和资本，谭某于 2007 年 3 月成立 W 县 MM 茶业土产有限公司，通过有机茶种植、茶叶加工及销售、茶旅游和茶文化推广等带动当地经济发展、改变村民的贫困

①　黄承伟，周晶．共赢—协同发展理念下的民营企业参与贫困治理研究[J]．内蒙古社会科学(汉文版)，2015，36(2)：144-149.

②　李路路．私营企业主的个人背景与企业"成功"[J]．中国社会科学，1997(2)：133-145.

状态。①

当地政府在脱贫攻坚和乡村振兴过程中通过政策积极引导民营企业家参与当地的帮扶活动，争取与民营企业进行广泛的帮扶合作，充分发挥各自优势，共同探索形成具有地域特色的帮扶经验。民营企业家参与农村的贫困治理和乡村振兴具有明显的乡土情结色彩，但是需要根据实际情况在必要时积极整合其他民营企业资源共同参与家乡发展，避免出现超出企业实力范围的帮扶行为，否则不但无助于家乡实现脱贫致富，反而会将企业自身拖垮，因此民营企业参与乡村振兴需要量力而为。

二、政治参与意识

在中国，制度环境对民营企业的生存、发展发挥着重要作用，通过政治参与同地方政府构建良好关系是民营企业家提高企业绩效的经营策略。② 习近平总书记曾多次强调，现行标准下的农村贫困人口全部脱贫，是党中央向全国人民作出的郑重承诺，必须如期实现，没有任何退路和弹性。③ 毫无疑问，脱贫攻坚是一项政治任务，从这个角度来看，民营企业参与贫困治理的实践就是参与政治活动。随着社会整体文明程度的提高，民营企业的政治参与意识日益增强，民营企业家以政协委员、人大代表的身份参与贫困治理和乡村振兴，直接或间接地影响了当地政府制定帮扶政策的过程和结果。同时，民营企业家的政治身份对于企业履行社会责任、积极参与扶贫开发和乡村振兴工作具有显著的正效应。④ 笔者在W县调研的过程中发现，目前县里参与脱贫攻坚和乡村振兴的民营企业家几乎都或多或少有政治参与，戴上了"红色帽子"，有了一定的政治身份。比如，MCS

---

① 先富帮后富携手奔小康先进典型评选表扬推荐资料.W县政府内部资料，2020.

② 罗党论，唐清泉.中国民营上市公司制度环境与绩效问题研究[J].经济研究，2009，44(2)：106-118.

③ 在决战决胜脱贫攻坚座谈会上的讲话[EB/OL]. (2020-03-06). http：//www. xinhuanet. com/politics/leaders/2020-03/06/c_1125674682. htm.

④ 梁建，陈爽英，盖庆恩.民营企业的政治参与、治理结构与慈善捐赠[J].管理世界，2010(5).

茶叶集团总经理 H 某先后当选 W 县第十六届、第十七届人大代表，四川省第十二届、十三届人大代表，W 县工商联第十一届副主席；MM 茶叶有限公司总经理 T 某从 2006 年至今，担任了 W 县第八届、第九届、第十届政协委员，第九届、第十届政协常委，广元市第七届人大代表。当被问及"如何看待民营企业参与'万企帮万村'精准扶贫行动"时，MCS 茶叶集团总经理 H 某是这么回答的：

> "扶贫是当前的一件大事，民营企业是有义不容辞的责任的。作为一个民营企业家、人大代表、政协委员，我就是社会这个大家庭中的一员，组织需要我们，我必须义无反顾，积极参与到脱贫攻坚这个伟大事业中去，这既是新时代赋予我们的神圣使命，也是我们必须担当的社会责任。"
> （QY200925M4）

民营企业政治参与意识的增强不能完全排除经济利益驱动的因素，并且在一定程度上反映出民营企业对国家发展战略和发展方向的敏感性，有助于民营企业更加清晰地认识自身在社会发展中的定位、作用。民营企业参与脱贫攻坚和乡村振兴在很大程度上可看作民营企业自觉参与社会治理的过程，对于提升当地社会治理效能具有积极意义。

> TY 茶叶有限公司后勤部长 C 某："在某些方面，企业参与帮扶需要付出人力、物力、财力，是减少了我们的利润的。但是作为企业，眼光不能只看到当下，毕竟在中国的企业，特别是在当地的企业，要想长期营运，肯定是离不开当地各个部门的支持的。对于企业来说，参加帮扶工作可以算是我们的广告效应。我们 TY 茶叶有限公司参与了国家的扶贫工作，这就相当于明星效应，给我们打了广告，在某些方面是给我们带来了收入。"
> （QY200923M2）

从以上材料可以看出，对于民营企业来说，积极参与到帮扶行动中可以帮助企业塑造良好的社会声望，打造企业的良好形象和品牌，为企业拓展市场、扩大消费群体奠定坚实基础。企业经营活动不是孤立存在的，而是建立在一定的生态环境和政治环境基础之上，脱离对社会整体发展的关注和参与，企业就难以获得更大的发展空间，因此民营企业政治参与意识的增强代表着商业文明的一种进步，代表着民营企业发展理念的革新。目前我国有越来越多的民营企业愿意主动承担社会责任，不再将承担社会责任看作应付社会舆论或迎合地方政府号召的权宜之计，而是切实将承担社会责任看作自身发展壮大的一部分。

　　一方面，与地方政府构建良好的政治关系能够帮助民营企业获得更多的资源；另一方面，民营企业的经济实力与社会贡献是企业能够进行政治参与的重要条件。民营企业通过与政府的良性互动，能够增加自身的政治资源，进而获得相应的政策支持和税收优惠等方面的利益。政治身份或政治关系对民营企业来说，是一种非常重要的资源。① 在扶贫开发工作中，仍有极少数民营企业将参与精准扶贫行动作为换取政治资源的一种策略，这种带有投机性质的扶贫行为，偏离了民营企业扶贫的本意，一旦出现偏差，企业不仅难以获得所需的政治资源，而且还会加剧企业的经济负担。② 这种情况也在一定程度上说明了民营企业参与贫困治理的复杂性。民营企业参与贫困治理在客观上对于企业自身、困难群众、当地政府以及整个社会均具有积极的现实意义和长远意义，但是如果民营企业将参与贫困治理当作一种投机行为，并且以牺牲自身发展为代价获取某种政治资源，那么民营企业参与贫困治理的性质将会发生根本性的变化，很有可能由公益行为变为违法行为。因此，民营企业的政治参与意识必须控制在一个合理、合法的范围内，否则不但无法获得帮扶对象、当地政府以及整个社会的认可，反而会成为企业走向衰败的导火索，并对社会风气造成不良影响。就民营企业自身而言，必须清楚认识到企业在打赢脱贫攻坚战中所应扮演的角色，不能超越民营企业的社会角色获取不正当的政治资源，破坏当地政治生态环境。

三、企业道德伦理

　　亚当·斯密在《道德情操论》中对个人道德、正义与社会、经济运行的关系

---

　　① 黄承伟，周晶. 共赢—协同发展理念下的民营企业参与贫困治理研究[J]. 内蒙古社会科学(汉文版)，2015，36(2)：144-149.

　　② 胡浩志，张秀萍. 参与精准扶贫对企业绩效的影响[J]. 改革，2020(8)：117-131.

等内容进行了论述，即那些追求物质利益的人，必须接受伦理道德的管束，在发展自己的同时也应该协助其他人，在社会发展运行的过程中，正义、德行等都是非常重要的影响因素。① 企业的道德伦理对于社会和经济的运行同样至关重要。民营企业参与贫困治理和乡村振兴的社会机制的主要动因除内生乡土情结、政治参与意识外，企业道德伦理同样是一个不可忽视的因素。企业道德伦理的一个核心要义就是将企业的发展与整个社会的发展看成密不可分的一个整体，为了实现企业自身良性和可持续发展，企业必须主动承担社会道德责任。随着企业的不断发展壮大，企业的声望、形象、影响力、信誉等的重要性日益凸显，这在无形中就促使民营企业做出权衡与选择，放弃部分经济利益并承担社会责任。②

材料 4-3

G 镇鹿渡村位于 W 县北部山区，面积为 14 平方公里，距县城 14 公里，有耕地面积 1100 余亩，辖 10 个村民小组，总人口 373 户 1252 人。2014 年精准识别建档立卡贫困户 45 户 157 人，贫困发生率高达 11.34%，贫困户主要致贫原因是因病、因残、缺技术、因学、交通不便、缺劳动力。全村群众主要收入来源以外出务工、发展种养殖产业为主。

鹿渡村位于一个呈 45 度左右的陡斜坡上，比人还高的巴茅杆夹杂荆棘丛生，农民只能在石头旮角中种点玉米和杂粮，能够种的土地仅 530 多亩，亩产不过 200 公斤，自然环境非常恶劣，农民只能靠天吃饭。如果遇到旱灾、风灾、雨灾等自然灾害，粮食就要减产甚至绝收。1990 年，为了摆脱贫困，解决群众的温饱问题，当地政府提出了改土、改地增加粮食产量的初步意见。从 1990 年到 1994 年，在政府和群众的努力下，鹿渡村造了防护林地带、高标准梯地，共改造出高产稳产梯地 500 亩。经过了 20 世纪 90 年代的改土工程，鹿渡村的农业生产条件有所好转。与农业生产恶劣条件不一样，20 世纪 90 年代中期，鹿渡村内被发现有着丰富的石灰石、大理石、煤

---

① 亚当·斯密. 道德情操论[M]. 谢宗林，译. 北京：中央编译出版社，2008.

② 牛海，魏语婷. 精准扶贫中的"道德经济人"：民营企业的角色选择与实践[J]. 阅江学刊，2021，13(1)：80-91，129.

炭资源。丰富的矿产资源使得当地的群众更乐于从煤炭、砂石的采掘中获得报酬，放弃了对农业的投入，改土之后的农业耕地被荒废。①

煤炭、砂石资源的开采改善了当地一部分人的生计状况，但资源分配的不均使得更多的农民陷入了愈加贫困的状况。2012 年，四川省下发了在全省实施"生态环境工程"的通知，要求限期治理污染严重的工业企业，保护生态环境。W 县调整了产业发展结构，有序关停了本地污染重、能耗高的煤炭企业，并制定了立足本地的特色资源发展绿色产业的战略规划。但鹿渡村的农业生产条件太差，全村大约有 80% 的耕地处于荒废状况或者是坡地。煤炭、砂石的过度采掘也导致本地自然灾害严重。2013 年，W 县政府提出了"绿水青山·幸福 W"的发展理念，通过实施土地整治、天然林保护等项目保护生态环境。对于财政收入基本靠上级转移支付的 W 县来说，每一笔资金的使用都要谨慎考虑。基于此，W 县提出了要坚持政府引导、社会参与，让企业明晰自身的责任，加强部门联动，通过市场化的途径和方式来改善环境。在此过程中，W 县政府将目光投向了本地经济实力最强的农业民营企业——MCS 茶叶集团，希望 MCS 茶叶集团能够通过种植茶叶，一方面改善本地的生态环境，另一方面带动鹿渡村的发展。

> 鹿渡村茶园基地负责人 W 某："其实在这里建茶园，企业是不愿意接受的。主要是因为这边的荒地、坡地太多，种植茶叶的投入成本太高了。"（QY200926M1）
> 笔者问："企业一共流转了多少土地？整个投入资金是多少？"
> 鹿渡村茶园基地负责人 W 某："整个茶园公司一共流转了 800 亩土地，目前已经改土投产 500 亩，还有 200 亩左右的熟地没有改土整地。企业已经投入了 400 万元左右。"（QY200926M1）

通过与鹿渡村茶园基地的负责人访谈得知，茶叶是一个投入大、见效慢、周期长的产业。茶叶种植对土壤的要求很高，对于坡度 15° 以下的缓坡地要等高开

---

① W 县鹿渡村基本情况介绍 . 政府内部资料，2020.

垦；对于坡度在 15°以上的坡地，要建筑等高梯级园地；开垦深度在 60 厘米以上，要破除土壤中硬塥层、犁底层等障碍层。黄茶的土壤酸碱度 pH 值要求在 5.5 以下，绿茶的土壤酸碱度 pH 值要求在 5.5~6.5，如果土壤的酸碱度不合适，还需要对土壤进行调酸。茶树在种植了 3 年之后，才能够少量采收，在 10 年左右达到生产期。因此，对于茶叶企业来说，新建设的茶叶基地在前 3 年几乎是没有利润的。当被问及"为何要流转这样一片不太适合种植茶叶的土地"时，MCS 茶叶集团的高管 W 某给出了这样的回答：

"H 总流转这片土地，第一是讲政治；第二就是黄茶是我们公司以后的主推品种，从长期来看，还是有收益的；第三就是政府也配套了一定的资金。"（QY200923M1）

民营企业追求经济利益作为自身生存和发展的基础属于正当的市场行为，但是纯粹的市场行为无法保障民营企业获得可持续发展和社会的广泛认可，因此，民营企业在获得经济利益的同时必须主动实践企业道德伦理，通过参与国家的发展战略等构建和谐的社会环境，最终有利于保障自身的经济利益并得到稳定持续增长。

MCS 茶叶集团总经理 H 某："一个企业的存在是离不开社会的，企业的财富是社会的。说近一点儿，就是我们当地人的财富。所以（企业的财富）应该取之于民、用之于民。这是我的观点，实际上我作为企业的一个负责人，能够解决温饱就够了，其他的价值应该是回报给社会。企业存在的价值，就是对社会税收的贡献和对当地发展的贡献，这就是个人价值的体现。"（QY200925M4）

鹿渡村支书 T 某："MCS 茶叶集团过来之后，第一，我们全村目前流转土地的村集体经济有 30 万元左右。第二，全村的环境有了很大的改善，现在就是一个园区式的生活环境，这光靠老百姓肯定整不了这么好，在企业的带动下，现在村里的百姓也都自觉搞好清洁卫生。第三，根据现在的政策和这个（茶叶）基地，我们村里现在有收入了，村里 70%的娃娃上大学了。"

（NH200926M3）

从企业和社会长远发展的角度来看，民营企业主动实践应有的道德伦理，对于自身的可持续发展以及构建和谐社会有重要的意义。民营企业的道德伦理在本质上属于道德意识，本身不具备社会影响力，但是它一旦转化为具体的社会帮扶行为，进而获得社会公众的普遍认可，就变成了具有道德价值和社会意义的社会实践，产生了一定的社会价值。企业道德伦理是民营企业参与贫困治理和乡村振兴的一个重要驱动力，对于推动民营企业积极参与帮扶实践具有强大的感召力，同时在主观上保障了帮扶实践的方向与社会主流价值观保持一致。

第三节　民营企业参与的社会行动策略

一、急人所急：参与公益慈善捐赠

民营企业参与社会帮扶最直接和最常见的形式便是慈善捐赠，从某种程度上说，慈善捐赠是民营企业参与社会帮扶的初级形式。一般而言，民营企业通过物质支持、资金补助的形式直接向农村地区和困难农户提供帮助，可以迅速解决农户突发的或者暂时性的困难，缓解农村地区基础设施落后、社区发展后劲不足的问题，这种帮扶方式对于农村地区来说是基本、直接、及时和有效的。

材料 4-4

2009 年，家住茶山附近的未婚残疾人 TYB，生活非常困难，2008 年汶川地震灾后重建房屋虽有政府补助，但不论是人力还是资金仍欠缺许多，处于十分为难的境地。MM 茶叶有限公司总经理 T 某得知此事后，主动出资 8000 余元，在县城购买水泥、钢材和青砖等物资亲自送到其家中，并协助 TYB 完成房屋重建，TYB 于当年年底如期搬进了新居。①

MCS 茶叶集团总经理 H 某："我每年捐助 5 个贫困学生，学生从小学到

---

① 先富帮后富携手奔小康先进典型评选表扬推荐资料．政府内部资料，2020.

大学都有，我们每个月把生活费打到学生的饭卡上。为什么要采取这个动作？原来我们的方式是一次性给贫困学生的家长打钱，每次都是 2 万(元)、3 万(元)地打给了家长，而家长把这一部分钱就自己用了。有些(家长)是拿去喝酒了，打牌了或者走亲戚了、送礼了，孩子没享受到，在学校里还是贫困的。所以我发现这个问题之后，就不把钱给家长，而是以生活费的形式直接打到学生的饭卡上。大学生我们是每个月 1000(元)，高中生是 800(元)，初中生是 500(元)，小学生是 300(元)，反正每年都要资助 5 个孩子。"(QY200925M4)

从以上材料可以看出，由于民营企业参与慈善捐赠不直接面对帮扶对象，捐赠后资金的监督管理风险存在很大的不确定性，在一定程度上影响捐赠效果的发挥，因此慈善捐赠资金的使用监管仍然是一个问题。民营企业如果采取面对面的慈善捐赠形式，在客观上容易使得被捐赠对象产生感激心理，可能会给被捐赠者的人格尊严带来一定的负面影响，因此民营企业参与慈善捐赠面临一系列的管理困境和伦理困境，一旦处理不好很可能会给民营企业参与慈善捐赠和其他形式的帮扶行动带来负面影响。民营企业参与慈善捐赠完全属于企业的自主行为，具有一定的独立性，对于民营企业自身而言，如何最大限度地发挥慈善捐赠资金的社会效益是一个不能回避的问题。

随着我国经济社会整体发展水平的提高以及国家层面的大力推动，越来越多的民营企业加入慈善捐赠行列，为我国社会帮扶提供了重要的资金支持，推动了我国帮扶实践的广泛开展。《2018 年度中国慈善捐助报告》中的相关数据表明，我国境内接收境内外款物捐赠共计 1439.15 亿元，其中民营企业捐赠 450.32 亿元，占企业捐赠总量的 50.55%。[①] 长期以来，民营企业捐赠始终稳定在企业捐赠总额的一半以上，是我国慈善捐赠的主力。2008—2019 年我国民营企业捐赠情况如图 4-1 所示。民营企业在慈善捐赠领域的表现在很大程度上可以说明，民营企业在承担社会责任尤其是在贫困治理方面发挥着越来越重要的作用，民营企

---

① 高云龙，徐乐江，谢经荣.中国民营企业社会责任报告(2019)[M].北京：社会科学文献出版社，2020.

业的慈善参与意识越来越强，但是民营企业慈善捐赠后续的资金管理、使用的规范性仍然有待进一步探究。民营企业在慈善捐赠的基础上可以考虑创新慈善资金的管理模式，例如通过联合设立基金会的形式，委派专业机构进行基金的管理经营，实现捐赠资金使用效率的最大化。此外，慈善捐赠毫无疑问对于推动改善困难群众的生活状况具有积极的意义，但它从侧面反映出民营企业的慈善捐赠还只是一种暂时的"输血"行为，民营企业除了捐款捐物这种直接性的帮扶方式，还应该探索出更具有可持续性的帮扶措施，提高困难群众的发展能力。

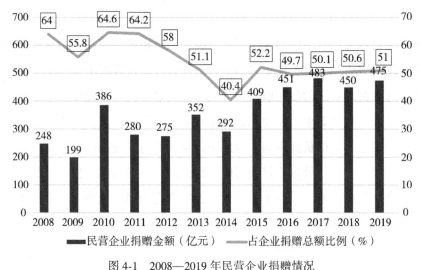

图 4-1 2008—2019 年民营企业捐赠情况

数据来源：中国慈善联合会，http://www.charityalliance.org.cn/givingchina/14900.jhtml.

二、夯基垒石：完善基础设施建设

我国多年的扶贫实践已经形成一个普遍共识，那就是基础公共设施落后是制约农村地区发展的一个瓶颈问题。偏远地区和山区受基础设施制约表现得较为明显，尤其是在通信、交通、水利等基础公共设施方面表现得更为突出。为帮助欠发达地区摆脱贫困走向富裕，民营企业在社会帮扶过程中较为普遍的一个做法是改善偏远地区的基础公共设施，提高农户的生活便利性与幸福指数，这种做法的效果较为明显，得到了广大群众的普遍认可，但是资金投入量相对较大。

茶园村脱贫户 H 某:"我们这个茶园村之前很多都是荒地,也有茶园,在 2013 年的时候,政府招商引资,引来 T 总(MM 茶叶有限公司)来我们这里搞开发。那个时候非常难,连盐巴也吃不上。我们这里之前都是泥巴路,到了下雨天车子都开不进来,村里摘了鲜叶子只能肩挑背扛,拿到镇上的加工厂。T 总来了以后,修建了从我们这个茶厂到镇上的公路,花了 40 多万元吧,解决了我们这个鲜叶子运输的问题。"(NH200925M2)

W 县地处秦巴山片区,自然条件恶劣,交通十分不便,生活条件艰苦。对当地的群众来说,最迫切需要改善的就是交通条件。由于村社之间的乡村公路没有通,农户采购基本生产生活资料以及外销家畜家禽农副产品,只能靠肩挑背扛,商品运输不仅成本高,效率也非常低。对于到偏远地区投资兴业的民营企业来说,道路、通信、水电等落后的基础设施,无形之中会增加企业的成本,甚至会影响企业的帮扶行动。

材料 4-5

2017 年,崔河村一组由于资金欠缺等多方面原因公路一直未能修通,MCS 茶叶集团在了解相关情况之后,主动与当地村委、茶业集团的数十家成员企业联系。最后 MCS 茶叶集团联合成员企业投资 450 万元,修建崔河村一组至高阳镇沥青公路 3.5 公里,解决了 100 多户农户因农业种植、灌溉、施肥产生的人力运输问题,也解决了沿途农户出行难的问题,道路的畅通更为地方乡村振兴带来了新的发展机遇。[①]

民营企业作为市场主体,在偏远地区建设基础设施更加注重资金的使用效率和实际效用,因此民营企业在基础公共设施建设方面效率更高,资金发挥的效用更大。[②] 民营企业在偏远地区进行基础公共设施建设,为当地群众实现脱贫致富

---

①　MCS 茶叶集团推荐表.W 县政府内部资料,2020.

②　共济.新阶段社会扶贫体制机制创新[M].北京:中国农业出版社:2011.

提供了较好的发展条件。部分欠发达地区的基础设施建设需求量大、建设难度大、所需资金较多，民营企业需要根据自身的经济实力参与基础设施建设，避免出现举债帮扶的现象。此外，民营企业通过与政府、社会组织、其他经营主体加强合作、协同治理，将帮扶资源尽量投放到困难群众现时最急需的地方，但是同时要注意避免出现重复建设导致资源浪费的问题。民营企业在参与偏远地区基础设施建设前，需要综合该地区的实际需求与自身的资源整合能力，两者缺一不可。如果企业具备足够的资源整合能力，但是建设的基础设施并不是该地区所急需的项目，那么极有可能会造成资源浪费；如果偏远地区存在急迫的基础设施需求，但是民营企业不具备足够的资源整合能力，仍然坚持举债建设，最终将损害民营企业自身的利益，导致后续维护措施难以为继，最终将无法实现最初基础设施建设的帮扶目标。

三、志智双扶：促进脱贫能力建设

由于部分欠发达地区和困难群众思想观念落后、文化素质较低、就业技能缺乏，对帮扶工作和帮扶政策未能形成有效认识，内生动力未得到全面有效激发，参与生产经营活动不足。且当地政府在对积极主动参与脱贫致富的宣传总结上对典型人物、特色亮点、典型案例的提炼和重视不够，帮扶工作中存在着"干部干、群众看"的无关意识和旁观现象。随着各类帮扶政策的落实和各项福利的加大，少数群众争当重点户、"等靠要"思想依然存在，且由于缺乏就业技能脱贫后返贫风险也较高。民营企业在参与农村地区的帮扶工作中，应重视脱贫群体的精神贫困问题，通过企业业主或职工的积极带动，改变脱贫群体的精神面貌，激发脱贫群体的内生动力。

> TY 茶叶有限公司后勤部长 C 某："我们企业在这儿帮扶，带给脱贫户最大的实惠和帮助，就是把我们企业这种艰苦奋斗、自力更生、积极向上的精神带给了他们。我们企业来帮扶的一个基本理念就是，扶贫先扶志，你要想解决温饱，不靠自己努力是不行的。我们会先找到农户致贫的原因，可能是子女多了，家庭教育负担过重，家里有生病老人。找到原因后，我们一边要在思想上带，一边使他们挣钱。"（QY200923M2）

W 县扶贫移民开发局副局长 T 某："我们这里还有一些'等靠要'思想比较严重的农户，企业家来做农户的思想教育工作，效果比我们干部来做好得多。企业家可以现身说法，告诉农户自己也是通过努力才过上好日子的。我们的绝大多数农户会转变观念，懂得帮扶带来的意义，会主动参与到这个工作中。光靠我们政府，农户会觉得这件事情跟自己没关，不太愿意参与进来。"（ZF200922M1）

民营企业在开展帮扶活动的过程中，发扬民营企业家艰苦奋斗、锲而不舍的奋斗精神，带给脱贫群众积极向上的思想观念，改善群众精神面貌，改变"等靠要"思想，营造脱贫群体需要靠自己的双手劳动来主动脱贫致富的社会氛围。

推进乡村全面振兴工作中，防返贫问题一直是各级政府关注的重点，通过技能技术培训的方式提升脱贫群众的技能水平，通过使脱贫群众掌握一技之长顺利实现就业，对于脱贫群众实现长效稳定脱贫和重塑自信心具有积极的现实意义。因此，民营企业针对脱贫群众开展相关技能培训是防返贫问题的一项有效措施，但是技能培训活动需要尊重脱贫群众的主观意愿，同时不能脱离脱贫群众所在地的市场需求安排相关技能培训。

MCS 茶叶集团高管 T 某："对于农民的技术培训是非常有必要的，而且我们是一定要去手把手地教，一是农民没有很多时间来学习这个技术，二是他没有文化也学不来，只能到现场去手把手地教。"（QY200928M1）

MM 茶叶有限公司高管 J 某："以前农户种茶叶，都是靠天吃饭，就是把茶苗子撒到地里就不怎么管，主要也是不知道怎么管。"（QY200922M1）

崔河村脱贫农户 T 某："我们家有 5 口人，父母有残疾；我老婆多病；儿子 16 岁，在县里读高中。5 口人只有我一个人赚钱，家里经济不太行。1995 年的时候我们自己也种茶叶，以前那时候以大众茶为主，效益不太好，价格低，10 多块钱一斤干茶。2003 年，我们村的土地就流转给 MCS 茶叶集团了，我们家就在基地附近，我在化龙乡那边 MCS 茶叶基地打工，是基地管护的工人。我之前是做基地管护的，后来公司出钱让我去外面培训，2012 年我到杭州的中茶所参加技术培训，后来拿到了二级制茶师和品茶师证书，现在在这个三江加工厂做主管，公司交完保险，每个月可以拿5000多块钱。我自己家里也种了3亩黄茶，苗子、肥料都是公司提供的，我自己有技术，每年卖鲜叶子可以赚五六千块钱。"（NH200930M2）

促进脱贫群众自身能力建设对于未来最大限度地降低返贫率具有难以替代的独特作用，民营企业带给脱贫群众自力更生、积极向上的思想观念，通过提供农资、技能技术培训，使其有一技之长，能充分适应社会日益科技化的现状，依靠技能技术提高其脱贫能力。民营企业可以考虑整合社会资源，带动更多的社会力量共同参与脱贫群众的能力建设工作。促进能力建设对于防止群众返贫和提升乡村发展水平具有根本性的作用，并将对未来的帮扶实践产生持续影响。民营企业在促进脱贫群众技能提升的过程中，需要积极联系就业岗位，提前做好相关安排，争取脱贫群众在参加完培训并考试合格后，能够获得与技能基本匹配的就业机会。一般而言，接收脱贫群众就业的多为中小型民营企业。一方面，中小型民营企业的科技化水平相对较低，对技术能力要求不高，出于成本考虑，雇员的工资处于社会平均水平，而吸纳脱贫群众就业可以解决劳动力需求的问题，同时降低生产成本；另一方面，脱贫群众在参加培训并考试合格后获得一个就业机会，无疑可以增加自身的经济收入，缓解家庭的经济压力。

四、生态扶贫：改善生态发展环境

W县位于四川省重点成矿区带上，矿产资源非常丰富，现有探明的矿产70余种，主要金属矿有铁、钒、钛、锰、金、铜、镍等，非金属矿有煤、天然气、石墨、花岗石、大理石等。其中煤炭储量4.6亿吨，花岗石10亿立方米，大理石1亿立方米，石灰石340亿吨余，铁矿上亿吨。全县矿产资源储量大，品位高，分布集中，易规模开发。对于W县来说，矿产资源是县域经济的重要组成部分。但这种以矿产资源开采为主导产业的经济结构处于一种相对畸形的经济发展状态，矿产资源有不可再生的属性，这种经济发展方式是不可持续的。2009年，W县瞄准了本县的茶叶产业，希望能够从以煤炭为主的"黑色产业"向以茶叶为主的"绿色产业"发展，实现县域经济转型发展，并提出了生态县建设发展规划，明确了发展生态经济和建设生态人居的思路。对于地方政府来说，有地方

"品牌"或者"独具特色"，有利于确立县域的发展定位和经济发展。

> W县自然资源局局长L某："一是我们是地震重灾区（"5·12"汶川特大地震），灾后重建时国家给予大量项目、资金支持，有一个政策上的大力帮扶。二是我们这里的水土农林资源很丰富，我们想通过推动农业园建设来恢复农村的生产生活环境，这个其实也跟中央现在建设新农村的要求是一致的。"（ZF200922F2）

由于受多重因素的影响，W县发展不足、贫困落后。1986年到2012年，在不同时期、不同阶段开展了扶贫开发工作，但是即使有国家政策、资金的大力支持，W县也一直未能摆脱贫困状态，摘掉贫困县的帽子。为了破解县域经济的发展困境，"招商引资"一直是W县领导干部的工作重心。在W县农业生态园区建设项目方案中，W县明确提出了"积极引进企业投资，统筹解决好园区内的农户和企业拆迁、补偿安置、基础设施建设、村庄整治、环境改造等事宜"。W县希望通过引入企业来缓解财政资金不足的困境，同时获得公共利益与政府利益的双赢。

木门镇位于W县的东南边缘，处于三县交界地带。木门镇种茶历史悠久，20世纪70年代本地农户就开始种植茶树。2008年汶川大地震给W县木门镇造成了惨重的损失，光化龙乡就有1487户农户房屋受到不同程度的损害，700户群众的房子在地震中垮塌，需要重建。木门镇茶园村、黄粱村的交通、电力、通信等基础设施损失严重，近千亩茶园被毁。W县的首要试点工程选择以木门镇为试点，一方面是为了开展灾后重建工作，另一方面是因为木门镇有发展茶叶产业的基础，有条件打造万亩茶园基地。

> 黄粱村农户T某："企业来了之后，我们门口的路都修好了，之前都是泥巴路。"（NH200925F1）

> 黄粱村支书T某："1993年FC企业在我们这里办了一个大理石厂，主要是开采大理石，因为影响生态，后来被关停了。然后MM茶叶（有限公司）就过来建基地了，在环保上给我们起了很大的作用，不然光靠我们老百

姓，哪能整得这么好看、这么清洁？同时，也带动了我们老百姓养成清洁卫生习惯，修房子搞卫生。"（NH200926M3）

茶园村脱贫户 H 某："我们家房子在地震中受灾了，政府拨给我们 2 万元钱修建房子，公司的 T 总又给我们修了猪圈和院坝，房子外面的墙和瓦也是 T 总找人来修理的。我现在在 T 总的基地里做管护员，土地一年有 2000 块钱的租金，我自己打工工资有 3500 块钱。"（NH200925M2）

茶园村文书 Y 某："MM 茶叶（有限公司）流转我们的土地给我们带来了实惠。已经改好了的地是 320 元/亩，熟地是 200 元/亩，企业就全部一起流转走了，没有挑挑拣拣。到时候不流转了，我们自己也可以种茶树。"（NH200925M3）

生态宜居是推动农村人居环境改善、提升农村居民精气神的重要旨向。长期以来，广大农村尤其是偏远山村，基础设施落后，道路建设落后，卫生环境问题突出，严重制约了村庄发展。W 县按照"既要绿水青山，也要金山银山"的理念，坚持把发展绿色产业作为改善地区生态环境的重要举措，通过引进 MM 茶叶有限公司，有效改善了乡村的生态环境。

民营企业在农村地区实施帮扶项目的过程中，对本地的生态环境进行修复与保护，为乡村的可持续发展以及企业的长久发展奠定了基础。民营企业积极承担自身在经营过程中环境保护的社会责任，避免因自身的生产行为对周边地区的环境造成不良影响，有利于保护周边群众的身体健康权益，客观上确实可以在一定范围内避免出现因环境污染诱发或导致疾病，进而因病致贫返贫的现象。民营企业通过在农村地区发展绿色产业，不仅在经济上帮助困难群众实现了脱贫致富目标，同时对于改善当地的生态环境具有深远的积极影响。民营企业在发展绿色帮扶产业的基础上，可以结合当地的实际情况，不断拓展绿色产业链，带动更多群众脱贫致富，提升当地社会的和谐发展水平，不断巩固、扩大帮扶成果。

第五章　民营企业参与贫困治理和
乡村振兴的互动机制

民营企业是市场经济组织,从"理性经济人"视角出发,利润最大化是企业经营发展的最终目标。笔者在对 W 县的三家茶叶民营企业调研后发现,在农村地区的贫困治理和乡村振兴的过程中,民营企业追求的不仅仅是企业利润最大化的目标,而且是在多元利益相关主体相互作用下,市场利益与社会效益的均衡化。在与各相关利益主体的互动过程中,民营企业遵循市场经济活动的基本规律,在保证自身利益的前提下承担帮扶任务,同时主动回应各利益相关主体。

第一节　补偿性关系:民营企业与农户的资源置换

一、民营企业吸纳劳动力与农户资产建设

在完全竞争的市场上,企业为实现最大利润,对劳动力的市场需求转化为劳动力边际产品的价值。在产业不断转型升级的今天,企业对劳动者的素质提出了更高要求,从某种程度上看,这就将农村的边缘劳动力排斥在外。在全面推进乡村振兴工作中,政府通过帮扶政策、税收优惠等吸引民营企业到农村地区投资兴业,并将政府的资源投入转化为农户的切实收益。民营企业通过技术技能培训,提高脱贫农户的生产技能,帮助其找到与市场需求相契合的就业岗位;对于劳动能力欠缺的脱贫农户,民营企业通过提供公益性或者对技术要求极低的岗位,帮助脱贫农户增加收入。此外,目前偏远地区的青年男性大多外出务工,留在家中的基本是老人、妇女和儿童,民营企业通过发展产业,为他们提供就业岗位和机会。农户在家门口就近就地就业,能在工作之余照顾家庭生活,参与社区公共活

动，增进社区联结。

> TY 茶叶有限公司后勤部长 C 某："有些脱贫户来务工，如果是智力残疾人，那他(她)只能做体力活，我们就安排他们做点搬运，工作强度不大，对技术要求也不高。"当被问及工资的发放时，我们得到了这样的回答："工资跟其他的工人是一样的，这个是劳动所得，我们不会多给脱贫户工资，但是过年过节的时候，我们会发一些慰问品，像米呀、油啊。"(QY200923M2)

> TY 茶叶有限公司总经理 L 某："我们的务工主要有两种形式，一种是长期务工，我们茶园有 15 个老百姓，脱贫户有 6 个，平时他们的工作很简单，主要是茶园管理，就是除草、修枝、松土，主要是干这些事儿。第二种就是季节性用工，我们跟老百姓签订的也是季节性用工的合同。老百姓自己在家把事情做完了，随时都可以来。每年的 3—4 月份我们的用工量要大一点儿，主要是要采摘鲜叶，那时候用工量大。工资的话，平时我们是根据做活的难易程度定的，一般是 80~120 元/天，难一点的、苦一点的活就是 120 元/天，稍微好做一点儿、轻松一点儿的就是 80 元/天。采茶旺季的时候，我们采茶是按照计件的形式来算工资的，谁也不亏谁。但是我们企业也算了一笔账，一般一天农户可以赚 150 元，最低不能低于 120 元。因为这个成本开支是市场到这个限度了，再低了请不到工，再高了我们企业承受不起了，这个是市场决定的。"(QY200924M2)

从以上的访谈资料我们可以发现，民营企业对于边缘劳动力具有极大的包容性，通过技能培训、提供公益性岗位、灵活就业等方式拓展了边缘劳动力的就业空间，这是民营企业社会机制作用的发挥。但在对脱贫农户工资的支付上，也是完全按照市场机制进行，即通过劳动力创造价值的大小来支付报酬。此外，对于民营企业吸纳脱贫农户就业、对农户进行技术技能培训等，政府也会通过帮扶政策对民营企业给予资金补贴，在某些方面也补偿了民营企业的经营成本。

> MM 茶叶有限公司高管 J 某："基地建起来之后，现在农户到茶园上班都是一天 8 小时工作，每天都是到点来到点走，不忙的时候中午还回家吃个

饭休息一会，自己种茶的技术学到了，又在茶园里面有分红，现在都是股民了，除了上班拿工资，还有分红，多好，他们也希望我们企业能做大做强，销售得好，他们分红也多。"（QY200922M1）

从以上访谈资料可以看出，村集体将发展资金入股民营企业，并在企业带动下建设茶叶基地、发展产业。民营企业吸纳农村闲散劳动力，在实现劳动力价值最大化的同时也解决了企业的生产用工问题，脱贫户既可以在基地务工，同时也能够入股分红，实现资金变资产。民营企业不断配合农村产权制度改革，在吸纳农户就业的同时，鼓励脱贫村及脱贫户以土地、资源、资金入股分红的方式参与产业发展和就业脱贫。脱贫农户在民营企业就业的同时能以资产股权量化的方式参与企业发展，获得了更多的财产权和财产收益权，扩宽了持续稳定的增收渠道，获得了更多的资产性收益。

二、民营企业成本控制与农户产业增收

在农村地区，民营企业多采用与重点帮扶村深度合作、村企协同的模式，围绕指导农民生产发展、帮助农民增收的总体目标，以保护价对农产品进行收购，稳固欠发达地区市场销售渠道并适度对农户进行让利。在 W 县，茶叶民营企业与种植茶叶的个体农户签订鲜叶收购协议，与茶叶专业合作社、种植大户等签订茶叶订购合作协议，制定保护价收购脱贫茶农的鲜叶。同时，民营企业会在农资、农具和农技上为脱贫农户提供服务，提高农户的生产产量和产能，进而提高茶农抵御自然风险和市场风险的能力。在市场经济活动中，部分农户由于缺乏契约精神，即使与帮扶民营企业签订了收购协议，但也会顾及眼前的利益，而背弃与企业的协议。

W 县扶贫移民开发局副局长 T 某："农业产业发展中，老百姓的契约精神是一个重要的问题，当市场行情很好的时候，老百姓不会卖给企业；当市场很差的时候，赖都要赖到企业身上。所以很多时候，政府只能给企业做工作，让企业来帮忙解决。"（ZF200922M1）

MCS 茶叶集团总经理 H 某："每年的 3 月份，有很多外县的或者外市的

觉得我们这儿茶叶质量好，他们来收购的话，比我们的收购价高个 5 毛或者 1 块，农民肯定就不会交售给我们了，农民就会交售给多给他 5 毛钱的人了，但是这些人只收购几天，就是为了抢购最早的鲜叶，生产出来抢占市场，这种情况有，但是不多。W 县的鲜叶是不愁销路的，农户的这种行为其实是一个短视的行为，大量的鲜叶在后期，农户为了卖高价，把早期开园的几十斤鲜叶卖给出价较高的收购商，第二天收购商走了之后，后头几百斤茶叶就没人收了。如果按我们农村的这种法则来，你前期都没交给我，后期你的大量鲜叶我肯定不会收的，对不对？你就卖不掉了，但是我们公司还是一如既往地收购，不会跟农户斗气。就是说茶农前期交给谁是市场说了算，是茶农自己说了算，但是后边你卖不掉了，你又交给我，我们还是按市场价格收。我们也是承担企业的一个社会责任，如果 MCS 茶叶集团不收的话，那农户的鲜叶就卖不掉了，一分钱都没有了。"（QY200925M4）

民营企业通过订单收购和市场保护价格，帮助脱贫农户抵御了市场波动的风险。同时，对于部分农户"见钱眼开"、欠缺契约精神的行为，民营企业还是保障了农户的利益，对农户的鲜叶做到应采尽采、应收尽收。在市场经济活动中，这是民营企业社会机制作用的发挥。鲜叶收购完成之后，民营企业通过市场化的运作方式，对鲜叶进行加工并制作成产品销售出去，同时通过"二次返利"对交售鲜叶的农户、合作社、家庭农场等主体进行奖励。从市场逻辑来看，农户、合作社、家庭农场等作为产业链上游的原料提供者，交售鲜叶为企业提供了原材料，企业盈利后通过"二次返利"的形式将部分利润返还给农户、合作社等主体，在市场机制运作下，企业与农户、合作社等形成了紧密的利益联结关系。

第二节　互惠性关系：民营企业嵌入乡土社会

一、信任"自己人"：民主选举与企业慈善

一般来说，企业在进行慈善捐赠时，会综合考量慈善投入与慈善收益等相关因素，具体包括企业的业绩、慈善理念、税收政策等。然而，在 W 县，企业做

慈善与公益是当地农民集体行动的结果，是民营企业对当地民众诉求的一种回应。

W 县煤炭资源丰富，县域内 60% 以上的企业跟煤炭资源密切相关。在这些煤炭企业中，现任 MCS 茶叶集团总经理的 H 某早在 1997 年就成立了 W 县 S 镇葡萄石煤业有限责任公司，公司的经营范围主要包括煤炭开采、销售。煤炭开采和砂石矿开采为 H 某的商业帝国打下了坚实的基础，随着企业经营规模的不断扩张，H 某成为 W 县数一数二的民营企业家，名下的企业涉及道路运输业、采矿业、水产业、酒店业、租赁业等多个行业（见表 5-1）。

表 5-1　　　　　　　　W 县 MCS 茶叶集团总经理 H 某名下部分企业

成立时间	企业名称	注册资本
1997 年	W 县 S 镇葡萄石煤业有限责任公司	1000 万元
2002 年	W 县旭江酒楼	200 万元
2004 年	W 县三江汽车客运站	20 万元
2004 年	W 县三江供水站	35 万元
2006 年	W 县三江镇白龙滩砂石矿	1000 万元
2006 年	W 县巨力煤业集团有限公司	3000 万元
2007 年	W 县三江坝社区劳动服务部	200 万元
2011 年	广元 ANR 电动自行车有限公司	300 万元
2014 年	四川 MCS 茶业集团有限公司	3300 万元
2015 年	W 县顺通汽车租赁有限公司	500 万元
2016 年	YL 秦联六产商贸有限公司	500 万元

在 W 县，提起 MCS 茶叶集团或者是 H 某的名字，几乎无人不知、无人不晓。除了 H 某之外，H 某的两位兄弟在 W 县也是颇有声望。在调研中我们发现，H 某整个家族在 W 县经营的企业涉及范围颇广，H 某的哥哥名下也有 3 家企业，分别是煤炭企业、建筑公司、茶叶公司等。整个 H 某家族在本地声名显赫、富甲一方。从表 5-1 中我们可以看到，煤炭、砂石的开采给 H 某带来了巨大的财富。H 某名下企业涉及的行业众多，除了单纯依靠本地煤炭、砂石等资源之外，

与 H 某个人的能力、胆识密切相关。

材料 5-1

　　H 某 1972 年出生在 W 县 S 镇的大山里，家境在当地算是不错。H 某的父亲也是一名企业家，承包了乡镇附近的葡萄石煤炭厂，母亲是一名普通的农村妇女。H 某家里共有兄弟 3 人，上面还有 2 个年长的哥哥。刚刚 20 岁，H 某就跟着自己的父亲一起学做生意，先后跑过运输、在 S 镇的私营企业里当过会计，后来又到竹板厂当过学徒、厂长助理。竹板厂倒闭之后，H 某把竹板厂买下来，改建成了茶叶加工厂。2003 年，H 某的父亲因病去世，留下了 70 多万元钱。H 某说服了自己的 2 个哥哥，将这 70 余万元钱拿出来投资兴建了 S 镇供水站，不仅解决了周围集镇上百姓的吃水用水问题，同时解决了附近下岗职工的再就业问题。随后，H 某又承包发展了 S 镇的客运站、酒店等。此外，H 某除了在 W 县本地创建公司，还利用采矿业的丰富经验，在阿拉善承包了金矿，由于经营有方，H 某很快成为 W 县赫赫有名的"矿老板"。(QY200923M1)

　　W 县丰富的矿产资源使得人们不愿意从事附加值低还得靠天吃饭的农业产业，更愿意从矿产开采或加工活动中获得相对高昂且稳定的收入。矿产资源对农业的发展产生了严重的挤压效应，但丰富的煤炭资源并没有改变 W 县贫困落后的面貌，基础设施不足、公共物品短缺、秦巴山深处的交通不便、人力资源劣势等因素加剧了 W 县的贫困与落后。

　　在 W 县 S 镇，由于经济落后、交通不便，几乎没有人参与村庄干部竞选，当选村庄干部近乎是一件"吃力不讨好"的事情。

　　茶园基地负责人 W 某："1997 年之前我都是我们村里的村干部，那时候工资少得可怜，一年就 420 块钱，有时候还发不起，村里的事情又多，你也不能不管。后来我就出来了，我自己到外面承包了果园。"(QY200926M1)

偏远地区村庄自然基础差、经济落后，渴望摆脱贫困的村民希望能找到"能人"治村来改变村庄和自身的贫困现状。2006年，W县实施了"村改居"工程，H总被不记名投票选举为S镇S社区第一届党支部书记。

> S社区农户C某："我们这里当时太穷了，家里只有老人和儿童，年轻人都出去了，选H某当干部，他条件好，多少还是能帮着村里发展吧。"（NH200925M5）

> S社区农户H某："选了村干部，他们的心思也都不在这里，外面打工机会多，都想出去，我们这个山里、县里也没有太多的机会，要是H某能当干部，总会给我们带来点实惠吧。"（NH200925F2）

从以上访谈资料我们可以看出，选举"能人"甚至是"富人"治村，通过带有一种功利性甚至是获取利益的方式，把村庄治理的权力交给"富人"，换取的是村庄的发展机会。

> MCS茶叶集团总经理H某："我自己是土生土长的W县人，S就是我的老家吧。我之前在阿拉善有金矿，在外面开矿。2016年，当地的百姓找到我的时候，我还是很感动的。他们就是请我回来带动家乡的发展。所以我就同意了，那时候就开始进入茶厂。我回来之后，有一次我在街道上调研的时候，看到部分六七岁的小孩子在网吧里面，我当时就觉得很奇怪，怎么这些孩子没人管？后来我一问，父母都出去打工了，家里边都是婆婆爷爷在带。小孩子天天就在网吧里边上网打游戏，不学习。此外，部分老年人在家里边生病了，但是没有人来照顾，我觉得很奇怪。后来问了才知道他们的儿媳、儿子外出打工了，没人管。我就问为什么不在家里边，一家人全部出去打工？当时大家的一个思想观念就是，如果你不出去挣钱，你就落后了，家里就没钱了。那个时候的人就想出去开阔视野，感觉自己在大城市待过了。那么这种思想产生的最终原因是什么呢？是因为当地没有让他们留下来的产业，他们没有能够稳定务工的平台。那个时候在家乡就只能打点短工。农村的人，礼节很重，各种送礼的名目很多，升学酒、丧葬、嫁娶、生日、房酒（房屋建成摆酒席）等，这种"酒"很多，开销很大，在家里又没有一个能取

得稳定收入的场所，那么就只有出去打工。最后我就想了，我就给你们建（茶叶）基地，你们在家里边能看孩子、照顾老人。我当时建基地很辛苦的，材料全是背上去的，当时是不通路的。那个时候政府也没有补贴，我就出钱修了十多公里的山路，改善了基础设施环境，建了茶园，让当地的老百姓能够留下来，就近务工，能够照顾孩子、照顾老人。"（QY200925M4）

S 社区的村民不记名选出 H 某作为社区的党支部书记，不仅仅是因为 H 某是土生土长的本地人，同时也是对 H 某经济实力的一种信任。"H 某才是真正能够改变我们村庄的人。"农村社会是一个以血缘、地缘为关系纽带的熟人社会，经济活动的开展必然要以乡土社会的特点和关系为基本前提。H 某熟悉本地村民的生计方式，了解本地村庄社区的社会结构，与当地村民有着天然的情感联系。H 某当选为社区党支部书记后，对当地的情况进行考察，并立足于乡土选择了兴建茶叶基地作为带动家乡人民发展的产业。2006 年，H 某在当选为 S 社区的党支部书记之后，自己组织资金 100 余万元，在红星村大耳山兴建了 400 亩茶园，为当地百姓提供了就业机会。由于当地的基础设施条件很差，大耳山到县城还是泥巴路，当地的村民只能靠肩挑背扛把茶叶运送到镇上，成本极高。H 某自掏腰包，投资了 40 多万元，修建了一条从茶场到镇里的十多公里公路，解决了茶叶运输问题的同时，也解决了当地百姓的交通问题。在种植茶叶的同时，H 某还在茶园套种柿子、李子等果树和青饲料，发展养殖业来提高土地的利用效率，提高当地农户的生计能力。

在 W 县，民营企业家 H 某是在被家乡的百姓民主选举为村庄干部后，基于内生的乡土情结和企业道德伦理约束，才做出了在家乡发展产业，带动家乡人民脱贫致富的选择。

二、互惠互利：扎根乡土与企业发展

与其他产业不同，农业企业的发展壮大必然要与乡土社会资源进行紧密联结。对于农业企业来说，土地资源和劳动力资源是最重要的乡土资源。扎根乡土，在农村地区发展农业产业，对于民营企业与当地农户来说，是一件互利互惠的事情。

第一，民营企业在农村地区主要是通过实施产业项目的方式参与当地发展。一般来说，农业企业的原料基本上来自农村地区，以往农业企业会将产业发展集中于农业区位和交通区位条件较好的地方。精准扶贫行动开展以来，农业企业将原料基地直接转移到偏远农村地区，在原料产地直接进行生产、加工，可以节约企业的生产运营成本。

第二，在农村地区兴建产业基地，带动农户发展涉农产业，一方面能够让农户通过参与产业化活动增加收益，另一方面，产业基地的建设也解决了企业在产业发展过程中原料紧缺的问题。农业企业最终销售的产品与原料基地是密切相关的，企业单纯依靠自有原料基地，很难扩展企业规模、占有市场。在农村地区流转土地，带动农户发展生产，在扩充企业原料供应来源的同时保障了原料供应的稳定性和持续性。

材料 5-2

2010 年至今，MCS 茶叶有限公司围绕茶叶这一优势产业，累计投资 8200 多万元，在 W 县修筑茶园公路 25 公里，建蓄水池 30 多口，先后建成 W 县 S 镇黑山垭、大耳山、农建雨台梁、化龙亭子、高阳大茅坡、虎垭等规模化、标准化茶园 10000 余亩，独资与合作开发有机茶园 3000 亩，无公害生态茶叶示范基地覆盖 23 个乡镇，面积 10 万余亩。[1]

TY 茶叶有限公司总经理 L 某："我们的自有基地是在 W 镇，有 500 亩左右。参与帮扶带动农户种茶，我们一共是流转了 11000 亩土地，目前投产的有 8000 亩，辐射了周边 4 个乡镇。在短短 2 年的时间内，我们的产业基地就翻番了。依托当地的合作社和村集体，我们把技术性的东西投入进去后，产业很快就发展起来了。"（QY200924M2）

第三，在以血缘、地缘为连接纽带的乡村熟人社会中，人们总是以"自己人"或者是亲缘关系来构建自己与他人的社会交往。民营企业在当地发展产业，基于地缘关系建立的情感信任，使得民营企业能够嵌入乡土社会中并与当地农户

---

[1] MCS 茶叶集团推荐表 . W 县政府内部资料，2020.

形成良好的互动关系，企业的发展能够得到农户的支持。

　　TY 茶叶有限公司总经理 L 某："茶业基地建立起来之后，在管理上也给企业减轻了负担。为什么这么说呢？通过'三资'入股的方式，农民都变成股民了，他们就有了一个"自治"的思想，认为这个产业就是我自己的，其他人就不能乱动了。企业的管理负担也就减轻了。之前流转的土地，我们都要请人来管理，也难以避免一些'顺手牵羊'的行为。现在基地都建在村子里，村民打个招呼，大家都会帮衬着照看一下，我们就只用派技术人员，管理人员基本上就不用了。"（QY200924M2）

第三节　平衡性关系：民营企业与政府的互动

一、民营企业依赖政府的政策资源及合法性认可

　　在贫困治理和乡村振兴实践中，地方政府掌握了帮扶资源的巨大支配权，致使其他主体的权利空间被压缩，在这种情况下，其他主体往往处于被动和对政府严重依赖的境地。尤其是一些规模不大的农业企业普遍面临着信贷约束，财政专项资金和农业项目补贴的注入，对于民营企业扩大生产规模、研发农业新产品等提供了巨大支持。此外，民营企业也能够获得政府提供的政治保护、金融担保和政策优惠等。[①]

　　民营企业作为市场经济组织，在农村地区参与社会帮扶的过程中，单纯发挥社会机制的作用、承担企业社会责任，对于企业来说是不现实也是违背其发展规律的。在 W 县，民营企业在承担社会责任的同时，考虑了市场化的收益，这种收益是从帮扶政策、制度红利中获得的。民营企业家政治参与意识强，在对相关制度和政策分析的基础上，认为参与帮扶工作对于企业发展十分有利。这种利益主要表现在以下几个方面：第一，土地经营权的放活，对于企业扩充原料基地，

---

　　① 陈晓燕．企业制造城镇的政治逻辑——以山西 Y 镇为例［D］．太原：山西大学博士学位论文，2015：155.

实现规模化、集约化生产大有裨益；第二，税收优惠政策、帮扶金融政策、农业产业项目等，缓解了民营企业融资难的困境，减轻了企业的资金压力；第三，W县将茶叶作为县域经济主导产业，并打造了区域性公共品牌，助推了企业的品牌营销。

　　笔者问："企业参与帮扶，有没有给企业带来实惠呢？"

　　MM茶叶有限公司总经理T某："企业，特别是我们农业企业，资金问题还是我们的一个主要问题，贷款还是存在困难。农业生产的季节性太强，一般我们说一年有24个节气，15天一个节气，等到15天一过，没有钱的话，这个事情（农业生产）又要等一年，我们企业等不起，农民也等不起。现在政府搞了'政担银企贷'政策，因为我们是帮扶企业，所以有政府担保，贷款审批就比较快了。另外，脱贫户到我们这里就业，政府还会给我们一些补贴。"（QY200922M1）

　　龙山茶叶专合社S某："企业在鲜叶收购方面的需求量很大，我们专合社只要做自己的基地就可以了，销路不愁。很多企业特别是农业产业方面企业不太想做基地，因为投入资金比较大。我们专合社做了二三十年，茶园管护的技术相对成熟一些，现在我们种茶基本上按照质量标准来生产，企业收购我们的鲜叶也是比较放心的。"（NH200925M4）

　　BF茶叶有限公司总经理Y某："我们之前的茶叶销售有点困难，主要是因为没有品牌效应，利润空间不大。现在政府将MCS作为我们县里茶叶的区域品牌，它也被评为广元市的特色品牌。政府也通过推荐、展销等形式帮我们推广品牌。"（QY200924M3）

从以上访谈资料可以看出，精准扶贫时期涉及巨大的资源项目投入和人力资源协调，若缺乏政府的合法性认可和引导，再好的项目也无法实施，资源也无法得到合理有效调配。企业参与扶贫开发和乡村振兴工作，是经过仔细考量的结果，对产业原料的需要，使得企业在帮扶工作中辐射带动周边产茶乡镇的基地建设，逐步促进茶叶的规模化种植和发展。通过整合农业项目资金，在脱贫村建设茶园示范基地，将财政投入的专项农业资金、产业发展和生产性基础建设等项目资金实施股权量化，并作为股金分红给受益者。

二、政府对民营企业的行政约束

随着国家治理体系和治理能力现代化的推进，在贫困治理领域，贫困人口的减少以及贫困群体的发展成为基层政府目标责任考核的重要指标，在此治理情境之下，基层政府采取行政吸纳市场的行动策略来促进社会利益与政权利益的关联。[①] 在贫困治理实践中，部分民营企业进行工商资本投资，追求市场效率和经济回报，当营利与帮扶之间产生利益冲突时，便采取消极帮扶策略，以套取帮扶专项资金和补贴为主要目标，而不是以带动农户脱贫致富为己任。[②] 针对此，W县采取了选择帮扶企业、细化帮扶责任、监管帮扶资金等措施，来约束监督民营企业的帮扶行为。面对众多的市场主体，W县政府倾向于选择资本雄厚、具备一定资质、带动能力强的民营企业进行扶持。

> 县扶贫移民开发局科员Z某："我们是有很多准入条件的，对企业的资质还有企业的老板要进行审核。优惠政策和帮扶项目不是说企业来了，我们就给的，企业要达到我们的要求，我们还要进行验收。"（ZF200922F1）
>
> 虎垭村干部Z某："我们村之前自己引进了一家蔬菜公司来带领村里一起种蔬菜，当时土地流转租赁给公司老板WYW都没要钱，但是这个公司实力还是不太行，蔬菜赚不到什么钱。后来政府给我们引进了MCS茶叶集团，我们还是相信本地企业，人家老板在G市是企业家，又是人大代表，现在种茶叶有销路，土地也流转了，还是很好的。"（NH200927M1）

在吸纳民营企业参与贫困治理和乡村振兴的过程中，W县政府将政府科层体系内部常常采用的"目标管理责任制"复制至对企业的"管理"中，以强化对民营企业帮扶行为的约束。W县农业农村局对民营企业的扶持以其承担一定的帮扶责

---

①　王蒙，李雪萍. 行政吸纳市场：治理情境约束强化下的基层政府行为——基于湖北省武陵山区W贫困县产业扶贫的个案研究[J]. 中共福建省委党校学报，2015（10）：89-96.

②　闫东东，付华. 龙头企业参与产业扶贫的进化博弈分析[J]. 农村经济，2015（2）：82-85.

任为前提，这些责任被细化为带动一定数量的农户脱贫、制定市场保护价、提供技术指导、严格控制农资价格等。

　　MCS 茶博园总经理 W 某："政府给我们的任务就是帮扶崔河村，所以我们就是定点收购脱贫户的土特产，比如干菜、山羊、笋子，只要脱贫户有了，我们就要销售，这个是我们的义务。我们公司最开始的任务是（帮扶）46 户，通过逐年脱贫现在只有 11 户重点户了，我自己头上是 4 户。"（QY200928M2）

　　BF 茶叶有限公司总经理 Y 某："目前我们的收购还是有一些压力，但是要收，价格上可能不能完全按市场行情来。"（QY200924M3）

　　党的十八大以来，中国政府对贫困治理进行了系统化的制度设计和政策创新，不断完善扶贫工作机制，确立科学的考核指标，建立监督和评估机制，督查扶贫主体的工作落实情况。[1] 在中央下发的财政扶贫资金中，农业生产发展资金的数额和比重都是最大的。当大量的农业生产发展资金投向相关的农业项目时，为了确保资金的使用安全和效益最大化，地方政府会制定专门的资金管理办法，在降低资金风险的同时监督民营企业的帮扶行为，促使脱贫目标的实现。从 2014 年开始，W 县先后出台了《W 县关于加快构建新型农业经营体系的意见》《W 县贫困村产业扶持基金使用管理办法》《W 县贫困户到户产业发展扶持资金管理暂行办法》等相关政策文件。

　　BF 茶叶有限公司总经理 Y 某："政府相应的补贴我们现在基本上没有，前几年我们还是领取了一些，主要是要签很多字，走流程。现在一般来说我们不需要。"（QY200924M3）

　　W 县位于秦巴山的南麓，受限于自然条件和产业基础，W 县的农户希望通

①　向德平，华汛子. 党的十八大以来中国的贫困治理：政策演化与内在逻辑[J]. 江汉论坛，2018(9)：131-136.

过流转土地、引入企业来带动产业发展。在当地农户的诉求以及脱贫的政治压力之下，当地政府倾向于依据本地的特色资源优势和产业基础来选择产业帮扶项目，希望通过产业的长期可持续性发展，一方面完成上级安排的脱贫任务，另一方面促进本县的经济发展。政府的介入与引导，促使茶叶产业成为 W 县的县域主导产业。在 W 县这样的偏远山区，发展高山茶产业有得天独厚的自然条件，随着茶叶基地种植面积的不断扩大，种茶农户的不断增多，在多元主体的诉求推动下，W 县的民营企业家从最开始的带动当地老百姓发展的朴素想法，逐渐转变为将 W 县打造成拥有百亿茶产业集群，茶文旅高质量发展的创新示范县，使得经济落后山区真正实现产业兴旺、生态宜居、乡风文明、治理有效、生活富裕的美好愿景。基于上述分析，民营企业帮扶是在多元主体利益诉求的共同作用下，民营企业所做出的一种均衡化选择。

第六章　乡村振兴：万企如何兴万村

贫困问题是一个世界性的社会问题，伴随着人类社会的产生而发展。消除贫困也成为各国经济社会发展进程中的共同愿景。回顾中国的反贫困奋斗历程，可以发现中国在强调政府扶贫开发责任的同时，鼓励和引导包括民营企业在内的社会力量积极参与扶贫开发，充分协调多方力量，构建政府、市场、社会协同推进的大扶贫格局。在中国贫困治理的多元主体中，民营企业是非常重要的一支社会力量。把发展能力最强、市场灵活性最强的企业和发展需求最强烈、发展潜力巨大的农村人口结合起来，是中国贫困治理的成功经验与机制创新。研究民营企业在农村地区参与帮扶工作的现状、原因、方式，探究民营企业参与贫困治理和乡村振兴的环境和机制，有助于探索出农村地区战胜贫困走向富裕的发展路径，提升乡村的治理效能。党的二十大报告指出，新时代新征程中国共产党的使命任务是团结带领全国各族人民全面建成社会主义现代化强国，以中国式现代化全面推进中华民族伟大复兴。推进中国式现代化，必须全面推进乡村振兴，解决好城乡区域发展不平衡问题。下一阶段，探究民营企业助力乡村振兴的路径和策略，对于提高经济效率，促进社会公平正义的实现具有重要意义。

第一节　研 究 结 论

本书以四川省 W 县的民营企业参与贫困治理和乡村振兴的调查研究为基础，结合中国民营企业参与社会帮扶的发展历程和特点，采用社会行动理论，分析民营企业参与的动因、策略和实践途径，讨论在帮扶主体多元且利益诉求各不相同的情况下，民营企业同政府、农户在合作互动中如何实现自身的经济效益和社会效益双赢，以及增强脱贫地区的经济发展基础和农户的可持续生计能力，并构建民营企业参与社会帮扶的创新机制。本书最后得出了以下几个方面的结论。

第一，民营企业是社会帮扶的重要主体，在脱贫攻坚中发挥了重要作用。根据中国扶贫的阶段性特征和民营企业在不同阶段参与贫困治理的实践，本研究将中华人民共和国成立以来民营企业的帮扶历程划分为四个阶段，即民营企业帮扶的探索阶段（1949—1993 年）、深入阶段（1994—2000 年）、拓展阶段（2001—2010 年）、深化阶段（2011—2020 年），民营企业参与脱贫攻坚和乡村振兴经历了从探索到深入、从小规模介入到全面综合参与的发展过程。梳理新中国成立以来民营企业帮扶历程可以发现，党政引领是民营企业帮扶顺利推进并取得显著成效的重要原因；民营企业帮扶呈现出从企业探索到党政引领、从间接帮扶到直接帮扶、从慈善捐助到市场帮扶、从收入支持到资产建设、从单一捐助到立体帮扶、从低效粗放到集约高效的发展特点。

第二，在社会帮扶实践中，民营企业帮扶是一种有目的的社会行动。帕森斯认为人们的目标追求即主观取向是复杂的，并从动机和价值观将行动者定位在情境之中。根据社会行动的理论视角，可知民营企业参与贫困治理和乡村振兴的动机是多方面的。民营企业作为"感性人"，内生的乡土情结、对群众的情感认同和回馈社会的慈善情怀是企业家个人参与的情感动机；民营企业作为"经济人"，抓住农村土地制度改革的红利，争取更多的帮扶项目、政策和税收优惠，建立良好的政企合作关系，获取政治资源是企业追逐经济利益的经济动机；民营企业作为"社会人"，实践企业道德伦理，履行企业社会责任是企业参与的价值动机。

第三，民营企业通过发挥市场主体的优势，利用市场机制来促进脱贫地区发展，带动农户脱贫增收。民营企业利用市场机制，参与贫困治理和乡村振兴的优势是提供农户需要的物资、信息与服务，优化配置帮扶资源，通过自身的理念、技术、人才等优势，培育农村地区的市场活力，提升农户的市场竞争能力。民营企业利用市场机制，参与贫困治理和乡村振兴的挑战是农业经营的市场风险、帮扶资源的效用未充分发挥，在提高边缘劳动力自身的素质和市场竞争能力方面还存在一定的局限性。民营企业帮扶的市场机制包括以下几个方面：（1）流转农户土地，释放并转移农村劳动力，扩宽农户收入来源；（2）提供就业岗位，吸纳农户就业务工，实现劳动力价值的最大化；（3）发挥企业生产作业的直接带动作用，无偿为农户提供农资、服务、技术指导；（4）采取订单式收购、农产品价格保护、产量奖励等方式减轻农户的市场风险，激发农户的生产积极性，增加农户的市场性收入。

第四，民营企业在自身综合实力允许的条件下，积极履行企业社会责任。民营企业帮扶的社会机制的特点是针对农户差异化的发展需求，提供有针对性的帮扶措施；通过灵活多样的帮扶方式，帮助群众解决暂时性的困难，保障生计能力较弱的重点群体的基本生活。民营企业帮扶的社会机制包括：（1）通过公益慈善捐赠，迅速解决农户突发的或暂时性的困难；（2）完善基础设施建设，改善农村地区的生产生活条件，提高农户的生活便利性与幸福指数；（3）发扬企业家精神，改善农户的精神面貌，激发其脱贫内生动力；（4）通过技能技术培训，促进农户脱贫能力发展；（5）改善农村地区的生态环境，为乡村的可持续发展奠定基础。

第五，社会帮扶体系中，民营企业是多元帮扶主体的关键要素。民营企业在与政府、农户、农村社区的双向互动中，其市场机制与社会机制之间分别是补偿性关系、平衡性关系和互惠性关系。民营企业在遵循市场经济活动基本规律的前提下，主动为农户创造增收空间，帮助农户抵御市场波动造成的农产品销售风险，市场机制与社会机制之间是一种补偿性关系。农业项目补贴、税收优惠及金融优惠政策，为民营企业的利益提供了制度性保护；同时，政府采取有针对性地选择帮扶民营企业、细化帮扶责任、监管帮扶资金等措施，来约束监督民营企业的帮扶行为，市场机制与社会机制之间是一种平衡性关系。民营企业嵌入乡土社会，与农户、土地关联紧密，将"熟人社会"中形成的互惠关系与市场经济活动相结合，在追求经济利益与社会效益中实现了与农户的利益联结，市场机制与社会机制之间是一种互惠性关系。

第二节　进一步讨论

一、民营企业经济利益与社会责任的张力

从社会行动理论的思想脉络来看，"行动"一直是其关注的中心问题，行动连接着自我与他人、个人与社会，探究行动者"行动"背后的取向与动机，更是

学者们孜孜以求的目标。韦伯在《经济与社会》一书中指出，经济行动是一种以经济资源和效用的满足为取向的行动。从经济学到经济社会学，大多将企业作为"理性经济人"，民营企业参与贫困治理和乡村振兴是在理性价值驱动下做出的主动选择，是一种不同意义上的社会资源交换，帮扶对企业有巨大的价值和回报。在帕森斯的理论框架中，行动者"定位于"情境之中，企业的行动方式与选择也受限于社会的文化与结构，企业行动在理性因素之外，也应考虑非理性的因素。

在贫困治理和乡村振兴的实践中，民营企业作为"感性人"，基于内生的乡土情结和对群众的情感，部分民营企业家更愿意参与家乡的帮扶工作，在回馈家乡中实现了企业家个人情感价值。民营企业作为"经济人"，农村改革的制度红利和优惠政策，使得民营企业愿意抓住机遇，获取经济收益。民营企业作为"理性人"，参与帮扶一方面能获得有益于自身发展的政治资源，另一方面能利用农村地区的优势资源，如土地、劳动力、原料等，是一种典型的理性互惠行为。民营企业作为"社会人"，通过实践企业道德伦理，塑造良好的社会声望，履行企业社会责任，实现企业的社会价值与企业家的个人价值。

由于民营企业是一个有着复杂动机的社会行动者，在参与贫困治理和乡村振兴的过程中，其经济利益和社会责任的张力会一直存在，这主要是市场规律和企业道德交互作用的结果，因此如何权衡经济利益和社会责任两者之间的关系，对民营企业来说一直是一个难以绕开的难题。民营企业需要根据自身和社会发展的现实和潜在需要，适时选择参加帮扶的具体领域、具体内容以及具体实现形式，无论民营企业出于经济利益还是企业道德的考虑，民营企业参与乡村振兴已然成为一种发展趋势。民营企业在参与贫困治理和乡村振兴的过程中不断积累社会责任"积分"，最终民营企业将会获得由自身承担社会责任而带来的社会进步所导致的整体市场环境改善的回报。

二、民营企业帮扶机制弥补了政府、市场失灵

精准扶贫倡导构建政府、市场及社会"三位一体"的大扶贫格局，坚持大扶贫格局，意味着要用好政府、市场及社会各领域的力量及资源。其中，政府承担扶贫的主体责任，统筹推进扶贫开发事业，"国家在场"构成中国减贫经验的核

心要素。改革开放四十多年来的扶贫实践证明，单靠政府包办的一揽子扶贫，无力应对广泛、深刻且复杂的贫困现实，少数地方政府在帮扶行动中的"越位"现象、过度干预等，甚至会扩大农户的经济风险，导致帮扶效率低下，造成帮扶资源浪费，偏离了帮扶的宗旨与目标。改革开放以来，市场经济的快速发展使得东部发达地区成为资本的洼地，大量资源在发达地区的富集在一定程度上牺牲了中西部地区的利益。经济增长对减贫的边际效益不断递减，"涓滴效应"逐渐式微，单靠市场经济调配难以为欠发达地区提供其需要的公共物品。

政府和市场均存在难以克服的缺陷，显见于频繁发生的政府失灵和社会失灵上。作为一支重要的社会帮扶力量，民营企业的市场机制能够更好地回应欠发达地区的发展需求，调动内外部资源将欠发达地区接入市场体系，在互惠互利的基础上建立脱贫长效机制。同时，民营企业通过公益慈善捐赠、基础设施建设、生态环境保护等方式积极履行企业社会责任，弥补了市场机制趋利性的风险和公益性缺失，实现了民营企业经济效益与社会利益的共赢。民营企业帮扶的市场机制和社会机制能够补足政府力量、市场力量的缺陷，成为弥补"政府失灵"和"市场失灵"的重要帮扶机制。

三、民营企业帮扶机制是多元主体协同治理的结果

社会行动理论认为社会行动是一种包含社会关系的行动，受到社会共同价值、环境等因素的影响。民营企业参与贫困治理和乡村振兴的实践，需要与政府、农户等主体保持紧密的合作，正是主体之间的这种互动关系推动着民营企业帮扶机制的形成和发展。

在动员全社会力量广泛参与扶贫开发和乡村振兴的实践中，政府一直处于主导地位，政府的主导地位和作用主要是通过以下两个方面的内容体现：一是将打赢脱贫攻坚战和推进乡村全面振兴上升为国家发展战略，制定政策引导全国的帮扶行动；二是强化国家的经济建设能力、资源动员能力、政策执行能力来助推农村的发展。政府依托自上而下的行政管理体制，在政策指引、资源调配、组织动员方面具有其他主体无法比拟的巨大优势。农户是农业生产的主体，在土地资源、生态环境、劳动力等方面具有优势。民营企业的独特优势体现在提供信息与服务、优化资源配置、培育市场竞争力、提高农户发展能力等方面。民营企业参

与贫困治理和乡村振兴，一方面可以利用农村地区的土地资源、政策资源、劳动力资源，促进企业自身的发展；另一方面可以履行企业社会责任，扩大企业的市场影响力，塑造良好的社会声望，从而实现企业家个人价值与企业社会价值。

在多元主体协同参与的贫困治理和乡村振兴活动中，民营企业通过与政府、脱贫群众互助合作获得了企业发展需要的资源；政府通过企业吸纳就业、慈善捐赠、技术培训、精神激励等减轻了脱贫压力，完成了脱贫任务；脱贫群众通过企业带动帮扶，改善了精神面貌，增加了经济收入，提高了就业技能，实现了个人发展。不难发现，民营企业帮扶机制是多方主体协同参与治理的结果。

第三节　民营企业助力乡村振兴的对策思考

在中国贫困治理的实践中，民营企业积极地参与扶贫开发工作并取得了显著成效，为中国的反贫困贡献了巨大的力量。2020 年，我国打赢了脱贫攻坚战，全面建成小康社会。习近平总书记指出："脱贫摘帽不是终点，而是新生活、新奋斗的起点。"[1]优先发展农业农村、加快农业现代化是建设社会主义现代化国家的重大任务，接续推进脱贫地区发展，改善农村生产生活条件，推进乡村振兴战略的全面实施，民营企业仍然有很大的实践空间。

一、全面建成小康社会后农村贫困出现的新特征与重点转向

（一）新特征

目前，我国已经迈上全面建设社会主义现代化国家新征程，转向高质量发展的新阶段。习近平总书记曾多次强调，坚决守住不发生规模性返贫的底线。[2] 全面建成小康社会后农村贫困问题依然不容小觑，应针对贫困出现的新特征，制定科学有效的解决方式。首先，多维福利贫困。全面建成小康社会后，农民收入性贫困得到妥善解决，但在教育、医疗等领域依然存在贫困，尤其是西部欠发达地

① 习近平. 习近平谈治国理政：第四卷[M]. 北京：外文出版社，2022：138.
② 习近平. 习近平谈治国理政：第四卷[M]. 北京：外文出版社，2022：138.

区，改善教育、医疗、生态、交通、信息等领域的贫困仍有漫长道路。其次，发展转型贫困。全面建成小康社会后，农民的生存贫困得到妥善解决，数以千万的贫困农民都摆脱了绝对贫困状态，但依然存在脱贫不稳定户和边缘易致贫户，部分已脱贫人口的政策性收入比重较高、自我发展能力不足、发展的基础相对薄弱，一旦帮扶资源减少或政策断档，或将出现返贫现象。再次，次生风险贫困。全面建成小康社会，帮助农民战胜了原生性困难，但由于区位、环境、生态等因素限制，帮扶政策发挥受到严重影响，农民抵御风险能力不强，一旦遭遇自然灾害或重大疾病，返贫现象尤为普遍，次生风险贫困并未完全得到解决。最后，城乡阶层贫困。随着现代社会流动性的进一步加剧，诸多农民批量涌向城市，向城市转移。由于农民文化素养有限、专业技术短缺，城市工作极不稳定，经济收入偏低，甚至不如从事传统农业生产。同时，该部分群体受户籍制度限制，并未被纳入城市最低生活保障体系，处于尴尬的"两不管"境地，易成为新贫困群体。

（二）重点转向

面对全面建成小康社会后农村贫困出现的新特征，帮扶工作开展也需要转变思路、理清重点，重新制定农村发展战略。首先，继续巩固拓展脱贫攻坚成果。全面建成小康社会是近代中国的壮举之一，全面建成小康社会后依然要对贫困问题保持高度重视。2020年全国832个国家贫困县已经全部脱贫摘帽，为确保脱贫攻坚的质量与成色，切断"扶贫—脱贫—返贫"的恶性循环，重点针对西部地区、革命老区、边缘地区巩固拓展脱贫攻坚成果，建立防止返贫监测和帮扶机制，实施动态监测，持续提高教育、医疗等民生领域供给；其次，优化精准扶贫思想。精准扶贫是决胜小康的重要战略思想，全面建成小康社会后要优化精准扶贫思想，在政策制定上贴合全面建成小康社会后农村贫困新特征，重点关注城乡交接区域贫困农民，在政策推进上要借助企业、社会组织的共同力量，实现可持续化精准帮扶模式，在政策落地上要准确评估，妥善处理短期帮扶效益和长期帮扶效益之间的关系；最后，强化综合治理。全面建成小康社会后常态化贫困已经得到顺利解决，需要开展可持续性减贫，将原有集中性解决常态贫困的工作重点转变为集中解决农村相对性贫困，开展城乡地区的综合治理，让城乡居民享受均等化公共服务，促进城乡地区融合发展。

二、全面建成小康社会后农村贫困治理的重点分析

(一)如何划定新标准

随着全面建成小康社会目标的达成，建档立卡贫困人口全部完成脱贫，绝对贫困问题已经得到解决，但并不意味着贫困问题就此消除，反而是以更复杂、更多元、更隐蔽的方式呈现，给日后贫困治理提出了更高要求。决胜小康的重要前提是贫困标准明确，利用一系列精准扶贫措施，让贫困线标准之下的群众摆脱贫困，但全面建成小康社会后，如何精准地划定新贫困标准，就成了农村贫困治理的难点，倘若新贫困标准过高，地方政府帮扶压力巨大，也容易导致脱贫人口过于依赖政策；倘若新贫困标准过低，则无法满足脱贫人口日益增长的美好愿望。同时，全面建成小康社会后，贫困人口都属于相对贫困，贫困表现形式更为隐蔽，即便继续采用精准扶贫方式，也容易出现重点人群识别错漏以及治理效果发生偏离的情况。一旦识别不准或发生错漏，就难以完成后续的巩固脱贫成就任务，也容易出现利用帮扶政策骗取资金的现象，倘若帮扶资金被骗取，不仅重点人群的生活难以发生改变，甚至会引发更为严重的社会矛盾，让帮扶陷入"出力不讨好"的尴尬境地。

(二)如何保障收入稳

我国部分农村地区经济底子薄、基础设施落后，除从事农业生产之外，农民难以获取额外的经济收入，即便从事农业生产，也必须承担极高的风险，农民收入极为不稳，为全面建成小康社会后埋下安全隐患。决胜小康社会阶段，政府投入了大量的政策、资金，兴建了各类涉农项目，也鼓励企业入驻农村地区，帮助农民发展生产、摆脱贫困，在全力以赴状态下，低收入群体暂时摆脱了物质生活压力，但在全面建成小康社会后如何确保农民收入稳定，依靠自身能力不重返贫困，成为摆在国家和各级政府面前的难题。倘若持续颁布优惠政策、加大资金投入，各级政府财力有限；倘若让企业自负盈亏，一旦项目亏损企业退出，农民又将面临失业返贫。同时，随着城镇化进程加速，部分农民开始涌入城市，由于文化水平和专业技术受限，就业面临严峻挑战，随时随地都

面临辞退风险，稳定收入更是无从谈起。此外，一些"农二代"在大城市打拼多年，依然不具备扎根条件，在适婚年龄重返家乡，由于在大城市中习惯了高收入、高消费生活，返乡之后不适应低薪岗位，存在失业现象，也成为农民收入不稳定的重要影响因素。

（三）如何缩小城乡差

早在 20 世纪初期，我国城乡就出现了明显的经济差距，城市人均可支配收入约为农村地区的 3 倍以上，即便国家意识到城乡经济差距，制定了倾向性政策，比如免税、补贴等，但并未真正解决问题。2023 年，我国农村居民人均可支配收入为 21691 元，与城镇居民人均可支配收入 51821 元还存在一定差距。随着全面建成小康社会，农村地区经济得到了良好发展，诸多企业开始入驻农村，为涉农产业发展夯实了基础，但相比城市发展而言，农村不仅经济基础薄弱，增长速度也较为缓慢，始终未能缩减与城市之间的差距，成为全面建成小康社会后农村发展的隐患。倘若让现代化企业入驻农村，农村又缺少资源、人才、金融等配套服务，企业生存和发展空间极为有限；倘若鼓励农民走进城市，寻求高薪工作，农民文化素养、专业技术又成为就业障碍。同时，随着电子商务时代来临，以淘宝、拼多多为代表的电商，纷纷开始入局农村市场，开辟农产品交易专区，的确为农民增加收益做出了卓越贡献，但更多的是为农产品销售提供了稳定销售渠道，更多的经济收益把控于中间商，对缩小城乡经济差距作用并不明显。

（四）如何实现农业现代化

农业不仅是国民经济支柱，更是农民收入的主要来源，农业现代化建设，要以农业发展带动农民收入提升。在全面建设小康社会期间，各级政府出台了多项惠农政策，比如减免农业税收、加快土地流转、兴建涉农企业等，种种措施都在帮助农业朝着现代化方向发展，致力于提升农民经济收入。但是，全面建成小康社会后，农业现代化发展依然有着漫长道路，比如农业产业化不足、农产品附加值偏低、土地流转成本较高，都成为制约农业现代化发展的关键问题。倘若继续加强惠农政策，农民赋闲现象会越来越多；倘若维持农业当前水平，又不足以进一步提升农民生活水平。同时，随着农业规模化发展，涉农企业往往从经济利益出发，导致农业产业结构失衡，不仅给企业经营带来严重风险，也容易造成粮食自给率继续降低。农业不同于其他行业，单纯依赖于市场调节具有极强的滞后性，还需要更多科技型企业参与现代农业发展，及时为农业种植和加工指明方向。

三、政府推进民营企业参与乡村振兴的对策

民营企业是我国最活跃、数量最多的市场经济主体，但在推进乡村振兴工作中，目前参与的民营企业数量相对来说还是较少，大部分还是资本雄厚的大型民营企业。中小型民营企业参与的积极性不高、参与的方式较为单一，且以传统的公益慈善捐赠为主。究其原因，主要包括以下几点。

第一，民营企业以追求企业利润为目的，有些产业项目投入大、周期长、见效慢，短期内难有回报。因为传统农产品的附加值低，"造血式"帮扶的核心就在于改变农户的农产品生产、加工方式，而这对于技术和设备的要求很高。因此，民营企业开展帮扶项目的前提就是提供职业技能培训。农户受限于自身素质和受教育水平，其技能培训需要投入大量时间和专业人员。职业技能培训一般是由企业主动提供，带有一定的公益性质，基本上不会向农户收取费用，如果农户不配合企业的技能培训工作，企业的经营成本就会增加，从而使得有些中小企业不愿意组织职业技能培训活动。

第二，民营企业在参与农村地区的贫困治理和乡村振兴实践中，非生产性项目的支出较多，占用了企业的流动资金。尤其是对于农业产业扶贫项目，民营企业大量的资金用于原料收购加工、广告宣传促销活动、政府性会议参观等。而农业产业化龙头企业税收优惠、相关费用减免优惠落实不到位，在企业培训农户劳动力就地务工等方面给予的税费、资金优惠政策滞后，使企业因缺乏资金很难运转。这也极大影响了中小企业帮扶的积极性。

第三，受世界经济衰退、国内经济下行的影响，当前部分民营企业的生产经营面临很大压力，在农村地区投资兴业的积极性不高，有些民营企业仍有顾虑。此外，民营企业特别是从事农业生产的民营企业，仍然面临着融资难、融资贵的挑战。一是农业企业的融资渠道少。农业企业前期投入大、见效周期长、盈利能力较低、自然灾害多、市场风险高，多数金融部门不愿意为其贷款承担风险。二

是融资贷款办理的时间长、审核程序多、贷款周期短。银行贷款都需要抵押物，资产评估、抵押、担保等办理的时间长、成本高，而农业生产具有季节性、周期性的特点，融资贷款问题也会成为制约农业生产的因素。

责任政府要求政府承担道德的、政治的、行政的、法律上的责任。[①] 政府通过政策制定、调配资源、提供公共服务，承担自身责任，具有天然的合法性。乡村振兴是实现中华民族伟大复兴的一项重大任务，为继续深入推进民营企业在脱贫地区的各项工作，政府应该承担自身责任，发挥自身政策指引和统配资源的优势，促进民营企业在乡村振兴工作中发挥更大作用。

首先，完善优化涉企政策。民营企业在推进脱贫地区发展的过程中，地方政府应在土地、税收、金融等方面继续对其实施优惠政策。同时，政府也应根据民营企业性质或开展的项目类别实施更有针对性的激励政策，如对民营企业实施精准扶贫促成的大众创业园、众创空间建设等载体，可以按孵化成功的企业数量，对每家企业给予固定补贴；对于民营企业扶持农村电子商务及农村旅游经济发展的产业项目，可调整标准发放就业补贴，并提供优惠贷款等。

其次，改善外部市场环境。一直以来，基础公共设施落后是制约农村地区发展的一个瓶颈问题。脱贫地区受基础设施制约表现得更为明显，尤其是在通信、交通、水利等基础公共设施方面表现更为突出。即使脱贫地区资源禀赋高，但基础设施的不完善也会阻碍脱贫地区市场主体的培育和市场经济的发展，难以吸引其他市场主体到此投资兴业。因此，改善基础设施建设，构建良好的外部市场环境对于民营企业在农村地区开展兴村富民工作具有重要意义。

最后，合理引导企业发展。民营企业能够将脱贫人口的发展需求和企业的发展能力紧密结合，既弥补了政府帮扶的不足，又能体现出市场元素的积极作用，是效率高、效果好、持续性强的帮扶方式。民营企业是灵活的市场经济主体，运用市场化经营的方式帮助农户增加市场性收入。然而，通过调研发现，民营企业在实施产业帮扶项目的过程中，与农户构建的是一种松散型的合作关系，企业与农户并未处于一个收益相对平等的地位，农户的市场参与能力与应变能力并未得

---

① 张成福. 责任政府论[J]. 中国人民大学学报，2000(2)：75-82.

到提高。一是民营企业只是将农户作为产业链条中最初级的原料供应者，农户难以掌握市场运作规律及需求关系，一旦民营企业的市场能力不强，农户就会面临更大的市场风险。二是农户都是原子化分散的个体，面对民营企业强大的资本力量，农户在利益分享上处于弱势地位，话语权较弱。基于上述问题，政府可以通过以下几个方面对民营企业加以合理引导。

一是政府应在全社会弘扬社会主义利益观，帮助更多的民营企业树立正确的企业经营理念，号召企业积极履行企业社会责任。二是政府可以通过正向激励，强化宣传，在全社会营造良好的社会氛围。对于在参与贫困治理和乡村振兴实践中事迹突出、帮扶成效显著的民营企业进行宣传表扬，充分肯定民营企业对兴村富民事业所做的贡献，激励和鼓舞更多的民营企业家积极投身乡村振兴事业。三是政府要创新对民营企业的监督方式。对于参与乡村振兴的民营企业，政府应认真核查民营企业的经营资质，加强信用征信体系建设，公开监管执法信息，约束民营企业行为。

四、民营企业参与乡村振兴的走向

民营企业是市场经济主体，从理性"经济人"假设出发，企业行为的目标是寻求效率与利润的最大化。民营企业的外部性特征要求其在追求经济效益的同时，对利益相关者群体也要承担一定的社会责任。

(一)注重利益协调

民营企业在推进脱贫地区发展的过程中，面对多元主体利益诉求各不相同的情况，应平衡各主体间的利益关系，化解利益冲突，增进利益联结，促进多元主体的协同发展，推动农村改革和乡村建设。第一，在利益表达方面。要强化合理的利益表达意识，即在制度化的框架内，通过正式、规范的表达渠道理性表达利益，避免利益表达过程中的矛盾和冲突。民营企业、农户等主体要按照签订的合同或协议正确合理地表达自己的主张和诉求，在公平公正的情境下有效解决问题。第二，在利益获得方面。民营企业在脱贫地区投入了大量的资源，其目的是带动农户脱贫致富，但民营企业并非以纯公益的形式进行投资，也需要获得一定的经济效益以扩大再生产。在利益分配方面要优先向农户倾斜，也要兼顾民营企业的投入成本和后期发展，尽量做到收益的均衡分配，实现多元主体共赢的结果。第三，在利益监督方面。要建立包含民营企业、村集体及农户的双向监督机制，引入公共监督机制，建立常态化的项目资金公示制度，保证项目资金的合法合规使用，避免资金的私有化趋向。

(二) 整合社会资源

民营企业在乡村建设的过程中，非生产性项目的支出较多，占用了企业的流动资金。尤其是农业产业项目，民营企业大量的资金用于原料收购加工、广告宣传促销活动、政府性会议参观等方面。而民营企业税收优惠、相关费用减免优惠落实不到位，使企业因缺乏资金很难运转。民营企业要不断整合社会资源，实现资源使用效率的最大化。第一，向内挖掘资源。要深入挖掘并利用好脱贫地区的特色资源优势，重视脱贫群体内部的资源集聚和重组，加快脱贫地区资源开发，开展内源式帮扶。第二，向外调配资源。在充分理解、把握、运用国家政策的基础上，与其他市场主体、社会组织等进行合作，吸引这些机构或组织到脱贫地区进行投资和帮扶，在项目申请、资金拨付、品牌打造等方面寻求支持，引入多样化的社会资源，开展外协式乡村建设。通过整合企业内部资源和社会资源、现实资源和潜在资源，民营企业采取与当地现实状况相适应的发展方式，同时借助当地政府的帮扶政策，实现脱贫成效更可持续，并且在一定程度上提升当地的基层社会治理水平。

(三) 重视能力建设

民营企业在参与乡村振兴过程中，要发扬民营企业家艰苦奋斗、锲而不舍的奋斗精神，帮助脱贫地区培育创业致富带头人和小微企业创业者，营造敢闯敢干、创业创新的社会氛围。促进脱贫群众自身能力建设对于未来最大限度降低返贫率具有难以替代的独特作用。民营企业的能力建设主要包括三个方面，一是提升脱贫群众的能力建设，有效降低其返贫风险，提供技能技术培训，使脱贫群众有一技之长，提高其发展能力和信心，使其能更好地适应当今社会的发展需求。二是加强培养乡村振兴方面的专业人才。他们既要熟悉国家相关农业政策法规，又要了解乡村工作实际；既要解决群众现实利益，又要考虑群众长久发展，同时还要保持乡村振兴的持续性与稳定性。三是重视企业自身的经营能力。民营企业帮扶的基本原则之一就是自觉自愿、量力而行。在积极参与乡村振兴工作中，民营企业要重视自身的经营能力和经济实力，避免出现超出企业实力范围的行为，否则不但无助于脱贫地区的发展，反而会将企业自身拖垮。民营企业作为市场主体，在市场化活动中具有自身独特的优势，这种优势有助于民营企业形成持续的发展动力，推动乡村振兴不断走向精准化和特色化。

（四）承担社会责任

民营企业要积极承担并履行企业社会责任，将企业发展同社会发展相结合，将个人富裕同社会共同富裕相结合。民营企业继续以发展产业为重点，壮大县域经济，扩宽农户的就业增收渠道。民营企业通过参与脱贫村基础设施建设、吸纳就业、助学助残、购买产品等解决返贫问题。此外，民营企业组建志愿服务组织到脱贫地区开展助教支医、文化下乡、科技推广、创业引领等活动，积极参与乡村电商体系建设。民营企业通过承担更多的社会责任可以有效参与社会治理，扩大企业的社会影响力，树立企业的良好形象，获得社会大众的普遍认可，这种"软实力"有利于民营企业占有更大的市场份额，获得更大的市场生存空间，因此会在承担社会责任和企业自身发展之间形成一种良性循环，激励民营企业继续承担更多社会责任，推动贫困治理和乡村振兴向更深层次发展。

附录一　访谈提纲

一、政府部门访谈提纲

1. 请您简单介绍一下本地社会帮扶的基本情况。

2. 政府帮扶与民营企业帮扶的区别在哪里？

3. 民营企业帮扶的优势有哪些？同企业相比，政府在帮扶方面的优势有哪些？

4. 民营企业帮扶的领域有哪些？具体的方式是什么？

5. 您认为民营企业为什么要参与帮扶工作？政府是如何与民营企业合作的？是否出台了支持性与规范性的政策(具体有哪些)？民营企业获得了哪些利益？

6. 本地民营企业参与社会帮扶取得了哪些成效？请列举典型案例。

7. 民营企业助力乡村振兴工作应该如何开展？有哪些建议？

二、民营企业访谈提纲

1. 请您简单介绍一下公司的基本情况。

2. 民营企业在帮扶工作中扮演了什么角色？发挥了什么作用？同政府相比，民营企业在帮扶方面的优势有哪些？

3. 请问您如何看待民营企业参与社会帮扶？基于哪些考虑？开展了哪些帮扶项目？

4. 民营企业如何用市场化的手段参与帮扶工作？

5. 民营企业在贫困治理中是如何承担企业社会责任的？

6. 在帮扶工作中，同政府是如何开展合作的？得到了政府的哪些帮助？链接了哪些资源(土地、资金、技术、信息、市场、劳动力等)？是否与其他企业或组织有合作?

7. 在帮扶工作中,农户是怎么参与进来的?企业给农户带来了哪些实惠?

8. 在帮扶工作中,企业本身获得了哪些利益?遇到了哪些困难和挑战?又是如何解决的?

9. 民营企业参与乡村振兴工作,您认为还需要哪些支持?

三、农户/村干部访谈提纲

1. 请简单介绍您家庭/村里的基本情况(姓名、性别、年龄、经济来源、收入状况、日常劳作情况)

2. 村里开展了哪些帮扶项目?有哪些帮扶资源?分配是否公平?

3. 民营企业在本村开展了哪些具体工作?您是否参与其中?是如何参与的(土地流转、务工等)?

4. 您(家庭)是否获得了民营企业的帮助?是如何获得的?

5. 参与扶贫开发,民营企业有没有获得利益?获得了哪些利益?

6. 民营企业给社区、家庭带来了哪些影响(好的或者不好的)?

7. 目前您还有哪些方面的困难?希望从政府、民营企业得到哪些支持?

附录二　访谈对象结构表

序号	访谈类型	访谈对象	访谈编号
1	民营企业访谈	MM 茶叶有限公司总经理 T 某	QY200922M1
2	民营企业访谈	MCS 茶叶集团高管 W 某	QY200923M1
3	民营企业访谈	TY 茶叶有限公司后勤部长 C 某	QY200923M2
4	民营企业访谈	MM 茶叶有限公司高管 J 某	QY200924M1
5	民营企业访谈	TY 茶叶有限公司总经理 L 某	QY200924M2
6	民营企业访谈	BF 茶叶有限公司总经理 Y 某	QY200924M3
7	民营企业访谈	MCS 茶叶集团总经理 H 某	QY200925M4
8	民营企业访谈	MCS 三江茶叶加工厂厂长 H 某	QY200925M5
9	民营企业访谈	MCS 茶叶集团员工 S 某	QY200925M6
10	民营企业访谈	茶园基地负责人 W 某	QY200926M1
11	民营企业访谈	MCS 茶叶集团高管 T 某	QY200928M1
12	民营企业访谈	MCS 茶博园总经理 W 某	QY200928M2
13	企业访谈	人行 W 县支行副行长 Z 某	QY200930M1
14	政府部门访谈	县扶贫移民开发局副局长 T 某	ZF200922M1
15	政府部门访谈	县扶贫移民开发局科员 Z 某	ZF200922F1
16	政府部门访谈	自然资源局局长 L 某	ZF200922F2
17	政府部门访谈	农业农村局农经部主任 W 某	ZF200924M1
18	政府部门访谈	茶叶产业发展服务中心主任 X 某	ZF200924M2
19	群团组织	县工商联秘书长 C 某	ZZ200922M1
20	群团组织	市工商联 部长 H 某	ZZ200928M1
21	村干部	厚坝村书记 H 某	NH200926M2

续表

序号	访谈类型	访谈对象	访谈编号
22	村干部	黄粱村支书 T 某	NH200926M3
23	村干部	虎垭村干部 Z 某	NH200927M1
24	脱贫户访谈	黄粱村农户 H 某	NH200925M1
25	脱贫户访谈	黄粱村农户 T 某	NH200925F1
26	脱贫户访谈	茶园村农户 H 某	NH200925M2
27	脱贫户访谈	茶园村文书 Y 某	NH200925M3
28	脱贫户访谈	虎垭村农户 S 某	NH200927F1
29	脱贫户访谈	厚坝村农户 H 某	NH200926M1
30	脱贫户访谈	崔河村农户 H 某	NH200930M1
31	脱贫户访谈	崔河村农户 T 某	NH200930M2
32	脱贫户访谈	崔河村农户 T 某	NH200930F1
33	村民访谈	三江坝社区农户 C 某	NH200925M5
34	村民访谈	三江坝社区农户 H 某	NH200925F2
35	合作社代表	龙山茶叶专合社 S 某	NH200925M4

附录三　从脱贫到振兴：民营企业参与
乡村振兴的典型案例

党的十八大以来，习近平总书记站在全面建成小康社会、实现中华民族伟大复兴中国梦的战略高度，把脱贫攻坚摆到治国理政突出位置，提出一系列新思想新观点，做出一系列新决策新部署，推动中国减贫事业取得巨大成就，对世界减贫进程做出了重大贡献。[①] 必须坚持充分发挥政府和社会两方面力量作用，构建专项扶贫、行业扶贫、社会扶贫互为补充的大扶贫格局，调动各方面积极性，引领市场、社会协同发力，形成全社会广泛参与脱贫攻坚格局。鼓励支持各类企业、社会组织、个人参与脱贫攻坚。从脱贫攻坚到乡村振兴，民营企业通过参与"万企帮万村""万企兴万村"等行动，在全国工商联、中国光彩事业的引导下，为中国全面建成小康社会、推进中国式现代化做出了积极贡献。以下对四川省广元市 3 个典型的案例进行分析。

一、四川省苍溪县黄猫垭商会典型案例

苍溪县黄猫垭商会是 2015 年 2 月由四川省广元市苍溪县黄猫乡在外的 100 余位企业家发起成立的地域性商会。商会成立伊始积极响应全国、省、市、县工商联开展"万企帮万村"精准扶贫行动的号召，立足革命老区红色资源和绿色青山的生态优势，以帮助黄猫乡群众脱贫奔小康发展为主旨，助力精准扶贫，致力产业富民奔小康。黄猫垭商会被全国工商联、国务院扶贫办等表彰为"全国'万企帮万村'精准扶贫行动先进民营企业""全国'四好商会'"。通过党政主导、群

---

① 中共中央党史和文献研究院．习近平扶贫论述摘要［M］．北京：中央文献出版社，2018.

众主动、商会帮扶，已实现 5 个贫困村贫困户 625 户、贫困人口 2329 人全部脱贫（包括 5 个非贫困村）。①

（一）黄猫垭商会成立的背景

苍溪县地处四川盆地北缘、秦巴山脉南麓、嘉陵江中游，辖区面积 2330 平方公里，辖 39 个乡镇、807 个村（社区），全县总人口近 80 万，其中农业人口 66 万。苍溪是农业大县，是川陕革命老区、国家级贫困县、秦巴山区连片扶贫开发工作重点县。2014 年四川省省定建档立卡贫困村 214 个、贫困户 2.7 万户、9.2 万人，贫困发生率 13.9%。黄猫垭镇在苍溪县东北部，距离县城 102 公里，处旺苍县、苍溪县、南江县三县交界之地。苍溪县是革命老区，在第二次国内革命战争时期，是川陕革命根据地的重要组成部分，是红四方面军长征出发地，从苍溪走出 3 位省委书记、6 位中共中央委员和 8 位开国将军，是中国长征精神红色旅游火炬传递活动 6 个火种集采点之一。

黄猫乡，是发生过著名的黄猫垭战役，前国家主席李先念生前念念不忘、逝世后撒放骨灰的红色热土之一，是开国元帅徐向前指挥过战斗的地方。在这方红土地生活成长的黄猫儿女以自强不息的勇气，乘着改革开放春潮走出大山，外出打拼闯天下干事业，成就了一批黄猫籍在外成功人士，其中，以四川石材商会副会长、成都鑫春蕾石材有限公司董事长罗洪为典型代表。

因为祖祖辈辈都是农民，罗洪自小家庭贫困，也没有读多少书，一直跟随父亲在家务农。1990 年，隔壁邻居因琐事与罗洪家发生争吵，在争吵中对罗洪说："洪娃子，你家永远都修不起砖房。"这句话像一根刺一样扎进了少年罗洪的心里。自那以后，为家里修一栋砖瓦房是罗洪最大的梦想。为了实现这个梦想，家里的活儿罗洪抢着干，他还在距离家 3 公里的黄猫街上做副食生意。1994 年，一栋 500 平方米的三楼两底砖房在黄猫街上拔地而起，房子修好了，罗洪也因修房子借了 10 余万元的外债，由于当时做生意亏本，再加上朋友来催账，1998 年，罗洪怀揣着 4000 元只身闯成都，希望能闯出一番天地。

罗洪来到成都后，便在一家石材厂打工，从小吃苦耐劳的他啥都不怕，就怕

---

① 数据来源：广元市工商联提供的资料.

自己学不好，别人在休息的时候他在琢磨，别人在睡觉的时候他在摸索。在石材厂，他从一名普通的工人做起，搬运石材、打磨、设计，经过一路摸爬滚打，他从小小的灶台石做起，凭借坚韧与勤奋，创建了鑫春蕾石材有限公司。经过多年努力，公司发展成为西部地区石材行业龙头企业。罗洪在外创业的同时，从没有忘记自己是从黄猫大山沟里走出去的穷孩子，总是想方设法带领乡亲们一起致富。在罗洪的石材公司，90%的工人是广元人，其中80%是黄猫乡的老乡。

对于企业家来说，决策行为往往会受到个体以往经历的影响，且他们善于变通应用于企业的经营管理之中。有研究显示企业家的早年农村经历通过塑造其与乡土情境相匹配的心理偏好认知和专业能力认知等个体特征，使得他们日后创业时具有与非农村经历者不一样的思考与抉择，更倾向于选择进入农业行业创业。[1] 黄猫乡远离县城，自然条件差，基础设施落后。如何帮助家乡更多的父老乡亲改变现状，过上好日子，罗洪一直有自己的打算："黄猫垭战役是一笔珍贵的文化精神财富，我一直想利用黄猫有利的资源，开发旅游项目、发展产业，让家乡的父老乡亲都能过上好日子。"

当罗洪把自己的打算告诉给家人时，当时没有一个人理解并且同意。他们认为，黄猫乡距离苍溪县城最远，道路不通，实在是太偏远了，把钱砸在那里，纯粹是"肉包子打狗——有去无回"。父母妻子的工作做不通，罗洪就给儿子做工作。知道父亲这辈子最大的心愿就是把家乡建设好，让家乡的父老乡亲过上好日子，儿子罗乐最终被父亲的胸怀、勇气折服，并全力支持他的决定。2012年冬天，罗洪带着改变家乡面貌的满腔热情，毅然决定将公司交给儿子打理，将目光投向自己的家乡，离开成都回到黄猫开展新一轮创业，回乡创业兴业，帮助家乡老百姓脱贫致富。

2012年，罗洪投资200万元为乡邻免费建猕猴桃产业园；2013年他投资300多万元修建红豆杉农民文化广场；投资近2000万元修建旅游接待中心；投资5000万元成立四川省黄猫垭农业生物科技发展有限公司，建设黄猫垭现代农业观光园，打造川北最大桃花观赏基地和休闲农业体验基地；投资近700万元修建

---

① 丁绒，饶品贵.在希望的田野上：企业家农村经历与创业行业选择[J].南方经济，2023（1）：99-118.

黄猫至本门快速通道，打通致富道路。

为了动员更多的黄猫籍在外人士回乡助力家乡尽早脱贫致富奔小康，2015年2月，在苍溪县工商联和黄猫乡党委、政府的支持下，黄猫乡在外100余位企业家发起成立了地域性商会黄猫垭商会。商会成立伊始，积极响应全国、省、市、县工商联开展"万企帮万村"精准扶贫行动的号召，立足革命老区红色资源和绿水青山的生态优势，以帮助黄猫群众脱贫奔小康发展为主旨，助力精准扶贫和乡村振兴，致力产业富民奔小康。

（二）黄猫垭商会的发展目标

2017年以来，黄猫垭商会以创"班子建设好、团结教育好、服务发展好、自律规范好""四好"商会为目标，紧紧围绕全面建成小康社会的中心、服务精准扶贫乡村振兴大局，突出班子建设，加强对会员的政治引领，会员队伍不断壮大，商会自身建设进一步规范，作用发挥成效明显，为推动当地乡村振兴和经济社会发展做出了积极贡献。

1. 班子建设好，政治素质强

突出政治素质。领导班子以政治素质强为第一标准，有会长1人，常务副会长4人，副会长16人，秘书长为专职；班子成员中有中共党员5人；监事长按照章程有效发挥监事作用。商会坚持中国共产党领导，拥护中国特色社会主义道路，牢固树立"四个意识"，自觉践行社会主义核心价值观。

做到民主决策。商会坚持民主办会，实行民主选举、民主决策、民主管理，建有健全的议事决策机制，定时召开会长办公会、理事会。领导班子率先垂范，以身作则，带领会员走在前、干在先，商会风清气正，和谐团结。

行业代表性强。班子成员中有四川省石材行业的领军人物，有矿山、建筑、化工、服装等行业具有影响力的代表性人物。商会会长罗洪，现任广元市政协委员、市工商联执委、市光彩会常务理事，苍溪县政协委员、县工商联副主席，2015年被国务院农民工工作领导小组表彰为"全国优秀农民工"，被四川省脱贫攻坚领导小组授予"四川省脱贫奋进奖"，是"全市扶贫形象大使"。常务副会长李雄国被评为广元市"十大最美扶贫人"。商会积极参与地方党委政府的重大经济社会活动，主办或协办"广元市首届乡村旅游节""黄猫垭杯桃花诗会""中国·

苍溪梨花节""黄猫垭桃花节""全国薪火相传暨长征胜利80周年火炬传递活动"。2017年10月，商会被全国工商联、原国务院扶贫办、中国光彩会等表彰为"全国'万企帮万村'精准扶贫行动先进民营企业"；被四川省工商联、省扶贫移民局、省光彩会表彰为全省"'万企帮万村'精准扶贫行动先进商协会"；被四川省工商联表彰为全省"先进商协会"，被广元市工商联、市扶贫移民局、市光彩会连续两年表彰为全市"'万企帮万村'精准扶贫行动先进单位"。

2. 团结教育好，思想素质高

会员队伍壮大。会员入会以思想素质、现实表现、奉献精神、热爱工商联和商会工作为基本要求；商会成立时有会员62个，现有会员178个，其中：企业会员58个，小微企业会员101个；个人会员中，高中以上文化程度98人，45岁以下会员32个；中共党员22人；2019年新发展吸收会员30个，较上年增长28%，2023年入会16个。经过近10年发展，商会会员结构逐步优化，有龙头企业、骨干企业15家。

强化政治引领。一是多形式组织学习习近平新时代中国特色社会主义思想和党的二十大精神。组织收看会议实况，召开专题会，参加宣讲团专家辅导，印发学习资料，使会员及时领会二十大精神。二是开展以"不忘创业初心，接力改革伟业"为重点的理想信念教育实践活动，着力构建"亲""清"新型政商关系。三是在统战部、工商联支持下，选送5名年轻会员到上海、浙江、成都等地参加学习培训，引导他们坚定不移听党话跟党走。四是组织会员捐建烈士纪念碑、将军雕像将帅碑林、重建黄猫垭战役遗址，开展向黄猫垭战役英烈学习等活动。五是抓宣传引领。及时反映商会建设、脱贫攻坚、返乡创业、乡村振兴等先进典型，商会会员"四信"意识增强，与党同心同向同行的决心更坚定。

助力脱贫攻坚与乡村振兴。商会成立伊始，积极响应全国工商联开展"万企帮万村"精准扶贫行动的号召，立足革命老区红色资源和绿水青山生态优势，助力精准扶贫和乡村振兴。商会着力产业帮扶，帮扶5个贫困村和5个非贫困村。着眼交通帮扶，商会会员出资1000多万元在崇山峻岭悬崖峭壁上修建了一条宽8.5米、长14.6公里、惠及黄猫及苍旺等10余个乡镇、10万余群众脱贫致富的快速通道。发展绿色乡村旅游，建设"世外桃源"和"桃花岛"，发展休闲观光农业，打造川北最大桃花观赏基地。助力社会事业，商会人士一对一资助困难学生完成学业。通过党政主导、群众主动、商会帮扶，黄猫乡已实现 5 个贫困村全部脱贫摘帽，625 户贫困户、2329 名贫困人口全部脱贫退出。在乡村振兴阶段，黄猫垭商会组织在外苍溪籍企业家回乡兴村，川陕甘农产品交易市场商会组织会员与 13 个村签订购销协议，年销售农产品 5 万余吨。

党建工作扎实。商会党支部成立后，严格按照党章开展党的工作和活动，落实全面从严治党主体责任，以党建促会建，注重支持并指导会员企业加强党建工作。党员能够切实发挥先锋模范作用。商会领导班子积极支持党组织开展工作。商会党支部副书记、会长邓泽浩被中共苍溪县委表彰为"十佳返乡农民工党员"。

3. 服务发展好，助推"两个健康"

加强政策宣传。商会每年通过年会、理事会、返乡兴业座谈会等形式，及时向会员传递国家支持非公有制经济发展的政策，帮助他们掌握政策，把握引领经济发展新常态和产业发展新趋势，加快转型升级，寻求发展商机。

建好服务平台。商会发挥会员分布广的优势，在北京、成都、重庆、内蒙古等地建立分会，作为融资、信息、技术、人才等服务平台，给会员企业发布需求信息，为会员企业转型、融资、对外交流提供支持，深受会员好评。组织会员参与中国西部国际博览会、广元女儿节秋交会、"中国·苍溪梨花节"、猕猴桃采摘节等经贸活动和交流研讨、论坛展会等活动，参加各种展会、论坛或经贸活动 20 余场，参与会员 100 余人次。

抓好服务维权。开展法律进商会普法宣传活动，帮助会员维护其合法权益。开展"走基层、听民意、话发展、解企忧"等活动，走访会员企业、会员单位共 30 家，协调解决用地、投资、融资、电商等难题 26 件。罗洪作为市县政协委员，积极参政议政，通过工商联和个人提案，为推动商会建设、乡村振兴、发展环境优化改善等建言献策。

4. 自律规范好，内部管理规范

治理结构完善。商会严格按照章程定期召开理事会议、常务理事会议、会长办公会议；有固定办公场所，经费充足，秘书处有专职工作人员，运转高效，具有较强执行力，秘书处有 4 名固定工作人员，其中专职工作人员 1 名。

内部管理规范。商会能够严格按照国家有关法律法规及商会章程办会；制订年度工作计划，进行年度工作总结；建立并严格执行有关会员、会费、资产、财务、档案、会议等内部管理制度。

切实诚信自律。商会制定了自律公约，配合有关部门开展会员信用评价，积极参与社会诚信体系建设，引导会员积极构建和谐劳动关系；按照规定对年度工作报告、会费收支情况等重大信息实行信息公开，接受会员和社会各界监督。

(三)黄猫垭商会参与乡村振兴的主要做法

1. 着力交通惠民，修建致富小康路

山高沟深、交通滞后，是多年制约黄猫发展的最大瓶颈。修建一条联通高速公路的快速通道，是乡亲们期盼已久的梦想。为了修路，罗洪亲自爬陡坎、钻刺耙林，在崇山峻岭中找到了一条打开黄猫乡和北部山区交通瓶颈的快速通道路线。通过"财政补+部门帮+社会助+群众筹"等多渠道集资，罗洪个人出资 700 多万元，发动商会会员和当地群众捐款 100 多万元，历时 2 年在悬崖峭壁上用 100 吨炸药炸出了一条路基宽 8.5 米、长 15 公里的便捷之路、致富之路，联通了黄猫垭至广巴高速木门出口，让原来总长 50 多公里的盘山公路，缩短为 15 公里，惠及黄猫垭及苍旺两县 6 个乡镇、70 多个村，真正解决了 7 万人的出行难问题。如今，乡亲们的出行实现了 20 分钟上高速的历史跨越。

2. 着力产业发展，找准脱贫奔小康路

以前，每年回家过年，黄猫籍成功人士都要摆坝坝宴，招待邻里乡亲，并给本村小孩和 60 岁以上老人送上 300~500 元的红包。后来大家意识到，这种"输血式"的帮扶不能从根本上解决老百姓的问题，只有帮助百姓发展起产业，才能彻底改变家乡贫穷落后的面貌。搞什么产业，如何兴，怎么兴，是摆在苍溪黄猫垭商会面前的一道难题，商会班子成员经过数次会商研讨，决心做好"绿色"名片文章，他们考察了全国各地农科院和全国的特色产业，决定立足当地独特的生态优势，打造出以生态农业发展为基础、乡村旅游开发为重点的产业发展新范本。商会成员提出种枇杷、种桃树、种桃花、种雪梨等，旨在把黄猫垭的"绿色"农业品牌推出去，要让地方老百姓得到真正实惠。商会先后帮扶了 10 个行政村(5 个脱贫村和 5 个行政村)，从基础设施建设到土地流转，户均达到一个产业项目。商会会长罗洪带头成立了四川省黄猫垭农业生物科技发展有限公司，带动流转土地 5000 余亩，建起了 1200 亩红桃产业园、1300 亩白肉枇杷产业园、700 亩观赏桃花园、800 亩梨产业园、500

亩红橙产业园等；实现了大园带小园、园套园、园连园、园带园的可持续、可稳步的增收路径。在商会的带动下，先后有 15 位企业家返乡创业，建立 7 个产业园，采取"公司+土地租金+股金分红"的模式，投产前 3 年按每亩 300 元给农户付租金，第 4 年按每亩 400 元付租金，5 年以后按 500 元付租金，加 10%的分红，让农户真正成为产业的主人。商会帮助 112 户脱贫户发展猕猴桃、丑柑和丹参、瓜蒌、桔梗中药材种植园 1300 亩，培育产业致富带头人 17 名；帮助 11 户脱贫户联建山羊养殖场。商会就地建石材加工厂，实现 80 多人就业，其中脱贫户 50 多人，人均年收入达 25000 元，达到就业帮扶效果。这样，老百姓在家门口就有了土地租金、就近务工、旅游服务三笔收入。此外，为进一步壮大村集体经济，商会探索出"园区+集体经济"发展模式，黄猫垭镇 7 村 2 社按 4∶6 股份合作模式，组建了集体经济股份有限公司，2020 年首次实现门票收入 56 万余元，村社集体经济达 3.36 万元，真正实现了园区、村社互利共赢。

3. 着力乡村旅游，探索农旅融合发展新路

黄猫垭是川陕革命根据地的重要组成部分，是著名的"黄猫垭歼灭战"发生地，1934 年 9 月，红军在高台村发动"黄猫垭歼灭战"，毙敌 4000 余人，俘敌 10000 余人，取得黄猫垭大捷。从那一场战役开始，红色基因就深深镌刻在了一代又一代黄猫垭人的骨子里。

苍溪黄猫垭商会一直在思索，怎么让黄猫垭走出一条适合自身的农旅融合生态富民路。按照习近平总书记关于"把红色资源利用好、把红色传统发挥好、把红色基因传承好"的重要指示精神，黄猫垭商会不断努力与国家各级老区建设促进会对接，促成了"红漫黄猫垭 绿秀三溪口"红色旅游项目的开建。商会捐资重建黄猫垭战地医院遗址、黄猫垭烈士纪念碑、红豆杉农民公园，建成星级乡村旅游接待中心。2016 年 12 月"黄猫垭战役遗址"被列入全国红色旅游经典景区。

商会借助当地特色生态资源，通过种植桃树和枇杷树，以"特色产业+红色文化"推动旅游和产业提档升级，走出一条农旅融合的高质量发展之路。按照这个"红+绿"的发展思路，商会会长罗洪出资 7000 万元建起了 1200 亩红桃产业园、1300 亩白肉枇杷产业园、700 亩观赏桃花园、800 亩梨产业园、500 亩红橙产业园；打造桃花岛、百里桃花长廊、红军大院等景区(点) 40 多处，带动周边农户发展主题民宿、农家乐 50 多家。在当地党委政府的全力支持下，商会的其他成

员先后投资 6000 多万元捐建了农民公园、映山红广场、黄猫场节点、千年银杏广场、银杏景观大道、北京四合院及 6 座乡村别墅。

"十里桃花烂漫，万朵灼灼芬华"是黄猫垭商会打造的生态旅游品牌，在各级党委政府的支持下，黄猫垭桃花节已经连续举办了七届，桃花节期间，接待游客 5 万余人次，旅游收入 60 余万元。① 2021 年来，黄猫垭镇先后被纳入苍溪县现代农业园区建设、黄猫垭红色景区建设、黄猫垭镇高台村红色美丽村庄建设项目。黄猫垭镇高台村现已建成全国红色美丽村庄与乡村振兴示范村、东西部协作共同富裕示范村、川陕苏区红色教育基地、四川省星级现代农业园区。

如今的黄猫垭发生了翻天覆地的变化，是广元市苍溪红军渡干部行政学院的教学点，也是川东北地区青少年研学旅行基地；是川东北最大的桃花观赏基地，也是川东北绿色生态果品生产基地。农旅融合、特色产业让当地百姓端稳"生态碗"，吃上"旅游饭"，也极大地推动了当地经济发展。这里每年接待游客超过 30 万人次，促进地方旅游综合收入达 5000 万元。②

（四）苍溪县"商会+"模式赋能乡村振兴的经验启示

1. 凝聚力量，发挥商会作用

企业参与帮扶的实践由来已久。"企业扶贫是贫困地区脱贫致富的一种有效方式"③，让企业参与扶贫，走以产业发展促进脱贫之路，把促进企业发展与农户脱贫通过利益分配机制联系起来，实现贫困人口脱贫致富，是有效的扶贫路径。从脱贫攻坚到乡村振兴，习近平总书记在 2023 年全国政协联组会议上肯定了"万企帮万村"到"万企兴万村"是个壮举，指出"万企帮万村、万企兴万村，从扶贫到振兴，城乡一体化、工农一体化，民营企业在这方面的潜力是巨大的"。④

---

① 生态农业与乡村旅游融合发展苍溪黄猫垭走出一条靠山吃山的致富路［EB/OL］.（2024-03-27）. http：//zw. china. com. cn/2024-03/27/content_117087989. shtml.

② 苍溪黄猫垭商会以"三张名片"振兴家乡［EB/OL］.（2023-09-05）. http：//www. gygsl. com. cn/article_view. aspx？aid=4554.

③ 黄荣胜. 企业扶贫：尚待关注的新思路［J］. 计划与市场探索，1997(8)：27-29.

④ 张晓松，林晖. 共赴中国式现代化新征程——习近平总书记看望参加政协会议的民建工商联界委员并参加联组会侧记［EB/OL］.（2023-03-07）. http：//www. news. cn/politics/2023lh/2023-03/07/c_1129417227. htm.

民营企业参与乡村振兴，涉及力量的汇合、理念的融合、资源的整合、利益的调和，需要在党组织强有力的引导下，凝聚整合多方力量，协同发力。

一方面，要加强基层党组织建设，充分发挥农村基层党组织在行动动员、村企对接、项目服务、政策落实等方面的作用，让民营企业"愿意来、进得去、留得住"。苍溪县通过实施"头雁领航"带富计划，鼓励支持村党组织和党员，领办创办农民专合社、龙头企业、家庭农场，带头创业致富。推行"农村党员电商创业+致富计划"，实现线上线下同步销售。坚持"村党组织引导+市场运作"方式，大力实施"农村经纪人培育工程"，统筹建立技术服务、信息咨询、市场营销等职业经纪团队，带动群众增收致富。另一方面，要充分发挥民营企业属地或所属商会党组织及企业自身党组织作用，引领企业大力弘扬义利兼顾、以义为先理念，在助力乡村振兴中出实招、办实事、见实效。黄猫垭商会建有自己的党支部，创建国家级"四好商会"，并充分发挥党组织的示范引领作用，通过搭建政企座谈平台，实现人才回归、资金回流、技术回乡、企业回迁的聚合效应。截至2023年12月，商会已回引38名会员企业家返乡发展，12名会员企业家和2名"90后"高学历"雏雁"进入村"两委"班子。[①]

2. 村企合作，培育特色产业

产业振兴是乡村振兴的关键，同时也是最为基础的一环。实现产业振兴离不开特色优势产业的高质量发展。乡村特色优势产业发展的关键是因地制宜。黄猫垭商会立足当地资源禀赋和生态环境承受能力，形成了以红心猕猴桃、中药材、健康养殖为主导的特色产业样态，并在产业发展过程中逐渐形成了苍溪品牌。此外，特色产业需要在持续优化与创新中提升市场竞争力。黄猫垭商会在发展产业过程中，始终强化创新意识，主动捕捉新的市场需求，并按照市场需求适当调整产业的发展路径，为乡村产业的高质量发展提供了重要保障。为提高产业的长期效益，按照"长线产业增后劲，短期产业见实效"思路，黄猫垭商会大力发展红心猕猴桃等长线产业和在水果基地套种蔬菜、中药材等见效快的短期产业，配套养殖生猪、肉牛羊、小家禽，通过"果+菜+药"等立体种植，"果+养+沼气"种养

---

① 苍溪县黄猫垭镇商会凝聚力量赋能乡村振兴[EB/OL]. (2024-04-12). http://www.gygsl.com.cn/article_view.aspx? aid=4771.

循环，确保群众稳定增收。

村企合作模式是指民营企业与贫困村按照"优势互补、互利互惠、双向互动、共同发展"原则，所建立的结对帮扶、合作发展模式。自 2007 年起，国务院扶贫办与全国工商联开始推动"村企共建扶贫"试点工作，经过十多年探索发展，村企合作已经成为一种较为成熟且系统的复合型帮扶举措。在脱贫攻坚时期，民营企业深化与贫困村的合作方式，进一步找准村企利益连接点，强化村企利益联结机制，不断探索出"企业+农户""企业+合作社+农户""企业+基地+农户""企业+合作社+基地+农户"等多种村企合作模式。在乡村振兴阶段，黄猫垭商会积极参与"万企兴万村"行动，推动 38 家企业与黄猫垭镇 6 个村结对共建，把商会的资本、人才等优势与乡村的资源、生态、文化等要素有效衔接，实现共赢。黄猫垭商会通过采取"企业+基地+合作社+农户"的发展模式，帮扶发展猕猴桃、脆桃、白肉枇杷等特色产业7500 亩，与合作农户建立"土地租金+劳务工资+股金分红"的良性利益联结机制，让农户变股东，带动 132 户脱贫户实现年均增收 8000 元以上①。

3. 践行"两山"理论，促进农旅融合

党的二十大报告指出："大自然是人类赖以生存发展的基本条件。尊重自然、顺应自然、保护自然，是全面建设社会主义现代化国家的内在要求。必须牢固树立和践行绿水青山就是金山银山的理念，站在人与自然和谐共生的高度谋划发展。"黄猫垭商会坚持以习近平生态文明思想为根本遵循，牢固树立和践行"绿水青山就是金山银山"的理念，走向人与自然和谐共生的现代化。

绿色生态是乡村的最大财富、最大优势、最大品牌。如何把良好生态效应转化为强劲的经济效应，黄猫垭商会在广泛调研的基础上，坚持以文塑旅、以旅彰文，制定了"红+绿"的农旅融合之路，推进产业、文化、旅游融合发展，助力苍溪县产业高质量发展。借助县域发展规划，苍溪县委县政府以"一个特色种植园就是一个旅游景区"的思路，规划建设了中国红心猕猴桃博览园、国际猕猴桃风情小镇、五星级猕猴桃主题酒店，成功举办全国红心猕猴桃研讨会和采摘节，大力开发红心猕猴桃、苍溪雪梨礼盒、剪纸、绘画、根雕等旅游商品，成功创建全

---

① 数据来源：苍溪县黄猫垭商会凝聚力量赋能乡村振兴［EB/OL］.（2024-04-12）. http：//www.gygsl.com.cn/article_view.aspx? aid=4771.

国农业旅游示范点、全国农村产业融合示范园和全国休闲农业与乡村旅游示范县。黄猫垭商会按照县域发展规划，熟悉掌握省市县乡村发展的各项政策，理解、弄懂、用好土地、金融、人才等各项具体政策，将园林栽培艺术与当地山水景观、地域文化有机融合，以绿水青山为背景，以乡村风貌为载体，建设黄猫垭现代农业园区，打造集观光游览、技术展示、科普宣传于一体的高科技农业精品主题公园。同时配套打造桃花岛、百里桃花长廊，栽植75类观赏桃花1200亩，年均吸引游客20万人次，带动全镇人均旅游增收超3500元。

在乡村振兴中坚持绿色发展，在绿色发展中实现乡村振兴，其核心就是要处理好保护和发展的关系。助力乡村绿色可持续发展，提升经济和生态双重效应，一方面民营企业要激发自身发展活力，延长农业产业链，拓宽价值链，完善利益链。另一方面政府要强化服务意识，优化营商环境，通过加大土地、金融、人才等政策支持，加强项目基础设施配套，发挥实验项目示范引领作用，引导好、服务好、保护好民营企业下乡投资的积极性。此外，民营企业在推进乡村第一二三产业融合的过程中，要将生态保护、产业发展与乡村振兴有机结合，因地制宜地挖掘区域生态资源、旅游资源、文化资源，使得生态优势转变为经济发展优势，做大做强做好生态经济，为县域实现跨越式发展注入动力源泉。

二、四川省广元市天垠农业开发有限公司典型案例

昭化区位于四川省北部、广元市南部，是1989年建立的县级区，辖区面积1440平方公里，辖29个乡镇(街道)，总人口23万余人，其中农业人口21万余人，属四川省88个贫困县区之一①。2014年，全区识别出建档立卡贫困村63个、贫困户8850户30051人，贫困发生率14.17%，是典型的农业区、革命老区、秦巴山区连片扶贫重点县(区)、省定贫困县(区)。昭化区以脱贫攻坚统揽经济社会发展全局，通过加强组织领导，成立了"1+7+17+29"②脱贫攻坚组织指挥体系，实施了住房建设、社会帮扶、健康扶贫、教育扶贫、环境整治等一揽子

---

① 数据来源：昭化区政府办，2020.
② "1+7+17+29"脱贫攻坚组织指挥体系，"1"是指以区委、区政府主要负责人为双组长的区脱贫攻坚指挥部(领导小组)，"7"是指7个协调组，"17"是指17个专项指挥部，"29"是指29个乡镇(街道)脱贫攻坚指挥部(领导小组)。

工程。2019 年，昭化区全区最后 4 个贫困村、1360 名贫困人口全部脱贫退出，已脱贫的 28691 人实现稳定发展。[①]

猕猴桃产业是广元市昭化区的农业特色产业，这离不开当地独特的自然生态禀赋与社会经济条件。首先，在生态方面，昭化区属中亚热带湿润季风气候，年降雨量丰富，相对湿度适宜，境内土壤 pH 值适宜，平均海拔适中，自然资源环境非常适合猕猴桃生长。其次，区域优势明显，昭化区位于长江流域上游，境内广巴高速、兰海高速广元段建成通车，京昆高速、广巴高速分别跨越区境西北、东北，兰海高速自北向南贯通全境，交通条件十分优良。再次，政策效应释放性强，党和国家高度重视农业农村经济发展，出台一系列强农惠农政策，广元市将猕猴桃产业纳入全市六大优势特色产业和 5 个百亿产业进行重点培育，昭化区党委政府也出台了一系列相关政策大力扶持。最后，市场需求缺口大，近年来，猕猴桃市场需求持续增长，且我国猕猴桃的上市时间与新西兰等国家形成互补，错时上市为进军国际市场创造了空间。

从脱贫攻坚到乡村振兴，昭化区把发展现代农业作为农民增收、农业增效的重要抓手，按照高产、优质、高效的要求做大猕猴桃优势产业，做优紫云猕猴桃品牌，全区猕猴桃产业粗具规模。截至 2023 年年底，目前全区以广元市天垠农业开发有限公司(下文简称"天垠农业")为龙头的企业带动全区 11 个基地乡镇 1.5 万户发展猕猴桃产业，全区猕猴桃种植总面积达 7 万余亩，年产猕猴桃 1.35 万吨，综合产值突破 2 亿元。[②]

(一)天垠农业基本情况

1. 公司概况

天垠农业是一家集猕猴桃种植、品种选育繁育、产品精深加工、综合仓储物流于一体的农业产业化经营省级重点龙头企业，旗下拥有子公司广元中建农业科技有限公司、广元市昭化区天祥猕猴桃专业合作社。公司注册资本 1200 万元，

---

① 数据来源：昭化区政府办，2020.
② 数据来源：赵敬梅. 昭化区 7 万亩猕猴桃基地迎来丰收，预计产量 1.35 万吨[N]. 广元日报，2023-08-20(3).

169

办公地址为广元市昭化区紫云乡嘉川村五社，公司自 2011 年入驻昭化区以来，坚持"做靓一个品牌，壮大一个产业，富裕一方百姓，促进一方发展"的经营理念。

天垠农业先后与四川资源自然科学研究院、四川农业大学、西北农林科技大学建立长期合作关系，开展种植关键技术攻关，推广实用新技术。公司着眼于猕猴桃全产业链融合发展之路，通过建设现代化猕猴桃产业示范基地、初精深加工生产线、营销平台，加快农业产业化进程和为地方经济发展做出贡献。2017 年通过批发、电商、零售等多渠道销售猕猴桃鲜果、果酒等系列产品，实现了营业收入 3257.91 万元，营业利润 457.35 万元，同比 2016 年营业收入增加 166.99 万，营业利润增加 47.3 万元。2017 年公司资产总额达到 3005.26 万元。

2. 公司经营范围

天垠农业主要从事生态农业开发、农业高新技术研发，猕猴桃种植、精深加工、销售，苗木、农药（不含危险化学品）、农用工具销售；果酒生产、销售；货物进出口贸易。主营产品——"紫云猕猴桃"分为红阳、金艳两个系列产品，目前市场占有率为 80%，连续 8 年被广元市人民政府命名为"农业产业化市级重点龙头企业"，公司是"广元七绝"产品会员单位、昭化区紫云猕猴桃协会会长单位，被区人民政府授予"昭化六特"企业之一。

3. 主要成效

一是农业专业化品牌效益成效显著。近年来，天垠农业在广元市政府及区委、区政府的关心和支持下，公司全体员工和广大农户奋力拼搏，在紫云牌猕猴桃的种植、销售和服务方面取得了可喜成绩。天垠农业先后被人力资源和社会保障部、国务院扶贫办联合授予"全国就业扶贫基地"、国家杨凌农业高效技术产业示范区授予"农业科技示范推广基地"、四川省质量监督品质管理中心评为"四川省绿色健康放心食品单位"，获得"四川省质量诚信服务 AAA 单位""四川省3·15 重合同 守信用企业"、天垠农业统一战线"同心·奔康"示范基地、"中国驰名商标""中国绿色食品 A 级认证""中国地理标志证明商标""第九届中国国际农产品交易会金奖""四川省名牌产品""广元市知名品牌""广元市优质旅游产品"等荣誉。截至 2024 年 6 月，公司已申报成功 2 项猕猴桃外包装发明专利，注册"广天垠""川猕王"猕猴桃商标，已成功向国家知识产权局申请 FD 猕猴桃固体饮料发明专利，温室大棚猕猴桃种植、节能肥水一体化种植、猕猴桃花粉储藏、猕猴桃溃疡病综合防治等 11 项实用新型专利，产品的知名度和品牌效益得到明显提升，"紫云牌"猕猴桃市场影响力和竞争力明显增强。

二是农产品质量安全追溯体系建立健全。为确保产品质量安全，在农业管理方面，天垠农业加大投入力度，在种植基地安装了质量监控网络。通过先进的管理技术和科学的管理手段，以农产品质量安全体系认证为准绳，按照《农产品质量安全法》的相关要求，建立《猕猴桃标准化生产技术规程》《产品检验检测管理制度》《产品准入准出流程》等一系列规章规程，加大质量抽检，强化了产品质量安全，并将园区生产过程录入四川省农产品质量安全追溯系统。2018 年公司获得了有机产品（OGA）资质证书。

三是产加销一体化服务手段大幅度提升。公司秉持"做靓一个品牌，壮大一个产业，富裕一方百姓，促进一方发展"的经营理念，为提高产品市场竞争力，按照"党支部+公司+合作社+基地+农户"的新型农业产业化经营模式，先后投资 3000 余万元用于基地建设，投资 2100 万元建成了 2100 亩优质猕猴桃种植示范园；投资 200 万元完成了猕猴桃产业园内道路、排灌渠系、防洪河堤、智能温室大棚、喷滴灌肥水一体化智能系统、生产用房、农产品质量监控网络等配套设施工程；投资 800 万元建设猕猴桃气调保鲜库及分选包装设备，投入 2000 万元建设猕猴桃精深加工生产线。

（二）天垠农业助农兴村的主要做法

1. 促进产业融合发展，提升农业竞争力

产业融合发展对于产业现代化转型升级的意义重大。一方面，产业融合发展是现代产业体系建设的突出特征。[①] 结合发达国家推进现代产业体系建设的经验可以发现，推动工业化与信息化之间的有益结合，引进高新技术要素融入农业生产的各个环节，推进"互联网+"等实践策略，都赋予了农业发展更加充足的动能。随着技术在产业体系建设中的地位不断凸显以及现代人社会需求的多元化，产业之间的边界会不断模糊，从而走向融合发展。而这正是产业现代化发展的必

---

① 黄汉权，盛朝迅. 现代化产业体系的内涵特征、演进规律和构建途径[J]. 中国软科学，2023（10）：1-8.

然选择。另一方面，促进农业与二、三产业融合有助于构建农业全产业链。全产业链建设是农业产业现代化的重要表征。全产业链建设使得企业摆脱市场对于生产要素的控制，打通了产前、产中与产后各个环节，更有利于生产的连续性。农业与二、三产业融合的过程中，二、三产业所需要的生产要素或产品，可以直接通过与农业或第二产业之间的融合，保障生产要素或产品的供应。同时，农业也借助二、三产业的要素，提升生产效应和收益水平。

广元市昭化区依托独特的区位优势和资源禀赋，大力发展生态农业。截至 2024 年 6 月，昭化区已经发展猕猴桃种植基地乡镇 11 个，建成猕猴桃产业园 7 万余亩。天垠农业依托广元市和昭化区大力发展猕猴桃生态产业，抓住被称为"广元七绝"之一的猕猴桃这个特色主导产业，通过"租用农民土地、返聘农民务工"的发展模式，建立起标准化示范基地 1200 余亩，集中种植红心猕猴桃、黄心猕猴桃、凤凰李等三个品种。

天垠农业以"三位一体"打造全链式为农服务中心为抓手，深入推进农业供给侧结构性改革，围绕猕猴桃产业关键环节开展生产、供销、信用合作服务，着力做大基地、做优品质、做深加工、做新业态，拓展农民增收新动能、新路径。2012 年 2 月，天垠农业发起成立广元市昭化区天祥猕猴桃专业合作社，吸纳社员 233 户（其中贫困户 91 户）。公司通过建设现代猕猴桃产业核心示范基地带动紫云乡、卫子镇等 21 个乡镇，17 家猕猴桃种植专业合作社发展猕猴桃种植 3.16 万余亩，2017 年户均增收近万元，人均增收 3300 元。公司同合作社与农民之间建立起紧密的利益联结机制，具体分为以下几种方式。一是固定土地流转费+分红模式。为进一步提升猕猴桃核心示范园的效益，公司实行"固定土地租金+分红"机制，农户土地流转费为每年每亩 1000 元，同时享受每亩产量 1%的分红，切实带动农民收益。二是"土地托管+分红"模式。即合作社成员的猕猴桃果园在无劳动力管理的情况下，可以交给公司进行托管，并按产量的 30%收取分红，这种模式于 2017 年年初就初见成效，当年公司托管猕猴桃果园近 150 亩，分红给农户共计 21.6 万元。三是"务工费+产量分红"模式。即公司优先聘用当地贫困户在公司基地内务工，在基地常年务工人员还可以享受当年产量 1%的分红提成。公司先后聘用当地贫困户 200 余人在园区内务工，帮助其增收近 3000 元。

天垠农业强化了第一产业标准化生产种植，还进一步促进了第一产业与第

二、三产业融合发展。在猕猴桃产业发展中，不仅注重农产品上游的培育、种植及采收，更加注重中下游的加工、销售，做长加工转化增值产业链，提升农业竞争力。除了销售鲜果，天垠农业还通过精深加工，制成了果脯、果酒、果饮等30多种猕猴桃产品，拉长了产业链条，提高了猕猴桃产业的综合效益。天垠农业2016年率先建成了昭化区首个特色水果商品化处理中心，拥有2000吨气调保鲜库、全自动分选包装线两条、农产品质量追溯平台，商品化加工产品直供北上广等国内一、二级批发市场，年出货量达1500吨。公司主要生产以特色水果原料发酵的猕猴桃酒、水蜜桃酒、桑葚酒等6个系列果酒，是目前川东北地区最具规模的果酒生产企业之一，也是四川省葡萄酒与果酒行业协会指定的四川省桃类酒特色果酒生产企业。公司拥有2条年产500吨发酵酒、果露酒、蒸馏酒以及年产1200吨猕猴桃、桃子、李子、桑葚等特色水果饮料生产线[①]，实现了第一二三产业之间的有效融合。

2. 强化科技要素支撑，赋能产业新优势

科技是推进现代产业体系建设的重要生产要素之一。在传统产业向现代产业过渡的过程中，科技促进了生产力的提升，极大地提高了产业的生产效率。科技有利于产业结构的转型升级。随着科技的进步，新兴产业和技术不断涌现。例如，人工智能、大数据、云计算等技术正在改变着各个行业的运作方式。这些新兴技术的应用使得传统产业得以升级，同时也催生了许多新的产业。

天垠农业十分注重引进尖端技术及现代科技，助力农业生产效率的提高。在科技创新方面，公司不断引入先进的农业技术和设备，提升农业生产的效率和质量。例如，天垠农业采用现代化的种植管理技术，通过对土壤、水分、光照等数据进行精准监测和调控，利用综合信息平台就可以确保猕猴桃等农作物在最佳环境下生长，对猕猴桃进行科学管护，实现高效绿色种植。通过科技赋能使传统农业走向智慧未来。天垠农业也十分注重加强与高校、科研院所等相关机构的合作，推动技术研发创新。企业先后与四川省自然资源科学研究院、四川农业大学、四川省农科院、西北农林科技大学、四川省食品发酵工业研究设计院、西南

---

① 品牌广元. 天垠农业——做靓一个品牌，富裕一方百姓［EB/OL］.（2021-05-21）. http：//www.pinpaigy.com/page136？article_id=5259&pagenum=all.

大学食品学院等建立长期合作关系，开展种植、加工技术研发攻关，推广实用新技术。例如，企业从西北农林科技大学引进高效花粉技术，通过人工授粉机进行精准授粉，提高了猕猴桃的挂果率，保证了果实的品质和产量，每亩可增产720斤，每亩增加综合效益达5622.5元。[①]自2012年起，在知识产权方面，企业已申请专利13项，注册商标信息29项，获得了"中国地理标志证明商标"、有机产品和质量管理体系认证(ISO9000)资质证书。

除了加强企业自身的创新发展，天垠农业也将科学技术带给广大农户。作为市级科技特派员，天垠农业负责人徐丕模充分利用自己的专业特长，免费在昭化全区多个乡镇巡回开展产业帮扶技术培训会，在猕猴桃管理的关键季节和环节，为老百姓讲技术、讲方法，还会带去有机肥、农药、猕猴桃果袋等物资。此外，企业与合作社成立了猕猴桃社会化服务超市，与农资、农机销售企业合作，引进先进设施设备、新技术新产品，为猕猴桃种植农户提供土地托管、农资配送、配方施肥、无人机植保、田管机耕等社会化服务，年终按服务交易额的25%向脱贫户分红。

3. 捐资助学培养人才，带动农民职业化

人才培养对于现代产业体系意义重大。人才培养能够提升产业的创新能力，促进产业的可持续发展。产业的创新能力最终还是要体现在参与产业创新的人的身上，通过培养具备创新思维和实践能力的人才，可以激发产业体系的创新潜力，推动新技术、新产品和新业态的研发与应用，还可以不断满足产业发展的需求，推动产业的长期稳定发展。同时，人才培养推动了产业结构的优化与升级，促进了产业间的协同与合作。人才培养是实现产业结构优化的基础。通过培养具备专业知识和技能的人才，可以满足产业发展的需求，提高产业的技术含量和附加值，还有益于打破产业壁垒，促进不同领域的合作与创新。

面对昭化区农户受教育程度低、缺少专业技能、品牌观念和质量标准意识相对落后的痛点，天垠农业采取了技术指导、技能培训等方式，提升农户的产业技

---

① 王菲菲. 把"红心"日子过成诗，把"甜猕"岁月酿成酒——广元市昭化区7万余亩猕猴桃迎来丰收[EB/OL].（2024-08-19）. https://www.cnzh.gov.cn/news/detail/20240819152052160.html.

能，通过"保底收购+二次返利"的模式，激发农户的积极性。公司与合作社以合作的方式建立关系，派技术团队对合作社及农户进行种植技术指导，并对种植果园实行统一技术、统一检测、统一收购，保证猕猴桃鲜果的品质。在市场行情疲软的情况下，公司实行保底价收购，以确保农户的基本收入，合作社年终将按社员的交易量进行"二次返利"。此外，公司与相关院校、科研院所、政府部门衔接，利用耕读学堂①，鼓励昭化区有志向有能力的新型职业农民参加培训，并由公司提供师资和培训基地，相关部门提供一定费用支持，已组织培训学习30余场，培训2300人次。

扶贫先扶志，治贫先治愚。教育扶贫是斩断贫困代际传递、打破贫困壁垒的基础性力量和根本性措施。一方面，民营企业通过资助困难学生接受高等教育，尤其是边缘户家庭、重点监测户家庭及低保家庭的学生，减轻此类家庭的教育负担和经济压力，切实提高困难学生的人力资本，使其学习专业知识，拓展社会关系网络。另一方面，民营企业通过设立教育发展基金，用于改善农村地区的教育教学条件和硬件基础设施，强化教师队伍建设，提高当地的基础教育水平，优化农村地区的教育环境和文化环境，帮助群众学知识以"拔穷根"。

2014年12月，天祥猕猴桃专业合作社成员冯开森因为贫困，无法负担两个子女的学杂费和生活费，决定让大儿子辍学。天垠农业董事长徐丕模听闻此消息后第一时间拿出2000元解决冯开森孩子上学问题，并定期给两个孩子寄去生活费。此后，天垠农业又陆续资助了24名困难家庭的孩子，累计资助金额超过30万元。为了帮助更多的孩子实现学业梦想，天垠农业成立"贫困大学生教育基金"，用以支持贫困学生完成学业，资助金额20余万元。此外，作为民建会员企业，天垠农业积极参与民建昭化支部开展的"留守儿童圆梦活动"，先后与王家、朝阳等5所小学70名留守儿童共度"六一"，为困难儿童配送了价值2万元的近视眼镜，并为500余名学生进行了免费视力检测和"爱眼讲座"，引资20万元帮助紫云小学建立40平方米标准化电教室，② 彰显了民营企业和民营企业家的社

---

① 耕读学堂：2017年3月由天垠农业成立，定期讲解与老百姓密切相关的法律法规知识、文化知识、生产生活技能等内容。

② 杨永翔. 做贫困群众的贴心人——民建广元市昭化支部副主委徐丕模扶贫侧记[EB/OL]. （2020-04-27）. http：//www.gystzb.gov.cn/gytz/article.html？id=1793.

会责任担当。

（三）天垠农业助农兴村的经验启示

1. 因地制宜发展特色产业，助力产业优化升级

产业振兴是乡村振兴的关键，同时也是最为基础的一环。实现产业振兴离不开特色优势产业的高质量发展。乡村特色优势产业发展的关键是因地制宜。昭化区立足当地资源禀赋和生态环境承受能力，打造了果蔬产业和林下经济并重的产业布局。天垠农业在企业发展过程中抢抓政策机遇，立足当地实际发展情况，以猕猴桃作为企业发展的主导产业，通过完善联农带农利益联结机制，借助产业到户类奖补项目，在壮大企业规模的同时带动了农户的发展，并在产业发展过程中逐渐形成了"紫云牌猕猴桃"品牌。

此外，特色产业需要在持续优化与创新中提升市场竞争力。天垠农业在产业发展过程中，始终强化创新意识，主动捕捉新的市场需求，并按照市场需求适当调整产业的发展路径，为企业的高质量发展提供了重要保障。天垠农业以"三位一体"打造全链式为农服务中心为抓手，深入推进农业供给侧结构性改革，围绕猕猴桃产业关键环节开展生产、供销、信用合作服务，着力做大基地、做优品质、做深加工、做新业态，拓展农民增收新动能、新路径。通过"固定土地流转费+分红""土地托管+分红""务工费+产量分红""保底收购+二次返利""田间机械化服务+分红"等发展方式，用好用活了土地、资金、人力等要素资源，有效将农户嵌入产业链条各环节，企业、农户与合作社之间建立起紧密的利益联结机制，促进了农民增收致富。

2. 培育发展"电商+品牌"新业态，激活产业发展新引擎

传统农产品流通渠道是从产地经农产品经纪人以及多级批发商，最后到销售终端。该模式环节多、效率低、信息不对称，阻碍了农产品流通市场的发展。为了打破信息不对称与供应链长效率低下的问题，国家开始实施一系列项目大力发展农村电商，通过结合冷链物流，将电商渠道和传统渠道相结合，有效缩短农产品供应链长度，降低流通成本，提高农产品市场效益。2023 年全国电子商务交易额达到了 468273 亿元，同比增长了 9.4%。根据统计，2023 年全国农产品网络零售额达 5870.3 亿元，比上年增长了 12.5%，连续多年保持较快增长，呈现出

东中西部竞相发展、各类农产品加速覆盖的良好态势，特别是为打赢脱贫攻坚战、有效应对三年疫情做出了独特贡献，在很大程度上变革了农产品传统流通方式，形成了新的流通模式，已经成为农村数字经济发展的突破口和领头羊。①

天坦农业通过推进生产、供销、信用全链式服务，以"产业龙头+电商平台+农户+配送服务"，将公益助农与社区服务高度融合，以电商服务企业的资源优势拓展农村地区产品上行渠道，促进农户稳定脱贫增收。

2018 年 6 月，天坦农业与浙江讯唯电子商务有限公司达成战略合作共识，依托龙泉·昭化东西部扶贫协作农村电商服务中心旗下的"昭化严选"平台，开通线下和线上两部分渠道，线下平台位于昭化物流园，占地面积 240 平方米，主要为中小网商、微商及电商平台提供网货供应"一件代发"服务，同时在丽水、广元等地设立线下义卖专区。通过招商代理、网红直播等方式，2019 年 1 月底，据统计该平台通过线上和线下累计销售昭化区 11 个脱贫村生产的紫云猕猴桃 140 余吨，4.2 万余单，销售额 250 余万元，脱贫户户均收入达 5500 元。②

2019 年，"昭化严选"平台优化创新推出小程序和网上商城和微信订阅号，实时推送昭化区农特产品相关信息。受昭化区团委委托，天坦农业与浙江讯唯电子商务公司结合昭化区农村电商的发展，培训了 60 名脱贫户子女直接参与电商运营。根据所有参训学员的年龄、文化程度、从事职业等实际情况，在完成培训方案要求的"网红直播及短视频平台运营规则及技巧""如何拍出高质量短视频""微店及拼多多的开店及运营""农产品微营销"等课程外，重点推荐了昭化严选平台的使用，以及微信朋友圈的发布，为昭化区农村电商领域培育了一批农村电子商务人才，尤其是农村微商创业人才，为乡村振兴战略实施提供人才支撑。

农业品牌建设是推动农业高质量发展的重要举措，培育和发展农业品牌有利于提高农业全产业链现代化水平，引导优质资源聚集，带动产业结构优化升级，是促进农民增收、增强农业竞争力的重要途径。③ 紫云村是昭化区最早开始种植猕猴桃的地区，也是昭化区猕猴桃的发源地。早在 2009 年年底，紫云猕猴桃就

① 中研普华产业研究院.2024—2029 年中国农村电商行业发展潜力分析及投资战略规划咨询报告[R].深圳：中研普华产业研究院，2024.

② 数据来源：广元市工商联，2020.

③ 品牌强农大有可为[N].经济日报，2023-11-22(10).

获得原国家工商总局地理证明商标称号。近年来，昭化区通过强化推广猕猴桃标准化生产技术，极大提升了果品的质量，通过参加广元市举办的红心猕猴桃国际订货会、采摘节，在中央电视台等国内知名媒体和网络平台强化品牌宣传，提高了紫云猕猴桃品牌的知名度和市场美誉度，增强了品牌的影响力和效益。2010年10月，紫云猕猴桃获四川省标准化示范基地授牌。2011年，紫云猕猴桃获国家绿色产品认证。2011年11月13日获"第九届中国国际农产品交易会金奖"。2014年4月23日被认定为中国驰名商标。天垠农业董事长在党委政府牵头下组织成立了紫云猕猴桃行业协会并担任协会会长，在其带领之下，紫云猕猴桃产品目前直供全国20多个大中型城市，先后获得中国驰名商标认定、全国绿色食品A级认证，种植基地获得出口认证，被授予国家级标准化生产示范基地，进一步提高了猕猴桃产业的综合效益。

3. 强化信息科技支撑，推动生态农业可持续发展

习近平总书记指出，"高效生态农业是集约化经营与生态化生产有机耦合的现代农业。它以绿色消费需求为导向，以提高农业市场竞争力和可持续发展能力为核心，兼有高投入、高产出、高效益与可持续发展的双重特征""所谓高效，就是要体现发展农业能够使农民致富的要求；所谓生态，就是要体现农业既能提供绿色安全农产品又可持续发展的要求"。① 强化科技创新是高效生态农业发展的强力支撑。科技是第一生产力，要大力发展高效生态农业，就要以创新带动发展，推动农业产业转型升级。脱贫地区各自的自然地貌、资源环境、民族习俗、历史文化都有差异，但基本的症结都是对自身资源的科学创新利用不足。因此，要坚持发展绿色高效生态农业，以科学技术支撑引领，立足本地资源，积极发挥比较优势，大力发展绿色种植和科技养殖，重点打造现代生态农业、现代特色服务业等，形成基于绿色理念和自身优势的特色经济结构，构建理念相同而形式各异的绿色可持续发展模式。

此外，要加大科研投入，加强与科研机构或科研院校合作，加大科研经费对清洁生产、生态农产品研发等方面的投入力度。鼓励企业创建技术重点实验室、研发中心，推广生态设计。组织人员考察学习其他生态文明先行示范区建设经

① 习近平. 之江新语[M]. 杭州：浙江人民出版社，2007：109.

验，选派人员到大专院校接受专业培训，开展多种形式的对外技术合作与交流。积极引进生态农业发展急需人才，以信息科技助力生态建设，提升生态产业效益，让生态产业永葆生命力。采取"因地而派、发展而需"人岗相适的"双向"选择方式，结合人才资源和各村自然禀赋、产业特色，选聘科技特派员分类分片面向企业、合作社和种养殖大户开展试验示范、成果推广、技术培训、产品研发等科技服务。大力宣传、推广、培训农业科技成果、产业实用技术、农民产业技能，大力促进农业产业技术创新和发展模式创新，激发农民创新创业活力，真正让农民在生态建设中得到实惠。

三、四川省广元市岫云生态农产品专业合作社典型案例

苍溪县白驿镇岫云村位于四川秦巴山区集中连片贫困地区，距苍溪县城 48 公里，辖区面积 2.8 平方公里，耕地面积 1070 亩，辖 6 个村民小组 253 户 938 人，2014 年精准识别国家标准建档立卡贫困户 20 户 60 人。[①] 近年来，岫云村立足山区农村发展实际，把产业振兴作为巩固脱贫成效、推动乡村全面振兴的根本之策，以市场需求为导向，以连城通乡为依托，以农民持续稳定增收为目标，以"互联网+小农户"模式为手段，秉持"让吃的人健康·让养的人小康"理念，充分激活农村留守劳动力和闲置资源，积极构建生产组织、科学管控、优质品牌、精准营销四大体系，加快现代乡村产业振兴发展，实现了脱贫攻坚和乡村振兴的有效衔接、接续发展，走出了一条山区小农户充分融入现代农业的乡村振兴之路。2019 年该村农民人均纯收入突破 25000 元，基础设施、基本公共服务等主要指标处于全县领先水平，20 户建档立卡贫困户全部依靠产业发展实现脱贫，辐射带动周边村落 1800 余户农民户均增收 3000 元以上，成功创建为四川省"实施乡村振兴战略示范村"。2024 年，岫云生态农产品专业合作社(后文简称"岫云专合社")创新出的"岫云生态产业模式"入榜四川省"万企兴万村"行动先进典型项目(企业)。

(一)岫云专合社基本情况

岫云专合社成立于 2011 年 3 月 24 日，注册地址是苍溪县白驿镇岫云村三

---

① 数据来源：广元市政府办，2020.

组，法定代表人为李君，经营范围包括家禽、家畜的养殖、收购、销售；肉制品加工、销售；粮油、果蔬种植、收购、销售；禽蛋收购、销售；为成员提供养殖有关的技术培训、技术交流和信息咨询服务；组织供应成员生产所需相关生产资料等。岫云专合社的法定代表人李君不仅是合作社的理事长，也是白驿镇岫云村党支部书记、全国人大代表。这位年轻的"85后"书记先后获得"2017年全国脱贫攻坚奖奋进奖""中国青年五四奖章""第八届全国农村青年致富带头人标兵""四川省优秀基层党组织书记""四川青年五四奖章""四川道德模范""四川好人"等荣誉。2017年10月9日，李君在北京会议中心作题为《青春无悔，农村有梦》的先进事迹报告，受到时任中共中央政治局常委、国务院副总理汪洋同志亲切接见。2018年2月，在成都召开的打赢脱贫攻坚战座谈会上作为基层代表给习近平总书记汇报了岫云村的脱贫攻坚工作，总书记亲切勉励他"年轻人好好干"。岫云村这个昔日落后贫穷的小山村，正是在李君的带动下，走上一条脱贫致富的康庄大道，实现了从贫困村到幸福村的华丽蜕变，成为四川省省级"四好村"①，四川省乡村振兴示范村。

出生于1985年5月的李君是地地道道的白驿镇岫云村人。"云无心以出岫，鸟倦飞而知还。"岫云其名，源自陶渊明的《归去来兮辞》。岫云村风景秀丽，森林覆盖率达63.7%，常年都被薄雾笼罩，山色空蒙。但也因地处偏僻，岫云村交通十分不便，是一个贫穷落后的小山村。2003年，李君考上了电子科技大学，靠自身的勤奋努力走出了岫云村。从电子科技大学毕业后，李君入职了一家公司，当时年薪接近20万元。2008年"5·12"汶川大地震发生之后，他毅然决然辞掉当时的工作，回到满目疮痍的家乡，开启了艰难的脱贫攻坚之路。

2008年6月，李君申请并担任了岫云村村主任助理，当时全年工资仅6280元。2010年年初，25岁的李君当选为岫云村支部书记。岫云村落后的基础设施是制约村庄发展的主要因素，要想富、先修路，把路修好是带领大家迈出的第一步。在接下来半年的时间里，李君在四川省内外到处寻找资金，希望能解决修路

---

① "四好村"：四川省在脱贫攻坚工作中，由省委原书记王东明提出"四好村"概念，旨在通过改善村民的居住条件、提高村民的生活水平、培养村民良好的生活习惯和形成积极向上的社会风气，来促进农村的发展和提升。"四好村"具体指的是实现了"住上好房子、过上好日子、养成好习惯、形成好风气"的村落。

的资金缺口问题。最终，2010 年腊月，李君四处筹集到 85 万元，加上国家的相关配套资金支持，村里三条共 6 公里长的水泥路顺利建成通车。①

　　路修好了，下一步就是岫云村的增收发展问题。面对产业几乎空白的村庄，李君陷入了深深的思索。在村庄调研的过程中，李君发现村民们对发展产业兴趣不大。因为过去大家经历过栽桑树砍桑树、栽梨树砍梨树、种蘑菇烂蘑菇等产业失败的过程。如何立足本地优势，将岫云村的青山绿水、生态资源转变为村民们口袋中实实在在的"票子"呢？李君发现岫云村家家户户都有饲养家禽和种植蔬菜瓜果的传统，城里人对于生态食材需求旺盛，但是却没有购买渠道。怎么将零散的小农户组织起来，将农村的生产资源与城市消费需求对接起来呢？2011 年，李君组织成立了秀云土鸡专业合作社(后更名为"岫云生态农产品专业合作社")，动员村里 200 多户村民加入合作社，采取"四统一分"(统一生产技术管理、统一"秀云"品牌、统一包装、统一销售，分户散养)模式进行运作，既保证农产品质量，降低养殖风险，又最大限度保障了养殖户利益。

　　以小农户为主的家庭经营是目前我国农业经营的主要形式，也是我国农业发展必须长期面对的现实。岫云村是一个典型的山区村落，位置偏远，人多地少，耕作条件差，在没有大额资金投入的情况下发展大规模的主导产业难度太大。如何将分散的小农户组织起来，促进小农户和现代农业发展的有机衔接，2011 年，岫云村在李君的带领下启动"远山结亲"计划，抱着"为城里人找个山里亲戚"的宗旨，计划在城里招募 1000 个杰出家庭和企业，与岫云村及周边 1000 家农户结成对子，"一对一"地为城市家庭提供高品质、原生态农产品。在脱贫攻坚时期，岫云专合社创新的"远山结亲·以购代捐"的扶贫方式，是岫云专合社联络爱心企业、个人等到岫云村采取"一对多""一对一"的方式结对认亲，通过"以购代捐"购买贫困户农产品，将传统的无私捐助变为有回报的交换；同时把贫困户变为创业伙伴、"生产链条"，通过市场行为激发贫困户内生动力，让捐赠者有回报，让受助者有尊严，实现了帮扶可持续化。

　　岫云专合社创新的"以购代捐"模式已在苍溪县全县范围推广，辐射全县 50

---

　　①　全国人大代表李君："网红书记"的致富经［EB/OL］. (2022-10-21). http：//credit. wuzhi. gov. cn/news/content/3737329967933018112.

余个行政村。2019 年，带动销售 3000 余户贫困农户养殖的土猪、土鸡、土鸭等生态农产品，产值超 1000 万元，合作农户人均增收 3000 元，成为新型农业经营主体助农增收的成功典范。岫云专合社"以购代捐"模式被写入《国务院办公厅关于深入开展消费扶贫助力打赢脱贫攻坚战的指导意见》，在全国得到推广。

(二)小农户融入大市场：岫云专合社的主要做法

1. 构建生产组织体系，着力扶优生产主体

第一，产业布局精准化。立足产业结构不合理、生产经营规模小、技术标准不规范、抵御市场风险能力弱、农业劳动力人口缺失等现状，科学编制岫云村产业振兴规划和实施方案，在充分依托村域资源禀赋和征求农户发展意愿的基础上，经过村"两委"反复论证，决定重点发展以生猪、小家禽为主的健康养殖和以苍溪红心猕猴桃、柑橘、有机蔬菜为主的特色种植，拓展延伸发展创意休闲农业和农产品加工，通过农业企业、农民合作社等新型经营主体对接城市市场对健康食材的旺盛需求，为全面实施乡村振兴提供重要物资保障。

第二，生产标准规范化。岫云村始终将标准化生产体系建设作为提升供给效能的重要举措，联合四川省畜牧科学研究院，聚焦单体价值较高的生猪和土鸡，多维度开展实地调研，通过系列化样品检验、调查数据分析研讨，科学制定适合当地小农户生产的全套养殖技术规范，包括圈舍、品种、饲喂、防疫和时间、重量等一系列标准。对村民饲养的土鸡、土鸭、土猪，"一品一家"农业公司摒弃传统"以重量计价"的方式，改为"以基准养殖时间保底，按只数或头数计价"的方式保底采购。例如，生猪饲喂时间不低于 300 天、鸡鸭饲喂时间不低于 1 年，喂养 1 年的土鸡售价 188 元 1 只、2 年的 208 元、3 年的 228 元。对于为何重建计价规则，岫云专合社在调研后发现，农户为了多卖钱，就可能通过圈养、喂饲料等办法给畜禽增重，这就违背了合作社向客户承诺的农村生态放养的养殖模式，改成按喂养周期计价后，农户就不会有这样的冲动行为。农户仅需按照公司计划和标准进行养殖，就能拿到高于同期市场销售价 20%～30% 的收购价，对养殖质量高的农户还给予额外奖励，大幅提升了农户从事健康养殖的积极性和主动性。

第三，养殖适度规模化。顺应山区农村传统小农户以家庭生产为基本单元，在生猪养殖方面具备内在激励、分工合理、精耕细作等天然优势的现状，岫云村

建立了"小农户+企业+农民专合社"利益联结机制，整合村里有地、地里有菜、家里有圈、留守人口中有养殖能力的"四有"农户，采集其生产信息并集中统一管理，签订"订单生产"协议，推行生态畜禽"共享养殖"。该"协议"明确以与小农户生产能力相匹配的"去规模化"方式推进适度规模(以单个家庭生产承载力为上限的养殖规模)健康养殖。为了让合作社社员成为优质生态农产品的生产者，保证农产品的高附加值和原生态，岫云专合社规定社员以家庭为单位精耕细作，根据其生产资源适量扩充产能，进行适度规模化生产，合作农户每家养殖生猪不超过 6 头、鸡鸭不超过 50 只。

2. 构建科学管控体系，着力建优组织方式

第一，在"第一车间"建立村级管理员。岫云专合社招聘 57 名熟悉农情村情且有较强互联网运用能力的大学毕业生作为村级管理员，实现近 100 个合作村"第一车间"生产管理全覆盖。村级管理员负责该村生产计划的制订和落实、每月巡检和定期收购的组织和实施；合作农户负责按照生产计划和标准开展养殖，并接受村级管理员的技术指导和巡回监管，形成完善的生产管理体系。

第二，在"供需之间"搭建智能化平台。岫云专合社与周边 57 个村 2986 户养殖户签订订单，把特色产品推广给成都农副产品加工企业，并通过视频远程参观基地、举办网上抢购活动、"一对一""一对多"结对认亲等方式，开辟消费新场景，建立稳定购销关系。在成都、北京、南京等地组织城市居民家庭 5000 余户，结对认亲岫云村等周边村民 1000 余户，认购大米、豆类、鸡蛋、猪肉、菜油等品种 20 多个，尤其是用传统方法饲养的土鸡所产的鸡蛋卖到了 2 元 1 个，帮助关联产业脱贫户户均年增收 1800 元。针对发展家庭会员速度慢、订单不稳定的弊端，积极发展企业会员，每个爱心企业和单个成员依据当地的市场价格，认购不少于 1 万元的原生态农产品，由合作社按产品产出季节直接配送到爱心企业或员工家中，真正实现双赢。为确保原生态养殖和畜禽产品品质，村上成立"一品一家"公司，引进高科技智能产品，给鸡鸭安装"身份证"——编码脚环，给仔猪佩戴蓝牙耳标，建立从进圈到出栏完整的溯源体系。同时，应用 Handle 溯源技术，开发研制"岫云村"App 软件，通过"一物一码"将产品与编码一一对应，数据实时入网，消费者通过畜禽的编码和耳标可实时查询养殖信息，通过拍摄的视频可察看养殖情况，充分保障每个城市家庭买到的都是合格的绿色产品。

第三，在"生产内外"开展诚信度评价。岫云专合社健全生产管理制度，坚持一手抓内部生产管理，一手抓外部消费评价，对合作农户诚信度开展"双向评价"，并在一定范围内进行公示。岫云专合社建立了诚信联保机制。农户想要加入合作社，除要通过按传统方式养殖的能力考察外，还需要本村有人愿意为其担保。一旦发现农户没有按照传统方式进行养殖，不仅该农户将被直接清退，而且担保农户也会被连带记过一次。对信用等级差的农户，建立适时预警和剔除惩戒机制；对信用等级高的农户，建立养殖和销售优先激励机制。此外，合作社为每个家庭都建立了诚信道德档案，家庭基本情况、产业情况等全部记录在册，每季度还公开评选诚信家庭户。而且，加入合作社的农户门上都有一个独一无二的条形码，买家扫一扫产品上的二维码，便能查到农产品是出自哪家哪户。

3. 构建优质品牌体系，着力培优农业品牌

第一，以创意时间概念定义农特产品。岫云专合社坚守生态养殖初心，依托"一品一家"农业公司积极挖掘健康养殖文化，在全国率先运用时间概念将土鸡、土鸭、土猪定义为"时光鸡""岁月鸭""年华猪"。目前"文艺范儿"十足的农产品已然成为消费市场的"网红"产品。同时，积极引进"川藏黑猪"等适应产地环境的优质品种进行养殖。

图 1　"岫云村"品牌系列特色农产品

第二，以稳定购销关系拓展帮扶成效。脱贫攻坚开展以来，岫云村秉承"让捐助者有回报、让受助者有尊严"的帮扶理念，创新推出"远山结亲·以购代捐"

社会扶贫模式，即爱心企业和单个成员依据当地的市场价格，认购不少于1万元的原生态农产品，由岫云专合社按产品产出季节直接配送到爱心企业或员工家中，让合作农户生产的"时光鸡""岁月鸭""年华猪"配上精美的包装，体面地走上城市市民的餐桌。几年来，通过视频远程参观基地、举办网上抢购活动等方式，组织5000余户城市家庭与贫困户采取"一对一""一对多"方式结对认亲建立稳定购销关系，以购代捐销售金额合计5000余万元，累计带动84个村、5.3万农民增收致富。

第三，以做靓村名打造农业品牌。党的十九大提出"实现小农户和现代农业有机衔接"，2019年中共中央办公厅和国务院办公厅发布《关于促进小农户和现代农业发展有机衔接的意见》，明确提出要拓展小农户增收空间，支持小农户发展特色优质农产品。引导小农户拓宽经营思路，依靠产品品质和特色提高自身竞争力。要求各地结合特色优势农产品区域布局，紧盯市场需求，深挖当地特色优势资源潜力，引导小农户发展地方优势特色产业，形成一村一品、一乡一特、一县一业。① 岫云专合社抢抓这一重要机遇期，注册"岫云村"商标，获得四川省扶贫开发协会颁发的"四川扶贫"商标授权书。目前，"岫云村"正携手"一品一家"农业公司进一步打造"岫云村"品牌，让其成为一个值得信赖的农业品牌。

4. 构建精准营销体系，着力做优市场流通

第一，线上做优"品牌营销"。充分发挥互联网"连接"和"共享"优势，坚持用互联网思维来整合和连接农村闲散资源，让被遗弃的资源创造新的价值。目前，岫云专合社通过开通岫云村公众号，创新"互联网+小农户"营销模式、入驻电商平台"益民优鲜""扶贫832"，在淘宝等互联网平台开设了"岫云村"生态农产品销售门店。截至2022年年底，累计销售近60个村、3000多农户生态农产品2000多万元，带动32个脱贫村、800余脱贫户年均增收3200元。

第二，线下做活"农超对接"。积极拓展城市消费市场，与盒马鲜生等知名连锁超市签订供货协议，推动岫云村生态农产品进城。合作社购置冷链运输车3

---

① 中共中央办公厅 国务院办公厅印发《关于促进小农户和现代农业发展有机衔接的意见》[EB/OL].（2019-02-21）. https：//www.gov.cn/gongbao/content/2019/content_5370838.htm.

台，常年运输"岫云村"生态农产品直供城市大型商超，有效减少了农产品市场流通的中间环节，加快了流通速度，降低了流通成本，让消费者和生产者实实在在地得到实惠。

图 2　位于成都市锦城大道的岫云村·汤馆

第三，创新做实"社区体验"。岫云专合社为拓宽生态农产品的销售渠道，在成都创办了岫云生态农产品体验店，以苍溪县生态农产品为食材，通过产品体验切入市场。此外，岫云专合社在成都市锦城大道开设四川省首家扶贫体验餐厅，通过餐厅建立城市和农村链接的平台和窗口，解决了脱贫村产业帮扶的"最后一公里"问题，让村里的农产品有了稳定的上行通道，让边缘劳动力有效转移到城市就业增收。体验餐厅开办以来，村集体以村品牌入股经营，年分红 15 万元左右，集体经济收入人均达 158 元，同时解决当地贫困人口就业 23 人，个人年纯收入近 3 万元。① 岫云专合社依托线下社区店，搭建消费体验平台，累计在成都市、苍溪县开设社区店 5 家。社区店集展示、体验、销售等功能于一体，通过图片、文字、视频等真实还原岫云村产地、生产者及产品溯源过程，赢得了城市消费者家庭的充分信任，实现了优质农产品的销售转化。

---

①　数据来源：苍溪县政府办，2020.

（三）"岫云模式"的经验启示

1. 培养人才是乡村产业振兴的根本保证

习近平总书记指出，"积极培养本土人才，鼓励外出能人返乡创业，鼓励大学生村官扎根基层，为乡村振兴提供人才保障"。① 在推进乡村振兴、培育乡村发展新动能的过程中，要深刻领会习近平总书记重要指示精神，重视人才培育工作。中央农办、农业农村部持续推进人才培养工作，大力弘扬人才强国理念，充分利用相关资源，组织农村创业致富带头人、技术骨干、村干部等开展行之有效的培训方式，大力培养乡村振兴人才。只有帮扶政策和帮扶干部的脱贫只能治标，不能治本，更不可持续。要通过强化要素保障、优化营商环境、创新联结机制等来吸引农民工、退役军人、大学毕业生等创业主体回乡置业，实现乡村可持续发展。

2. 培育内生动力是乡村产业振兴的关键

内生动力是乡村振兴和新型城镇化建设中的关键因素之一，只有充分激发群众的内生动力，才能够有效推动乡村振兴和新型城镇化的持续发展。脱贫攻坚的经验已经充分证明，是否能够调动农民的内生动力、是否能够有效培育和提升农民的发展能力，对于扶贫效果的成色和可持续性影响巨大。在乡村振兴中必须吸收脱贫攻坚的宝贵经验，注重培育和提升农民的内生发展动力。

内生动力的培育提升，首先要增强村民的主体意识，让村民认识到自己是乡村发展的主人，乡村的未来掌握在自己手中。通过宣传教育、典型示范等方式，引导村民积极参与乡村建设，从"要我发展"转变为"我要发展"。培育内生动力并不意味着排斥产业发展等在乡村振兴中具有重要意义的发展策略，而是要与其充分结合，以培育内生动力为导向整合多方发展资源，实现同步推进。提高内生动力往往并不是一项孤立的工程，在产业发展、壮大集体经济、尝试合作发展等具体的发展举措中更能快速提高农户发展的意愿和能力。因此，培育内生动力必须坚持两个方面：一是与具体工作相结合，进行以培育内

---

① 中央农村工作领导小组办公室. 习近平关于"三农"工作的重要论述学习读本[M]. 北京：人民出版社，中国农业出版社，2023：132.

生动力为导向的各种发展资源的有效整合；二是与具体过程相结合，培育内生动力必须以具体事务的处理、具体事项的达成作为载体，能力提升要在具体事项上得到体现。

3. 选准主导产业是乡村产业振兴的现实需要

产业振兴必须突出地方特色，发展特色产业是实现农村人口增收的主要来源，是提高农村地区自我发展能力的根本举措。由于中国农村南北地区、东西地区在历史积淀、资源禀赋、社会条件等方面存在差异，培育地方特色产业，需要采取差异化发展方式。为此，产业发展必须结合地方资源禀赋，盯住地方特色行业，深挖特色产业潜力，切实将特色资源优势转化为产业优势和增收的有效手段。要以市场和效益为目标，落实精准理念，突出差异化和特色化，避免产业发展盲目跟风，一哄而上。在脱贫攻坚时期，扶贫产业同质化现象突出，一些贫困村往往忽略有限的市场需求，看到收益高的产业就一哄而上，造成产业结构失衡、产能过剩、产品滞销卖不出去，给农户特别是贫困户造成较大的经济损失，影响了村域产业的健康可持续发展。因此，全面建成小康社会后，脱贫村一定要摸清地区发展实际，在充分调研市场的基础上，因村因户做好小而美、小而精的产品，没有必要盲目追求大而全。

4. 完善联农带农机制是乡村产业振兴的核心要义

小农户由于生存环境和自身能力不足等原因，抵御自然风险、市场风险以及社会风险的能力较弱。农民专业合作社是农民尤其是脱贫农民参与市场经济活动，抵御市场风险，实现反脆弱性发展的重要载体。[①] 农民专业合作组织是小农户联结大市场的有效载体，是农业社会化服务体系的重要组成部分。它对提高农民科技文化素质，加快农业科技成果转化；提高农民组织化程度，抵御市场风险，增加农民收入；推动农业产业结构调整，优化农业资源配置，带动区域经济形成；推进农业产业化进程等都起着极为重要的作用。[②] 2019 年，国务院印发《关于促进乡村产业振兴的指导意见》，指出要进一步培育壮大龙头企业队伍，

① 向德平，刘风. 农民合作社在反脆弱性发展中的作用和路径分析[J]. 河南社会科学，2017，25（5）：120-124.

② 马岳. 论现代集约持续农业[M]. 杭州：浙江科学技术出版社，1999：513.

培育创建农业产业化联合体，完善联农带农机制，加快推进农业产业化发展。2024 年中央一号文件明确提出强化产业发展联农带农，健全新型农业经营主体和涉农企业扶持政策与带动农户增收挂钩机制是强化农民增收的重要举措。小农户承受风险能力弱，缺乏标准化生产和对接市场的能力，岫云专合社将本村的小农户组织起来加入合作社，通过统一生产标准、统一养殖规模，并适当对小农户加大奖补力度，扶持一批服务小农户、对接小农户需求、带动小农户生产销售的农业产业化龙头企业和新型集体经济组织，形成多方主体利益共享、风险共担的紧密型利益联结机制。

5. 提升市场营销能力是乡村产业振兴的重要支撑

2019 年 1 月 14 日，国务院办公厅发布《关于深入开展消费扶贫助力打赢脱贫攻坚战的指导意见》，提出动员民营企业等社会力量参与消费扶贫。我国将消费扶贫纳入"万企帮万村"精准扶贫行动，鼓励民营企业采取"以购代捐""以买代帮"等方式采购贫困地区产品和服务，帮助贫困人口增收脱贫。依托"中国农民丰收节"、中国社会扶贫网等平台，针对贫困地区策划相关活动，推动参与消费扶贫各类主体的需求与贫困地区特色产品供给信息精准对接，推广乡村特色美食和美景。民营企业参与消费扶贫可以解决产品销售难、销售渠道不畅等问题。

岫云专合社采取了"以购代捐"的形式。一方面，岫云专合社直接购买农户的农产品，将产品变现为群众实在的经济收入。另一方面，岫云专合社搭建了销售平台和宣传推广平台，采取"农户+合作社+企业"等合作模式，与群众签订农产品代销合作协议，借助合作社自身的销售渠道，将优质的农产品定向推送给需求方，降低产品的流通成本，提高产品的附加值，建立起买卖双方的交易桥梁，让农产品进入消费市场，走进消费者的购买圈。岫云专合社"以购代捐"行动有效地提高了农民组织化程度，有利于农村规模生产、产业化经营，为现代农业发展奠定了基础，架起了城乡要素合理流动的桥梁，形成了"农户生产，政府搭台，企业或爱心人士唱戏，专合组织参与运作"的良性互动。

《中共中央　国务院关于做好二〇二二年全面推进乡村振兴重点工作的意见》中提出，产业促进乡村发展的关键举措之一是实施县域商业建设行动以促进农村消费扩容提质升级，具体包括加快农村物流快递网点布局、实施"快递进村"工程、"互联网+"农产品出村进城工程。① 岫云专合社的法定代表人李君参加了第十三届全国人民代表大会第三次会议，在会议开始前的"代表通道"上分享了基层干部关于直播带货推销地方特色产品的观点，表示"想要让视频直播带货持续火爆，要以产品品质作为前提。近年来，岫云村发生翻天覆地变化的原因之一，就是赶上了互联网的好时代，用好了互联网工具"。② 在乡村振兴的背景下，农产品市场营销创新对于促进农村经济社会发展具有重要意义。通过建立创新的营销体系，产生品牌效应，可以塑造独特的农产品市场品牌，进而推动农村经济社会的全面发展。此外，农产品市场营销创新还有助于调整生产结构，通过减少不必要的交易环节和成本，促使卖方与买方直接沟通，降低交易成本。同时，互联网、大数据、网络直播等提供了一个信息收集和存储的平台，为企业带来更多资源，助力增强农产品的推广力度，并且优化生产供应链，扩展农产品在网络营销领域的生存空间。

①　中共中央 国务院关于做好二〇二二年全面推进乡村振兴重点工作的意见[EB/OL].（2022-02-22）. https：//www. gov. cn/gongbao/content/2022/content_5678065. htm.

②　黄子娟，吴隆重. 李君代表：推动农产品进城 呼吁年轻人回乡[EB/OL].（2020-05-25）. https：//baijiahao. baidu. com/s？id=16676654529658738034&wfr=spider&for=pc.

参 考 文 献

一、著作类

[1] 韦伯. 社会学的基本概念[M]. 顾忠华, 译. 桂林: 广西师范大学出版社, 2005.

[2] 查尔斯·K. 威尔伯. 发达与不发达问题的政治经济学[M]. 北京: 商务印书馆, 2015.

[3] 帕森斯. 社会行动的结构[M]. 张明德, 夏遇南, 彭刚, 译. 南京: 译林出版社, 2012.

[4] 艾伯特·赫希曼. 经济发展战略[M]. 曹征海, 潘照东, 译. 北京: 经济科学出版社, 1991.

[5]《中国乡镇企业年鉴》编辑委员会. 中国乡镇企业年鉴[M]. 北京: 农业出版社, 1989.

[6] 马岳. 论现代集约持续农业[M]. 杭州: 浙江科学技术出版社, 1999.

[7] 亚当·斯密. 道德情操论[M]. 谢宗林, 译. 北京: 中央编译出版社, 2008.

[8] 丹尼·L. 乔金森. 参与观察法: 关于人类研究的一种方法[M]. 张小山, 龙筱红, 译. 重庆: 重庆大学出版社, 2015.

[9] 高云龙, 徐乐江, 谢经荣. 中国民营企业社会责任报告(2019)[M]. 北京: 社会科学文献出版社, 2020.

[10] 高云龙, 徐乐江, 谢经荣. 中国民营企业社会责任报告(2018)[M]. 北京: 社会科学文献出版社, 2018.

[11] 共济. 新阶段社会扶贫体制机制创新[M]. 北京: 中国农业出版社, 2011.

[12] 国家统计局国民经济综合统计司. 新中国六十年统计资料汇编[M]. 北京:

中国统计出版社，2010.

[13]陆汉文，梁爱友，彭堂超．政府市场社会大扶贫格局[M]．长沙：湖南人民
出版社，2018.

[14]诺曼·K. 邓津，伊冯娜·S. 林肯．定性研究（第 1 卷）：方法论基础[M]．
风笑天，等，译．重庆：重庆大学出版社，2007.

[15]文军．西方社会学理论：经典传统与当代转向[M]．上海：上海人民出版
社，2006.

[16]向德平，黄承伟．中国反贫困发展报告（2015）——市场主体参与扶贫专题
[M]．武汉：华中科技大学出版社，2015.

[17]向德平，黄承伟．中国反贫困发展报告（2019）：民营企业扶贫专题[M]．武
汉：华中科技大学出版社，2021.

[18]向德平，黄承伟．中国反贫困发展报告：社会扶贫专题[M]．武汉：华中科
技大学出版社，2014.

[19]西蒙·库兹涅茨．各国的经济增长[M]．北京：商务印书馆，1985.

[20]夏英．贫困与发展[M]．北京：人民出版社，1995.

[21]袁方，王汉生．社会研究方法教程[M]．北京：北京大学出版社，2004.

[22]杨敏．社会行动的意义效应[M]．北京：中国人民大学出版社，2005.

[23]詹姆斯·S. 科尔曼．社会理论的基础（上）[M]．邓方，译．北京：社会科
学文献出版社，2008.

[24]习近平．高举中国特色社会主义伟大旗帜，为全面建设社会主义现代化国家
而团结奋斗——在中国共产党第二十次全国代表大会上的报告[M]．北京：
人民出版社，2022.

[25]习近平．论"三农"工作[M]．北京：中央文献出版社，2022.

[26]中共中央党史和文献研究院．习近平扶贫论述摘要[M]．北京：中央文献出
版社，2018.

[27]习近平．之江新语[M]．杭州：浙江人民出版社，2007.

二、期刊论文类

[1]陈成文，王祖霖．"碎片化"困境与社会力量扶贫的机制创新[J]．中州学刊，

2017(4)：81-86.

[2]陈秋红.农村贫困治理中的问题与推进策略——基于利益相关者视角的分析
[J].东岳论丛,2018,39(11)：38-45.

[3]程恩富,彭文兵.企业研究：一个新经济社会学的视角[J].江苏行政学院学
报,2002(2)：57-65.

[4]池泽新,汪固华.基于农户视角的农业龙头企业绩效评价研究——以江西为
例[J].江西农业大学学报(社会科学版),2011,10(3)：26-33.

[5]邓维杰.精准扶贫的难点、对策与路径选择[J].农村经济,2014(6)：78-
81.

[6]杜世风,石恒贵,张依群.中国上市公司精准扶贫行为的影响因素研究——
基于社会责任的视角[J].财政研究,2019(2)：104-115.

[7]范建刚.利益联结机制中的扶贫责任偏离及其治理[J].思想战线,2020,46
(6)：41-49.

[8]郭强.独存·淹没·漂浮：寻求社会行动论的归宿[J].社会,2008(5)：91-
121.

[9]龚天平.企业伦理学：国外的历史发展与主要问题[J].国外社会科学,2006
(1)：15-21.

[10]郭海青.试论马克斯·韦伯的社会行动理论及其局限[J].齐齐哈尔大学学
报(哲学社会科学版),2008(2)：74-76.

[11]郭俊华,边少颖.西部地区易地移民搬迁精准扶贫的企业扶贫模式探析——
基于恒大集团大方县扶贫的经验[J].西北大学学报(哲学社会科学版),
2018,48(6)：43-52.

[12]郭佩霞,邓晓丽.中国贫困治理历程、特征与路径创新——基于制度变迁视
角[J].贵州社会科学,2014(3)：108-113.

[13]和丕禅,郭红东,许莹,张哲.企业对口扶贫模式比较与政策建议[J].浙
江学刊,2001(2)：84-86,90.

[14]胡浩志,张秀萍.参与精准扶贫对企业绩效的影响[J].改革,2020(8)：
117-131.

[15]胡鞍钢,胡琳琳,常志霄.中国经济增长与减少贫困(1978—2004)[J].清

华大学学报(哲学社会科学版),2006(5):105-115.

[16]胡宜挺,罗必良.我国农业市场风险演化:判断与评估[J].农村经济,2010(4):10-13.

[17]胡振光,向德平.参与式治理视角下产业扶贫的发展瓶颈及完善路径[J].学习与实践,2014(4):99-107.

[18]黄承伟,周晶.共赢——协同发展理念下的民营企业参与贫困治理研究[J].内蒙古社会科学(汉文版),2015(2):144-149.

[19]黄承伟.新中国扶贫70年:战略演变、伟大成就与基本经验[J].南京农业大学学报(社会科学版),2019(6):1-8.

[20]黄文宇.产业扶贫项目主体行为及其运行机制的优化——基于P县"万亩有机茶园"项目的考察[J].湖南农业大学学报(社会科学版),2017,18(1):56-61,92.

[21]焦长权,周飞舟."资本下乡"与村庄的再造[J].中国社会科学,2016(1):100-116,205-206.

[22]蒋永甫,龚丽华,疏春晓.产业扶贫:在政府行为与市场逻辑之间[J].贵州社会科学,2018(2):148-154.

[23]兰定松,程守艳,高守应.政府、企业、农民:"秀水五股"扶贫模式运行实践及反思[J].中共福建省委党校学报,2018(4):92-98.

[24]李汉卿.协同治理理论探析[J].理论月刊,2014(1):138-142.

[25]李健,张米安,顾拾金.社会企业助力扶贫攻坚:机制设计与模式创新[J].中国行政管理,2017(7):67-72.

[26]李路路.私营企业主的个人背景与企业"成功"[J].中国社会科学,1997(2):133-145.

[27]李先军,黄速建.新中国70年企业扶贫历程回顾及其启示[J].改革,2019(7):16-26.

[28]李小云,唐丽霞,许汉泽.论我国的扶贫治理:基于扶贫资源瞄准和传递的分析[J].吉林大学社会科学学报,2015,55(4):90-98,250-251.

[29]李晓辉,徐晓新,张秀兰,孟宪范.应对经济新常态与发展型社会政策2.0版——以社会扶贫机制创新为例[J].江苏社会科学,2015(2):67-77.

[30]梁建，陈爽英，盖庆恩．民营企业的政治参与、治理结构与慈善捐赠[J]．管理世界，2010(5)．

[31]林俐．供给侧结构性改革背景下精准扶贫机制创新研究[J]．经济体制改革，2016(5)：190-194.

[32]刘娜，骆欣庆．政府与企业协同扶贫机制研究[J]．经济纵横，2007(17)：24-25.

[33]刘博．韦伯、帕森斯、吉登斯社会行动理论之比较[J]．社科纵横(新理论版)，2010(4)：145-146.

[34]陆汉文，岂晓宇．当代中国农村的贫困问题与反贫困工作——基于城乡关系与制度变迁过程的分析[J]．江汉论坛，2006(10)：108-112.

[35]卢正文，刘春林．从"股东至上"到"企业公民"：企业慈善观研究述评[J]．现代经济探讨，2011(5)：62-66.

[36]罗党论，唐清泉．中国民营上市公司制度环境与绩效问题研究[J]．经济研究，2009，44(2)：106-118.

[37]毛寿龙．现代治道与治道变革[J]．南京社会科学，2001(9)：44-47.

[38]莫少颖．农业产业化龙头企业社会责任研究[J]．农业经济，2012(10)：73-76.

[39]牛海，魏语婷．精准扶贫中的"道德经济人"：民营企业的角色选择与实践[J]．阅江学刊，2021，13(1)：80-91，129.

[40]彭文兵，桂勇．经济社会学视角下的企业研究[J]．财经研究，2000(9)：10-15.

[41]平卫英，罗良清，张波．就业扶贫、增收效应与异质性分析——基于四川秦巴山区与藏区调研数据[J]．数量经济技术经济研究，2020，37(7)：155-174.

[42]秦海霞．关系网络的建构：私营企业主的行动逻辑以辽宁省D市为个案[J]．社会，2006，26(5)：110-133.

[43]宋征，贾燕．我国可持续发展进程中企业扶贫状况及对策研究[J]．中国人口·资源与环境，2008(1)：212-214.

[44]汪三贵．在发展中战胜贫困——对中国30年大规模减贫经验的总结与评价

[J]. 管理世界, 2008(11): 78-88.

[45] 万兰芳, 向德平. 反贫困中的技术治理机制及效果研究——以华中农业大学定点扶贫为例[J]. 中南民族大学学报(人文社会科学版), 2016, 36(6): 145-148.

[46] 万良杰, 薛艳坤. "精准脱贫"导向下企业参与民族贫困地区扶贫工作机制创新研究[J]. 贵州民族研究, 2018, 39(11): 38-44.

[47] 王富伟. 个案研究的意义和限度——基于知识的增长[J]. 社会学研究, 2012, 27(5): 161.

[48] 王琳芝. 从韦伯的社会行动理论看我国企业慈善捐赠行为——由汶川大地震引发的思考[J]. 理论观察, 2009(2): 94-96.

[49] 王蒙, 李雪萍. 行政吸纳市场: 治理情境约束强化下的基层政府行为——基于湖北省武陵山区 W 贫困县产业扶贫的个案研究[J]. 中共福建省委党校学报, 2015(10): 89-96.

[50] 王浦劬. 国家治理、政府治理和社会治理的含义及其相互关系[J]. 国家行政学院学报, 2014(3): 11-17.

[51] 王维, 向德平. 风险社会视域下产业扶贫的风险防控研究[J]. 陕西师范大学学报(哲学社会科学版), 2019, 48(5): 51-62.

[52] 吴爱华, 范永忠. 中国农村扶贫资金使用现状、问题及对策分析[J]. 农业经济, 2013(12): 11-14.

[53] 吴理财, 瞿奴春. 反贫困中的政府、企业与贫困户的利益耦合机制[J]. 西北农林科技大学学报(社会科学版), 2018, 18(3): 115-122.

[54] 武力. 中国当代私营经济发展六十年[J]. 河北学刊, 2009(1): 1-7.

[55] 向德平, 华汛子. 党的十八大以来中国的贫困治理: 政策演化与内在逻辑[J]. 江汉论坛, 2018(9): 131-136.

[56] 向德平, 刘风. 价值理性与工具理性的统一: 社会扶贫主体参与贫困治理的策略[J]. 江苏社会科学, 2018(2): 41-47.

[57] 向德平, 刘风. 农民合作社在反脆弱性发展中的作用和路径分析[J]. 河南社会科学, 2017, 25(5): 120-124.

[58] 向德平, 华汛子. 改革开放四十年中国贫困治理的历程、经验与前瞻[J].

新疆师范大学学报(哲学社会科学版), 2019, 40(2): 59-69.

[59]向德平. 贫困治理的中国经验:政策逻辑与实践路径[J]. 社会政策研究, 2020(4): 50-59.

[60]肖日葵. 经济社会学视角下的企业社会责任分析[J]. 河南大学学报(社会科学版), 2010, 50(2): 67-71.

[61]谢玉梅, 丁凤霞. 基于贫困脆弱性视角下的就业扶贫影响效应研究[J]. 上海财经大学学报(哲学社会科学版), 2019, 21(3): 18-32.

[62]徐月宾, 刘凤芹, 张秀兰. 中国农村反贫困政策的反思——从社会救助向社会保护转变[J]. 中国社会科学, 2007(3): 40-53, 203-204.

[63]闫东东, 付华. 龙头企业参与产业扶贫的进化博弈分析[J]. 农村经济, 2015(2): 82-85.

[64]严瑞珍. 当前反贫困的紧迫任务是向市场机制转换[J]. 改革, 1998(4): 95-98.

[65]杨志龙. 农产品市场化与贫困地区经济发展战略选择[J]. 科学·经济·社会, 2003(2): 7-11.

[66]杨义东, 程宏伟. 政治资源与企业精准扶贫:公益项目下的资本性考量[J]. 现代财经(天津财经大学学报), 2020, 40(9): 64-82.

[67]叶敬忠, 贺聪志. 基于小农户生产的扶贫实践与理论探索——以"巢状市场小农扶贫试验"为例[J]. 中国社会科学, 2019(2): 137-158, 207.

[68]于水. 多中心治理与现实应用[J]. 江海学刊, 2005(5): 105-110, 238.

[69]张新伟. 扶贫政策低效性与市场化反贫困思路探寻[J]. 中国农村经济, 1999(2): 53-58.

[70]张曾莲, 董志愿. 参与精准扶贫对企业绩效的溢出效应[J]. 山西财经大学学报, 2020, 42(5): 86-98.

[71]张成福. 责任政府论[J]. 中国人民大学学报, 2000(2): 75-82.

[72]张磊. 中国扶贫开发历程(1949—2005年)[M]. 北京:中国财政经济出版社, 2007.

[73]张琦. 企业参与扶贫开发的机理与动力机制研究——以陕西省"府谷现象"为例[J]. 中国流通经济, 2011(4): 58-63.

[74] 张琰飞,陆薇.基于演化博弈的企业参与乡村旅游扶贫机制研究[J].中国农业资源与区划,2019,40(12):250-258.

[75] 张玉明,邢超.企业参与产业精准扶贫投入绩效转化效果及机制分析——来自中国 A 股市场的经验证据[J].商业研究,2019(5):109-120.

[76] 张兆曙.城乡关系、市场结构与精准扶贫[J].社会科学,2018(8):65-75.

[77] 张兆曙.中国城乡关系的"中间地带"及其"双重扩差机制"——一种"空间—过程"的分析策略[J].兰州大学学报(社会科学版),2016,44(5):1-12.

[78] 赵昌文,郭晓鸣.贫困地区扶贫模式:比较与选择[J].中国农村观察,2000(6):65-71,79.

[79] 赵鼎新.论机制解释在社会学中的地位及其局限[J].社会学研究,2020,35(2):1-24,242.

[80] 赵守飞,谢正富.合作治理:中国城市社区治理的发展方向[J].河北学刊,2013,33(3):154-158.

[81] 周大鸣.农民企业家的文化社会学分析[J].中南民族学院学报(人文社会科学版),2002(2):32-37.

[82] 周长城.柯尔曼及其社会行动理论[J].国外社会科学,1997(1):71-74.

[83] 朱斌.自私的慈善家——家族涉入与企业社会责任行为[J].社会学研究,2015(2):74-97.

[84] 左停,金菁,李卓.中国打赢脱贫攻坚战中反贫困治理体系的创新维度[J].河海大学学报(哲学社会科学版),2017,19(5):10.

[85] 云锋.党组织参与公司治理对企业助力乡村振兴的影响——基于 A 股上市公司的经验证据[J].南方金融,2023(2):3-20.

[86] 张怀英,高欣.乡村民营企业助推乡村振兴的路径与机制研究——基于731家企业的模糊集定性比较分析[J].湘潭大学学报(哲学社会科学版),2023,47(6):46-53.

[87] 刘文波.民营企业参与乡村振兴:行为逻辑与践行路径[J].甘肃社会科学,2024(2):206-215.

[88] 郭芸芸,杨久栋,陈威.企农利益联结机制如何改善农业企业发展绩效?——基于农业企业调查数据的实证检验[J].农村经济,2023(4):126-

136.

[89] 毛文静，刘彬鑫，王瑞轩. 中小企业参与西部民族地区乡村振兴意愿的影响因素——基于有序 Logistic-ISM 模型分析[J]. 华东经济管理，2023，37(6)：11-19.

[90] 黄丽娟，谢国杰，郑雁玲，等. 乡村振兴背景下农村电商创业企业促进农村韧性发展的案例研究[J]. 江西财经大学学报，2023(5)：78-90.

[91] 贾春帅，陆继霞. 小微企业参与乡村振兴的实践与困境[J]. 西北农林科技大学学报(社会科学版)，2022，22(4)：1-8.

[92] 豆书龙，叶敬忠. 乡村振兴与脱贫攻坚的有机衔接及其机制构建[J]. 改革，2019(1)：19-29.

[93] 涂圣伟. 脱贫攻坚与乡村振兴有机衔接：目标导向、重点领域与关键举措[J]. 中国农村经济，2020(8)：2-12.

[94] 向德平，向凯. 从"脱贫"到"振兴"：构建发展型乡村振兴社会政策[J]. 社会发展研究，2022，9(3)：33-47，243.

[95] 高强. 脱贫攻坚与乡村振兴的统筹衔接：形势任务与战略转型[J]. 中国人民大学学报，2020，34(6)：29-39.

[96] 陆益龙. 精准衔接：乡村振兴的有效实现机制[J]. 江苏社会科学，2021(4)：36-46，241-242.

[97] 黄承伟. 脱贫攻坚有效衔接乡村振兴的三重逻辑及演进展望[J]. 兰州大学学报(社会科学版)，2021，49(6)：1-9.

[98] 许汉泽. 行政主导型扶贫治理研究——以武陵山区茶乡精准扶贫实践为例[D]. 北京：中国农业大学博士学位论文，2018.

[99] 陈晓燕. 企业制造城镇的政治逻辑——以山西 Y 镇为例[D]. 太原：山西大学博士学位论文，2015.

[100] 陈锋. 企业社会责任与减缓贫困[D]. 北京：中国社会科学院研究生院博士学位论文，2010.

[101] 丁绒，饶品贵. 在希望的田野上：企业家农村经历与创业行业选择[J]. 南方经济，2023(1)：99-118.

[102] 黄荣胜. 企业扶贫：尚待关注的新思路[J]. 计划与市场探索，1997(8)：

27-29.

[103] 黄汉权, 盛朝迅. 现代化产业体系的内涵特征、演进规律和构建途径 [J]. 中国软科学, 2023 (10): 1-8.

[104] 中研普华产业研究院. 2024—2029 年中国农村电商行业发展潜力分析及投资战略规划咨询报告 [R]. 深圳: 中研普华产业研究院, 2024.

三、外文文献类

[1] Boatsman J R, Gupta S. Taxes and corporate charity: empirical evidence from microlevel panel data [J]. National Tax Journal, 1996, 49 (2): 193.

[2] Carroll A. B. A three-dimensional conceptual model of corporate performance [J]. The Academy of Management Review, 1979 (4): 497-505.

[3] Carroll Archie B. The pyramid of corporate social responsibility: toward the moral management of organizational stakeholders [J]. Elsevier, 1991, 34 (4).

[4] Griffin J J, Mahon J F. The corporate social performance and corporate financial performance debate: twenty-five years of incomparable research [J]. Social Science Electronic Publishing, 1997, 36 (1): 5-31.

[5] Garriga E, MeléD. Corporate social responsibility theories: mapping the territory [J]. Journal of Business Ethics, 2004 (2): 23-28.

[6] Caterina Ruggeri Laderchi, Ruhi Saith, Frances Stewart. Does it matter that we do not agree on the definition of poverty? A comparison of four approaches [J]. Oxford Development Studies, 2003, 31 (3).

[7] Jensen M C, Meckling W H. Theory of the firm: managerial behavior, agency costs and ownership structure [J]. Journal of Financial Economics, 1976, 3 (4): 305-360.

[8] Louis H. Amato, Christie H. Amato. The effects of firm size and industry on corporate giving [J]. Journal of Business Ethics, 2007, 72 (3).

[9] Naomi A. Gardberg and Charles J. Fombrun. Corporate citizenship: creating intangible assets across institutional environments [J]. The Academy of Management Review, 2006, 31 (2): 329-346.

[10] Porter Michael E, Kramer Mark R. The competitive advantage of corporate philanthropy. [J]. Harvard business review, 2002, 80(12).

[11] Reece, William S., and Kimberly D. Zieschang. Consistent estimation of the impact of tax deductibility on the level of charitable contributions [J]. Econometrica, 1985, 53(2): 271-293.

[12] Ruttan M. Lost directions: U. S. foreign assistance policy since new directions [J]. The Journal of Developing Areas, 1990, 24(2): 127-180.

[13] Smith C. The new corporate philanthropy [J]. Harvard business review, 1994 (72): 105-116.

[14] Saiia D H, Carroll A B, Buchholtz A K. Philanthropy as strategy when corporate charity "begins at home" [J]. Business & Society, 2003, 42(2): 169-201.

[15] Schwartz M S, Carroll A B. Corporate social responsibility: a three-domain approach[J]. Business Ethics Quarterly, 2003, 13(4): 503-530.

[16] Townsend P. A sociological approach to the measurement of poverty: a rejoinder to professor Amartya Sen[J]. Oxford Economic Papers, 1985, 37(4): 659-668.

[17] Ullman A A. Data in search of a theory: a critical examination of the relationships among social performance, social disclosure, and economic performance of U. S. firms[J]. Academy of Management Review, 1985, 10(3): 540-557.

[18] Ding J C, Zhao M, Wang J, et al. Social robots in the context of corporate participation in rural revitalization: a binary legitimacy perspective[J]. Technological Forecasting & Social Change, 2024, 205.

四、网络、其他文献类

[1] MCS 茶叶集团内部资料, 2020.

[2] MCS 茶叶集团推荐表. 政府内部资料, 2020.

[3] 广元市工商联提供资料, 2021.

[4] 昭化区政府办, 2020.

[5] W 县《关于进一步加大就业扶贫政策支持力度助力脱贫攻坚的通知》, 政府内部资料, 2019.

［6］W 县茶叶产业发展情况．政府内部资料，2020．

［7］W 县扶贫开发局 2019 年工作总结．政府内部资料，2020．

［8］W 县鹿渡村基本情况介绍．政府内部资料，2020．

［9］W 县移民开发扶贫局内部资料，2020．

［10］W 县政府办．2020 年政府工作报告［EB/OL］．http：//www. scgw. gov. cn/zfxxgk/GovOpenShow.aspx？id＝20200701103334041．

［11］https：//data. stats. gov. cn/easyquery. htm？cn＝C01&zb＝A0A0E&sj＝2019．

［12］副秘书长刘振民：严重不平等将为数百万人关闭实现更美好生活的大门 加强国际合作势在必行［EB/OL］.（2020-01-21）. https：//www. un. org/development/desa/zh/news/social/world-social-report-2020.html.

［13］全国工商联、国务院扶贫办、中国光彩会，"万企帮万村"精准扶贫行动方案，2015 年 9 月 21 日。

［14］全国科学技术名词审定委员会事务中心·术语在线［EB/OL］.（2021-01-20）. https：//www.termonline.cn/search？k＝民营企业 &r＝1611295895047.

［15］国家统计局．农村居民家庭平均每人纯收入（元）. https：//data.stats.gov.cn/easyquery.htm？cn＝C01&zb＝A0A0E&sj＝2019.

［16］国家统计局网站．中国统计年鉴 2020［EB/OL］.http：//www.stats.gov.cn/tjsj/ndsj/2020/indexch.htm.

［17］习近平在全国脱贫攻坚总结表彰大会上的讲话［EB/OL］.（2021-02-25）. http：//news.hnr.cn/rmrtt/article/1/1364936447794221056.

［18］先富帮后富携手奔小康先进典型评选表扬推荐资料．政府内部资料，2020．

［19］新华网．习近平总书记在决战决胜脱贫攻坚座谈会上的讲话［EB/OL］. http：//www.xinhuanet.com/politics/leaders/2020-03/06/c_1125674682.htm.

［20］中国光彩事业．2020 年全国"万企帮万村"精准扶贫行动论坛在京举办［EB/OL］.（2020-10-15）. http：//www.cspgp.org.cn/showtime/indexnewsshow/31529/30.

［21］中国政府网．中共中央 国务院关于打赢脱贫攻坚战的决定［EB/OL］. http：//www.gov.cn/zhengce/2015-12/07/content_5020963.htm.

［22］中国政府网．中共中央 国务院关于营造更好发展环境支持民营企业改革发展

的意见［EB/OL］. http：//www. gov. cn/zhengce/2019-12/22/content_5463 137. htm.

［23］中华人民共和国科学技术部官网［EB/OL］.（1995-05-06）. http：//www. most. gov. cn/ztzl/jqzzcx/zzcxcxzzo/zzcxcxzz/zzcxgncxzz/200512/t20051230 _ 27321. htm.

［24］联合国网站. 最新报告：近一半联合国可持续发展目标进展甚微［EB/OL］.（2024-06-28）.https：//news. un. org/zh/story/2024/06/1129621.

［25］广西"万企兴万村"帮扶成效显著［N］. 经济日报，2023-11-15(4).

［26］"万企兴万村"山西行动起步扎实、成效明显［EB/OL］.（2023-09-04）. https：//www. dt. gov. cn/dtszf/sxyw/202309/9f427fba7ab248e582a39f10419b326 c.shtml.

［27］陈明，苏显中. 为了39个欠发达县域振兴［N］. 中华工商时报，2024-02-19 (1).

［28］生态农业与乡村旅游融合发展苍溪黄猫垭走出一条靠山吃山的致富路［EB/OL］.（2024-03-27）. http：//zw. china. com. cn/2024-03-27/content_117087 989. shtml.

［29］苍溪黄猫垭商会以"三张名片"振兴家乡［EB/OL］.（2023-09-05）. http：//www. gygsl. com. cn/article_view.aspx？aid=4554.

［30］张晓松，林晖. 共赴中国式现代化新征程——习近平总书记看望参加政协会议的民建工商联界委员并参加联组会侧记［EB/OL］.（2023-03-07）. http：//www.news. cn/politics/2023lh/2023-03-07/c_1129417227.htm.

［31］苍溪县黄猫垭镇商会凝聚力量赋能乡村振兴［EB/OL］.（2024-04-12）. http：//www.gygsl. com. cn/article_view.aspx？aid=4771.

［32］赵敬梅. 昭化区7万亩猕猴桃基地迎来丰收 预计产量1. 35万吨［N］. 广元日报，2023-8-20(3).

［33］品牌广元. 天垠农业——做靓一个品牌 富裕一方百姓［EB/OL］.（2021-05-21）.http：//www.pinpaigy.com/page136？article_id=5259&pagenum=all.

［34］王菲菲. 把"红心"日子过成诗，把"甜猕"岁月酿成酒——广元市昭化区7万余亩猕猴桃迎来丰收［EB/OL］.（2024-08-19）. https：//www. cnzh. gov. cn/

news/detail/20240819152052160.html.

[35]杨永翔.做贫困群众的贴心人——民建广元市昭化支部副主委徐丕模扶贫侧记[EB/OL].(2020-04-27). http://www.gystzb.gov.cn/gytz/article.html? id = 1793.

[36]品牌强农大有可为[N].经济日报,2023-11-22(10).

[37]全国人大代表李君:"网红书记"的致富经[EB/OL].(2022-10-21).http://credit.wuzhi.gov.cn/news/content/373732967933018112.

[38]李光超.全国人大代表李君:"税动力"增添乡村振兴"新动能"[EB/OL].(2022-03-10).http://sc.china.com.cn/2022/difang/1340/0310/440019.html.

[39]中共中央办公厅 国务院办公厅.关于促进小农户和现代农业发展有机衔接的意见[EB/OL].(2019-02-21).https://www.gov.cn/gongbao/content/2019/content_5370838.htm.

[40]黄子娟,吴隆重.李君代表:推动农产品进城 呼吁年轻人回乡[EB/OL].(2020-05-25). https://baijiahao.baidu.com/s? id = 1667654529658738034 &wfr = spider&for = pc.

[41]中共中央 国务院关于做好二〇二二年全面推进乡村振兴重点工作的意见[EB/OL].(2022-02-22). https://www.gov.cn/gongbao/content/2022/content_5678065.htm.

后 记

在本书撰写过程中，很多个时刻，总是觉得眼眶湿润，想要感谢很多人，害怕时间久远，所以想到哪里，就想要简单记录下来。

首先，想要感谢的人是我的母亲。她是一位平凡坚强的女性，这一生，她为我和姐姐倾注了太多的心血。这四年博士生涯，我除了在武汉大学求学，中间还曾到北京工作半年，重庆工作半年，母在家在，每次回去，都是热气腾腾的饭菜。对于我的学业，母亲从不多问，生怕给我平添压力和烦恼，总是劝慰我，"金字塔的尖尖只有一个，凡事尽力变好"。

其次，最想要感谢我的导师向德平教授。我一直记得初次与老师见面是在桂子山，老师笑着从楼道里走出来，问我怎么还没回去？我有点紧张，有点羞涩，问老师能不能帮我推荐几本社会学相关的图书，老师说当然没问题，并从书架上认真取了几本书赠送给我。临走时，老师还关切地说："有问题，咱们可以随时邮件沟通、电话沟通。"2017 年第一次跟随导师外出到羊城调研，面对老师，总是紧张和害怕的，老师打趣道："我又不是老虎，你怕我干什么？"老师幽默风趣的话语让我慢慢松弛下来。每天调研结束，不管多晚，老师都会给学生开讨论会，在实地调研的过程中引导学生发现问题，培养学生的学术思维。这四年求学生涯，有幸成为老师的学生，是人生中一段奇妙的旅程，老师的教诲让我在各个方面获得成长。不论是论文的完成，还是对我的精神品格的指引，都凝聚了老师的诸多心血。四年时间，老师在治学上、在生活中，在为人处世上都给了我太多的示范与指导。四年来，在老师的影响下，我也获得了许多正能量，这是我将受用终生的力量。今后唯有谨记老师的教诲，带着心中的感恩，继续前进。

最后，感谢在我求学、工作中给予我帮助、支持的各位老师、朋友和小伙伴们。感谢武汉大学社会学院的桂胜老师、徐炜老师、伍麟老师、黄锦琳老师，华中农业大学田北海老师，华中师范大学陈琦老师，中南财经政法大学高飞老师，四川外国语大学林移刚老师，中共恩施州委党校欧阳祎兰老师，谢谢老师们在我论文写作过程中给予的指导、建议与帮助。感谢国家乡村振兴局中国扶贫发展中心黄承伟主任、国家乡村振兴局全国扶贫宣传教育中心骆艾荣主任、阎艳处长、孙艳丽老师，在国家乡村振兴局全国扶贫宣传教育中心工作的一年受益良多，也是我人生中一段宝贵的经历。感谢武汉工程大学马克思主义学院党委书记刘卫民教授、院长曹胜亮教授、副院长金诗灿教授、副院长常城教授，在几位领导的关心支持下，这篇论文得以出版。感谢四川省广元市扶贫开发局副局长李坪，四川省广元市旺苍县扶贫办的各位领导，感谢在调研过程中接受访谈的各位民营企业家、农民朋友，没有他们的支持，实地调研难以完成。感谢向门上下的师兄师姐师弟师妹，能遇见这么一群优秀、上进、可爱的人，实属人生一大幸运。感谢武汉大学出版社陈红编辑、杨晓露编辑，他们亦为本书的出版工作付出了大量的心血。想要感谢的人和事还有很多，纸短情长，伏惟珍重。